Karl-Hermann Kandler

NIKOLAUS VON KUES

Denker zwischen Mittelalter
und Neuzeit

2. Auflage

Vandenhoeck & Ruprecht
in Göttingen

Mit 8 Abbildungen

Die Deutsche Bibliothek – CIP-Einheitsaufnahme

Kandler, Karl-Hermann:
Nikolaus von Kues: Denker zwischen Mittelalter und Neuzeit /
Karl-Hermann Kandler. –
2. Aufl. – Göttingen: Vandenhoeck und Ruprecht, 1997
ISBN 3-525-55430-3

Ausschnitt des Grabmals des Nikolaus von Kues in dessen
Titularkirche San Pietro in vinculis in Rom

Satz: Schwarz auf Weiß GmbH, Magdeburg
Druck und Bindung: Hubert & Co., Göttingen

Vorwort zur 1. Auflage

Eine Biographie über Nikolaus von Kues vorzulegen, ist ein Wagnis. Nach der ersten und bisher einzigen großen Biographie von E. Vansteenberghe hat dies keiner versucht. Das hat seine Ursache vor allem darin, daß gegenwärtig die »Acta Cusana« herausgegeben werden. Bis 1450 kann ich mich auf sie stützen. Die weiteren Bände dieser verdienstvollen Edition sind noch nicht erschienen. Für die Zeit nach 1450 stütze ich mich weithin auf *E. Meuthen:* Nikolaus von Kues. Skizze einer Biographie. Der Verfasser ist mit der Biographie des Nikolaus so vertraut wie wohl kein anderer.

Die hier vorgelegte Biographie behandelt die Lebensdaten des Nikolaus verhältnismäßig kurz, um dafür der Darstellung seines Werkes mehr Raum geben zu können. Dabei begreife ich Nikolaus in erster Linie als Theologen. Das ist sicher ungewöhnlich. Er wird ja meist als Philosoph verstanden. Wenn man auch im Mittelalter kaum zwischen Philosophie und Theologie unterscheiden kann, so beginnt doch im 15. Jahrhundert – in Italien früher, in Deutschland später – die Trennung zwischen beiden. Bei Nikolaus geht es wohl auch um den Menschen und um seine Selbsterkenntnis (vor allem in seinen Schriften De coniecturis, Idiota de mente), im Vordergrund steht aber für ihn zweifellos die Gotteserkenntnis und der Weg zu ihr. Theologische Fragestellungen sind es, die ihn vor allem beschäftigen. Dabei überwindet er weithin scholastisches Denken. Er reflektiert gewiß über den menschlichen Geist und sein Vermögen, aber Gott steht als das, als der Absolute bei all seinen Überlegungen im Mittelpunkt. Der Mensch soll um sein Nichtwissen wissen, das kann aber belehrt werden (docta ignorantia). Nikolaus weiß um den Ineinsfall der Gegensätze in Gott (coincidentia oppositorum). Nikolaus wird also bewußt als Theologe gewürdigt, ohne dabei seine Leistungen für das philosophische und mathematisch-naturwissenschaftliche Denken zu übergehen. Hoffentlich wird bei allem erkennbar, wie »modern« dieser Denker des 15. Jahrhunderts ist und wo er uns in unserem Denken heute befruchten kann.

In einem zweiten Teil gebe ich einen Überblick über die einzelnen Schriften von Nikolaus. Dafür habe ich die Artikel von *H. G. Senger* in

»Die deutsche Literatur des Mittelalters. Verfasserlexikon« und von *K.-H. Wiederkehr (Hg.)* im »Lexikon der philosophischen Werke« dankbar benutzt. Da ich meinte, auf die Werke von Nikolaus auch im Zusammenhang mit seiner Lebensbeschreibung eingehen zu sollen, sind Wiederholungen nicht zu vermeiden.

Die Kenntnis seiner Predigten ist für das cusanische Denken unbedingt nötig. Bisher sind aber nur die Predigten bis 1445 ediert worden; für die späteren war ich auf die – einer Edition manchmal nahekommenden – Auszüge in den Schriften besonders von *R. Haubst,* aber auch von *H. Schnarr* und *M. Bodewig* angewiesen. *Rudolf Haubst* vor allem hat darüber hinaus bisher die Theologie des Nikolaus zu würdigen gewußt. Er hat mir Mut zu diesem Buch gemacht und mich schon länger in die Cusanus-Forschung einbezogen. An ihn, den 1992 verstorbenen Cusanus-Forscher, sei hier besonders dankbar erinnert. Dem Vorsitzenden der Cusanus-Gesellschaft, Herrn Landrat i. R. Dr. Helmut Gestrich, und dem Institut für Cusanus-Forschung danke ich herzlich für die Bereitstellung des Bildmaterials.

Infolge der gesellschaftlichen Umwälzungen im östlichen Teil Deutschlands blieb das Manuskript, das für die im Union-Verlag Berlin geplante Reihe »Biographien zur Kirchengeschichte« geschrieben worden war, einige Zeit liegen. Um so schöner ist es, daß nun dankenswerterweise der Verlag Vandenhoeck & Ruprecht, Göttingen, dieses Buch herausbringt. Dafür habe ich den Text noch einmal überarbeitet. Zuletzt aber gebührt meiner Frau der Dank für ihr Verständnis, daß häufig zu wenig Zeit für sie und die Familie blieb.

Freiberg, den 10. Juni 1994 *Karl-Hermann Kandler*

Vorwort zur 2. Auflage

Erfreulicherweise ist eine neue Auflage dieses Buches erforderlich. Es ist in der Kritik sehr wohlwollend aufgenommen worden. Die soeben in einer Rezension von F. Hoffmann (Theologische Literaturzeitung, Nr. 1/97, Sp. 51–54) vorgebrachten Anregungen haben mich zu zwei Ergänzungen des Textes (S. 15 und S. 99) veranlaßt. Sonst kann das Buch unverändert erscheinen.

Freiberg, 25. Januar 1997 *Karl-Hermann Kandler*

Inhalt

Abkürzungsverzeichnis

Verwendung finden die von der Theologischen Realenzyklopädie (TRE) benutzten oder andere gebräuchliche Abkürzungen. Darüber hinaus werden folgende Abkürzungen verwendet:

AC	Acta Cusana
AHAW	Abhandlungen der Heidelberger Akademie der Wissenschaften, phil.-hist. Klasse, erschienen in Heidelberg
b	*Nicolai de Cusa* Opera, ed. H. Petri, Basileae 1565
CST	Cusanus-Studien, SAHW. PH
CT	Cusanus-Texte, SAHW. PH
GW, GW Erg	Gesammelte Werke; Gesammelte Werke, Ergänzungsband
h	*Nicolai de Cusa* Opera omnia iussu et auctoritate Academiae Litterarum Heidelbergensis ad codicum fidem edita, Leipzig 1932 ff., Hamburg 1951 ff.
Meuthen	*E. Meuthen:* Nikolaus von Kues 1401–1464. Skizze einer Biographie
p	*Nicolai Cusae Cardinalis* Opera, ed. Faber Stapulenesis, Parisiis 1514; unveränderter Nachdruck: Frankfurt M. 1962
PhB	Philosophische Bibliothek, Leipzig 1868ff., Hamburg 1951 ff.
PhSt	Philosophische Studientexte, Berlin 1967ff.
StA	*Martin Luther:* Studienausgabe, Berlin 1979ff.
T	*Nikolaus von Kues:* Textauswahl in deutscher Übersetzung, Trier 1982ff.
Zugänge	*Zugänge zu Nikolaus von Kues.* FS der Cusanus-Gesellschaft, hg. v. H. Gestrich, Bernkastel-Kues 1986

Leben und Wirken

»Ein Mann namens Johann Cryftz, ein Schiffer, zeugte mit der im Jahr des Herrn 1427 verstorbenen Katharina, Tochter des Hermann Roemer, zu Kues in der Diözese Trier den Herrn Nikolaus von Kues, der kurz nach Vollendung seines 22. Lebensjahres den Doktorgrad der Universität Padua erwarb. In seinem 37. Lebensjahr wurde er von Papst Eugen IV. nach Konstantinopel gesandt; er brachte den Kaiser der Griechen, den Patriarchen und 28 Erzbischöfe der Ostkirche mit, die auf dem Konzil von Florenz den Glauben der Hl. Römischen Kirche annahmen. Dieser Nikolaus trat für Eugen ein, der von der beratenden Versammlung in Basel zu Unrecht abgesetzt worden war, während Herzog Amadeus von Savoyen als Gegenpapst in das Papsttum gedrängt wurde, der sich Felix V. nannte. Dieser Herr Nikolaus wurde von Papst Eugen zum Kardinal in petto erwählt. Sogleich nach Eugens Tod wurde er noch vor seiner Publikation von Papst Nikolaus V. erneut erwählt und mit dem Titel St. Peter in Ketten in das Kardinalspresbyterium erhoben. Die Publikation erfolgte am ersten Quatember nach Aschermittwoch im Jahre des Herrn 1449, in dem der Gegenpapst Amadeus auf den Papsttitel verzichtete. Damit alle erfahren, daß die Hl. Römische Kirche nicht auf Stellung oder auf Abstammung bei der Geburt sieht, vielmehr eine überaus freigebige Vergelterin wohlverhaltender Gesinnung ist, ließ der Kardinal selbst diese kurze Biographie am 21. Oktober 1449 zur Ehre Gottes aufzeichnen, als er in Kues weilte, ... um dann sogleich den Weg zum Apostolischen Stuhl zu nehmen. Denn er hatte sich vorgenommen, zu Beginn des folgenden Jubeljahres beim Hl. Stuhl in das Amt eingeführt zu werden. Dazu aber wurde er durch Apostolische Befehle genötigt, obwohl er sich lange geweigert hatte, die Kardinalswürde anzunehmen.«[1]

Nikolaus ist zweifellos einer der Großen der Geistesgeschichte, sowohl als Theologe als auch als Philosoph, sowohl als Anreger von Naturbeobachtung und -forschung als auch als Kirchenjurist und Kirchenpolitiker. Man kann wohl sagen, daß mit ihm, zumindest für den deutschen Sprachraum, die neuzeitliche Geistesgeschichte beginnt.

Nikolaus ist unter dem Namen seines Geburtsortes an der Mosel in die Geschichte eingegangen. Der Name seiner Familie – Cryfftz – bedeutet Krebs. Als Fünfzehnjähriger nannte er sich Nikolaus Cancer de Coeße, in deutschen Briefen dagegen zumeist Niclas von Cuße, latinisiert Nicolaus de Cusa. Italienische Humanisten nannten ihn Nicolaus Trevirensis, also Nikolaus von Trier; Enea Silvio Piccolomini, der spätere Papst Pius II., spricht von ihm als von Nicolaus Cusanus. Er selbst hatte sich schon vorher auch selbst so genannt.[2]

Geboren ist er – vor dem 6. Juli – 1401 als Sohn eines wohlhabenden und angesehenen Mannes. In der Literatur findet sich vielfach eine andere Einschätzung seiner Herkunft; es wird oft die Armut seines Elternhauses hervorgehoben. Diese Einschätzung hält den Quellen nicht stand. Auch sein Elternhaus in Kues, das noch steht, läßt trotz aller baulichen Veränderungen erkennen, daß seine Eltern wohlhabend gewesen

Abbildung 1: Das Geburtshaus von Nikolaus von Kues in Kues an der Mosel. Es wurde 1570 im Renaissancestil umgebaut. Ansicht nach der Renovierung 1980.

sein müssen. Der Vater Hennen Cryfftz hat mehrfach Geld, z. T. sogar hohe Summen, verliehen.[3] Er war Sendschöffe, Schiffseigner und Weinhändler. Seine Mutter Katharina geb. Roemer stammte aus Bernkastel und wird in den vorliegenden Urkunden immer mitgenannt. Seine Verwandtschaft gehörte zu den angesehenen Gesellschaftskreisen der Umgegend.

Nikolaus hat sich stets zu seinem Namen Krebs – trotz hämischer Anspielungen seiner Widersacher – bekannt. Ja, dadurch, daß er sein Wappen so gestaltet, daß er einen roten Krebs in ein goldenes Feld setzt, begleitet von Sonne und Mond, betont er geradezu seinen Namen.

Zunächst ist Nikolaus ganz Kind seiner Zeit. Er hat »an die Wirkung der Gestirne geglaubt. Er besaß einen astrologischen Traktat, in dem Randbemerkungen ausdrücklich jene Sätze hervorhoben, die das Jahr 1433, als auch sein Stern steil zu steigen begann, unter das glückbringende Zeichen des Krebses stellten. Wohl schon 1425 verfaßte er eine bis zu Kaiser Gallienus reichende astrologisch gedeutete Weltgeschichte«.[4]

Über seine Kindheit und Jugend wissen wir nichts. Es ist nur eine Fabel, daß er in Deventer bei den Brüdern vom gemeinsamen Leben, den Fraterherren, die Schule besucht habe.[5] Nicht nur in Romanen, auch in der wissenschaftlichen Literatur werden von diesem angeblichen, aber nicht nachzuweisenden Schulbesuch weitreichende Schlußfolgerungen gezogen. Hier sollte man doch sehr vorsichtig sein. Man wird aber zugeben können, daß der Einfluß der Devotio moderna, einer von den Fraterherren getragenen Bewegung einer neuerwachten Religiosität, im Leben des Nikolaus früh anzusetzen ist. Zu den ersten Büchern, die Nikolaus erworben hat, gehörte die »Mystische Theologie« des Johannes Gerson. Die Frömmigkeitsbewegung der Devotio moderna war durch die Mystik inspiriert worden und betonte die Vertiefung des geistig-geistlichen Lebens durch Kontemplation und Lektüre von Erbauungsschriften. Sie hatte ihr geistliches Zentrum in Deventer, wo einst Geert Grote (1340–1384) gewirkt hatte. Nicht nur unter dem Klerus, sondern gerade auch unter den Laien fand diese Bewegung großen Anklang. Die Laien organisierten sich in Verbindungen, ohne formelle Verpflichtungen einer religiösen Lebensführung zu übernehmen. Sie wurden sowohl unter dem Namen »Brüder vom gemeinsamen Leben« als auch unter dem der »Fraterherren« bekannt. Ähnlich wie sie waren auch die Regularkanoniker der Augustiner-Chorherren von Windesheim (»Windesheimer Kongregation«), eine Gemeinschaft von Klerikern, an der Devotio moderna orientiert. Zu ihnen hatte später Nikolaus nachweisbar gute Beziehungen. So hat Nikolaus dem Propst des Neuwerkstiftes in Halle, Johannes Busch, den Auftrag zur Reform der regulierten Klöster in Sachsen nach den Windesheimer Statuten erteilt. Auf seiner Reise als päpstlicher Legat in Deutschland hat dieser ihn begleitet und später die Reformen als Visitator fortgesetzt.

Andererseits unterscheidet sich Nikolaus in seinem Wahrheitsstreben doch entschieden von der Devotio moderna, die dem Erkenntnisstreben die demütige Christusnachfolge, die »imitatio Christi«, entgegensetzte. Wiederum dürfte der bei Nikolaus häufig vorkommende Ausdruck »christiformis« bzw. »deiformis« (christusförmig bzw. gottförmig) durchaus den Einfluß der Devotio moderna verraten, da einer ihrer wichtigsten Gedanken es war, der Christ solle durch die Nachfolge Jesu dem verherrlichten Christus gleichförmig werden und somit das Ziel seines Lebens in der Vereinigung mit Gott erreichen. Ihre »praxis pietatis«, ihre gelebte Frömmigkeit, hat sicher auch auf Nikolaus – so wie auf viele Christen des 15. Jahrhunderts – Einfluß gehabt.

Mit seiner Immatrikulation 1416 an der Heidelberger Universität taucht sein Name zum ersten Male urkundlich auf. In einem einjährigen Aufenthalt lernte er an dieser Universität die »septem artes liberales« kennen, die sieben freien Künste, das »Trivium« (Grammatik, Dialektik bzw. Logik und Rhetorik) und das »Quadrivium« (Arithmetik, Geometrie, Astronomie und Musik). Sie waren die Grundlage für jedes weitere Fachstudium. Die Universität Heidelberg war bestimmt durch die »via moderna«. Während die »via antiqua« nach wie vor die theologischen (Streit-)Fragen in Form von Sentenzen und Quaestionen spekulativ zu klären versuchte, wollten die Vertreter der »via moderna« (die nicht mit der »Devotio moderna« verwechselt werden darf) schon geradezu vorhumanistisch zu den Quellen zurückgehen, um in den ursprünglichen Textzusammenhängen die Aussagen der Bibel bzw. der Kirchenväter zu befragen. Scholastisch sind beide »Wege«, aber der »via moderna« gehörte doch die Zukunft und sie hat – ungewollt – der Reformation der Kirche und letzten Endes der modernen historisch-kritischen Schriftauslegung vorgearbeitet. Die »via antiqua« war weithin durch die Gedankenwelt des Thomas von Aquin bestimmt, die »via moderna« dagegen durch die des Wilhelm von Ockham.[6]

Nikolaus ging von Heidelberg nach Padua und wandte sich dort dem Studium des Kirchenrechts zu. Er schloß hier sein Studium mit dem Erwerb des Grades eines Doktors der Dekrete (also des Kirchenrechts) 1423 ab.[7] In Padua knüpfte er wichtige Beziehungen zu bald einflußreichen Persönlichkeiten an und kam in Berührung mit dem konziliaren Gedankengut, d. h. mit der Vorstellung, daß ein Konzil über dem

Papst stünde, so wie es das Konzil von Konstanz (1414–1418) festgesetzt hatte.

Auf sein Studium in Padua geht sicher zurück, was ihn zeitlebens bewegt hat, nämlich das Konsensdenken, ein um Übereinstimmung besorgtes Denken. In Padua gehörte er in den Schülerkreis des Francesco Zabarella, der hier von 1394–1411 gewirkt hatte. Dieser hatte die Zustimmung, den Konsens der Regierten als Voraussetzung für eine rechtmäßige Herrschaft in Staat und Kirche betont. Die Gesamtheit der Gläubigen wird nach dieser Meinung von den von ihnen gewählten Konzilsvätern repräsentiert, und diese legitimiert erst den von ihnen im Konsens gewählten Papst. Das Geistesleben in Padua war von universaler Weite. Hier lernte Nikolaus auch den nur wenige Jahre älteren Paolo Toscanelli kennen. Dieser italienische Humanist ist u. a. berühmt geworden durch seine 1474 geäußerten Vermutung, man könne Indien auf dem Seeweg in westlicher Richtung erreichen. Toscanelli hat 1443 Nikolaus die Übersetzung der »Mystischen Theologie« des (Pseudo-)Dionysius Areopagita zukommen lassen. Nikolaus hörte sicher auch die Predigten des berühmten Predigers und Franziskanermönchs Bernhardin von Siena.[8] Von seiner Studentenzeit in Padua rührt die Bekanntschaft mit dem italienischen Humanismus und einiger seiner wichtigen Vertreter her.

1425 ist Nikolaus in seine Heimat zurückgekehrt. Er trat in den Dienst des Erzbischofs seiner Heimatdiözese Trier. Dieser überträgt ihm, wie es damals generell üblich war, eine Reihe von Pfründen (oder Praebenden genannt). Sie waren feste Einkommen, die den Klerikern zugewiesen wurden. Diese Einkommen waren der Ertrag, den bestimmte Kirchengüter erbrachten, entweder durch den zu ihnen gehörenden Landbesitz oder durch Gebühren, die für Leistungen gezahlt werden mußten. Die Pfründen galten also als Entschädigung oder Besoldung für geleistete Dienste und waren die wirtschaftliche, finanzielle Grundlage für das Leben eines Geistlichen bzw. eines im Dienste der Kirche Stehenden (Nikolaus war zu dieser Zeit noch nicht zum Priester geweiht). Eine Reihe von Urkunden und Notizen weisen aus, daß Nikolaus Pfründen anhäufte. Darin war er ganz Kind seiner Zeit. Zunächst erhielt er die namhaften Einkünfte der Pfarrkirche zu Altrich übertragen. Später bittet er darum, ihm zusätzlich die Einkünfte der Pfarrkirche zu St. Gangolf in Trier zu übertragen, die 4 Mark Silber Jahreseinkünfte habe und gegenwärtig durch Todesfall vakant sei. Dann läßt er sich auch mit der Dekanei von Liebfrauen zu Oberwesel und vor allem 1427 mit dem Dekanat und dem Kanonikat an St. Florin in Koblenz providieren (ausstatten). Das Dekanat war mit Seelsorge verbunden. Es brachte jährlich etwa 30

Mark Silber ein. Er bat Papst Martin V. darum, ihm Dispens zu erteilen, damit er beide Dekanate zeitlebens behalten, aufgeben oder auch vertauschen könne. Er erklärt sich bereit, dafür auf die Pfründe der Pfarrkirche zu St. Gangolf in Trier zu verzichten. Der Papst überträgt ihm die erbetene Pfründe, er darf dazu auch die Pfründen von Trier und Oberwesel behalten. Wenn er aber durch die Provision später in den Besitz des Dekanats von St. Florin gelange, müsse er auf die Pfründe der Pfarrkirche verzichten. 1435 wird er dann schließlich Propst von Münstermaifeld.[9] Wiederholt – 1425, 1428 ist es nachweisbar – bat Nikolaus um den Weihedispens. Er hat die höheren Weihen, die ihn zur Ausübung des Priesteramtes berechtigten, nicht vor 1436 erhalten, denn noch 1435 wird er als Diakon der Trierer Kirche bezeichnet.[10] Wann Nikolaus die höheren Weihen empfangen hat, können wir nicht genau sagen, ein Nachweis läßt sich nicht erbringen. Auch mit dieser Verzögerung tut Nikolaus nichts in seiner Zeit Ungewöhnliches. Man häufte, wenn möglich, Pfründen an, ließ sich aber in der Ausübung der geistlichen Pflichten von einem – meist schlecht bezahlten – Vikar vertreten. Anscheinend hat aber Nikolaus selbst ein bescheidenes Leben geführt; die Quellen lassen nichts anderes erkennen. Selbst seine z. T. sehr energischen und boshaften Gegner haben an seinem persönlichen Lebensstil nichts auszusetzen gehabt. Doch muß eingeräumt werden, daß durch das Anwachsen der Zahl solcher schlecht ausgebildeten und miserabel bezahlten Vikare so etwas wie ein Klerikerproletariat heranwuchs, das seine Arbeit mehr schlecht als recht tat und dessen Lebensweise Anlaß zu vielfältiger Kritik, auch in den von ihnen versorgten Gemeinden, gab. Das Pfründenwesen ist spätestens im 15. Jahrhundert zu einem Pfründenunwesen geworden. Die Zahl dieser Vikare überstieg die Zahl der regulären Pfarrer um ein Vielfaches. An manchen Domen oder großen Pfarrkirchen gab es über 100 Vikare! Diese hohe Zahl hängt ihrerseits wieder mit der Zahl der Meßstiftungen zusammen; ein frommer Mann oder eine fromme Frau hatte für den Fall ihres Todes eine Summe hinterlassen, von der Seelenmessen für ihr Heil an einem eigens dafür gestifteten oder an einem bereits bestehenden Altar gelesen werden sollten. Das alles hatte mit Seelsorge nicht das geringste zu tun. Auch wenn Nikolaus sich später als päpstlicher Legat um eine Reform in dieser Hinsicht bemüht hat, so ist er doch selbst an der Aufrechterhaltung dieses Mißstandes mitverantwortlich gewesen. Es muß aber auf der anderen Seite auch bedacht werden, daß dieses Pfründenunwesen immer neue Stellen schaffte (wir würden heute sagen: Arbeitsplätze) und damit manchen versorgte, der sonst keine Aufgabe gehabt hätte. Deshalb war zu Nikolaus' Zeiten die

Kritik am Pfründenwesen selbst verhaltener, als man es vermuten könnte, dagegen wurde die Kritik am Lebensstil und an der Amtsausübung der »Pfaffen« immer üblicher, sahen doch die Menschen ihr Heil in die Hände völlig unwürdiger Priester gelegt. Aber nicht alle Vikare wird man zum »Klerikerproletariat« zählen dürfen. Manche konnten ansehnliche Besitztümer erwerben, vor allem, wenn es ihnen gelang, mehrere Vertretungen wahrzunehmen. Auch war die Situation von Ort zu Ort, von Stadtkirchen zu Domen und Stiftskirchen, durchaus unterschiedlich.

Daß Nikolaus zahlreiche Pfründen angehäuft hat, befremdet uns heute. Viele Pfründeninhaber waren aber ihrerseits nicht untätig[10a]. Nikolaus stand ja im Dienst des Trierer Erzbischofs und hat vor allem ihn kirchenjuristisch beraten, wie wir noch sehen werden. Während die Pfründeninhaber häufig akademisch gebildete Theologen oder Juristen waren, manchmal aber auch Adlige ohne akademische Ausbildung, so waren die Vikare, die sie vertraten und von der Pfründe zu bezahlen waren, meist ungebildete Männer, die für ihre seelsorgerliche Aufgabe überhaupt keine Ausbildung erhalten hatten. Sie hatten oftmals nur eine Stadt- oder Klosterschule besucht, aber nicht einmal das war immer der Fall. Manche haben bei dem Pfarrer ihrer Heimatgemeinde gelebt, waren ihm zur Hand gegangen und hatten sich bei ihm abgesehen, was er tun mußte. Man lernte dabei an Latein, was für die Messe nötig war, man lernte den Ritus und die Spendung der Sakramente. Gepredigt wurde, selbst von den Pfarrern, den Leutpriestern, kaum, die Predigt überließ man den Bettelmönchen. Unterweisung, vor allem der Jugend, gab es nicht. Selten wurde die Beichte gehört. Eine nachgehende Seelsorge war unbekannt. Im Grunde blieb eine Gemeinde sich selbst überlassen. Ein Bischof kümmerte sich kaum um seinen Klerus, noch weniger um seine Gemeinden, er war in erster Linie Fürstbischof, Reichsfürst. Inwieweit diese offenkundigen Mißstände schon im 15. Jahrhundert als solche auch von den Gemeinden selbst empfunden wurden, ist schwer zu sagen. Daß diese Mißstände aber in der Kirche gesehen wurden, dafür ist die Legationstätigkeit des Nikolaus im sechsten Jahrzehnt des 15. Jahrhunderts ein deutliches Zeichen. Doch auch Nikolaus hat sie nicht wirksam abstellen können. Ja, er war selbst in dieses System eingebunden. In den Mißständen der Kirche lag ein wichtiger Ansatzpunkt für die Reformation der Kirche knapp hundert Jahre später.

Frühzeitig tritt uns Nikolaus als geradezu leidenschaftlicher Sammler alter Handschriften entgegen. Durch sein Sammeln hat er die Grundlage für spätere Entdeckungen und Forschungen gelegt, so z. B. für die

Erkenntnis, daß die sog. Konstantinische Schenkung und die sog. pseudisidorischen Dekretalen unecht seien. Eine Handschrift von Ciceros De re publica hat er, wie damals angenommen, nicht gefunden, auch keine Tacitus-Handschrift, aber es gelang ihm der große Fund eines Codex Carolinus und eines Plautus-Codex. In humanistischen Kreisen galt Nikolaus bald als gesuchter Fachmann in diesen Fragen.[11]

Sein Ruf als Gelehrter stieg schnell. Ebenso aber wird er auch bald als Fachmann bei Rechtsstreitigkeiten gesucht. So erstellt er bereits 1426 ein Gutachten in Zollfragen, tritt er 1428 als Schlichter in einem Zehntstreit auf und wird bald, wie schon erwähnt, Rechtsberater des Trierer Erzbischofs.[12] 1425 läßt er sich als Doktor des kanonischen Rechts in Köln immatrikulieren und hat auch wahrscheinlich diesbezügliche Vorlesungen gehalten. Wenn er auch anscheinend keinen theologischen Universitätsgrad erworben hat, so war er doch sicher kein »theologischer Autodidakt«,[13] vielmehr hat er sich in Köln die Grundlagen für seine späteren Schriften angeeignet, widmete er sich doch in Köln dem Studium der Theologie und Philosophie, vor allem bei Heymerich von Kamp. Heymerich führte Nikolaus in seinen Albertismus (nach Albertus Magnus genannt) ein, in den er auch Gedanken des spanischen Denkers Raimundus Lullus (Ramon Llull) eingefaßt hat. Nikolaus hat sich von seinen theologisch-philosophischen Leitgedanken, vor allem von seiner Christologie, prägen lassen.[14] Wohl hat Nikolaus auch durch Heymerich jenen Grundbegriff kennengelernt, der für sein Denken prägend geworden ist, den Gedanken der coincidentia oppositorum, den Zusammenfall der Gegensätze, aber neben den Gedanken Alberts auch die des Pseudo-Dionysius Areopagita und die Vorliebe für mathematische Symbole. Seinen Einfluß auf Nikolaus kann man wohl kaum überschätzen. Nicht der Gegensatz von via antiqua und via moderna prägte Nikolaus, sondern das von Heymerich ihm vermittelte Gedankengut.[15]

Zunächst aber wurde er »zum ersten Rechtshistoriker im strengen Sinn«, wofür er längst vergessene Rechtsquellen aufgestöbert und benutzt hat. 1428 – und dann noch einmal 1435 – lehnte er einen Ruf auf den Lehrstuhl für kanonisches Recht an der neu gegründeten Universität Löwen ab; diese hat sich offensichtlich sehr um ihm bemüht. Im selben Jahr war er zu Handschriftenstudien in Paris und Laon. Dabei hat er sich eine Sammlung von Exzerpten aus den Schriften des Raimundus Lullus angelegt. In Laon bewunderte er eine Handschrift der »Libri Carolini«.[16]

Kein mittelalterlicher Denker ist in der außergewöhnlich reichhaltigen Bibliothek des Nikolaus von Kues, die noch heute in erstaunlichem

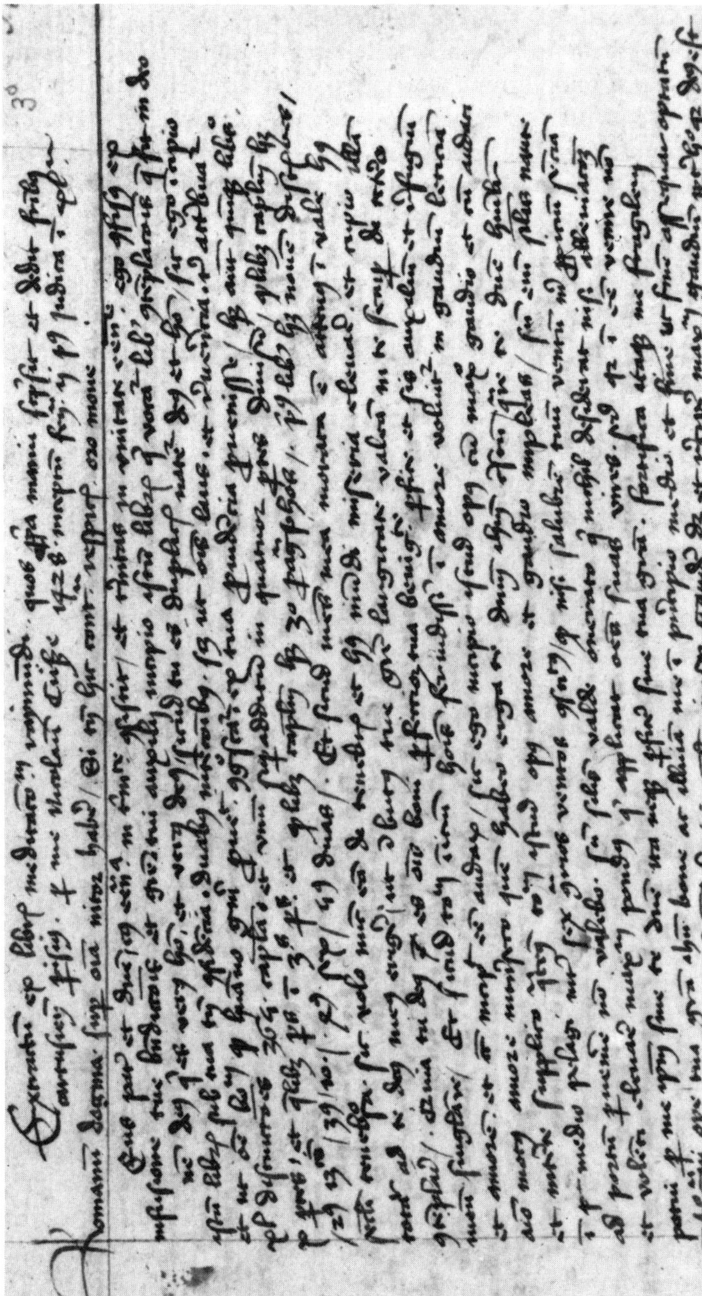

Abbildung 2: Urkunde von 1428

Umfang trotz mancher Verluste im St.-Nikolaus-Hospital zu Bernkastel-Kues aufbewahrt wird, so stark vertreten wie Lullus. Die Verwendung geometrischer Symbole für theologisch-philosophische Probleme geht, wohl vermittelt durch Heymerich, auf eine Anregung des Raimundus Lullus zurück. Bereits 1428 notierte sich Nikolaus Lullus-Exzerpte. Beeinflußt durch ihn wird die »concordantia« zu einem weiteren Grundbegriff cusanischen Denkens; »concordantia« ist ihm Übereinstimmung im Einen und Vielen. Die geometrische Figur des Dreiecks wird Ausgangspunkt für eine umfassende Seinsdeutung, »die in der Bemühung um das Geheimnis der Trinität ihre höchste Steigerung erfuhr. Hiermit verband sich die Theologie des Kreises.« Alle göttlichen Eigenschaften und Wechselbegriffe sind kreisförmig identisch.[17] Es wird ein christlich gefärbter (Neu-) Platonismus erkennbar, der für das gesamte cusanische Denken bestimmend bleibt. Nikolaus hat eine Bibliothek mittelalterlicher Platotexte zusammengetragen und studiert. Er veranlaßte später die Übersetzung des Parmenides von Plato und die der Platonischen Theologie des Proklos.

Noch ohne die höheren Weihen erhalten zu haben, begann Nikolaus 1430 zu predigen. Über seine Predigttätigkeit wird noch zu berichten sein. Erstaunlich bleibt, daß wir offensichtlich schon von seinen ersten Predigten die Autographe haben. Er selbst muß also seine Predigttätigkeit sehr ernst genommen und die Manuskripte für des Sammelns würdig gehalten haben.

Im Rechtsstreit um die Besetzung des Trierer Erzbischofsstuhls finden wir Nikolaus bald besonders engagiert. 1432 treffen wir ihn in diplomatischer Mission als Orator und Prokurator Ulrichs von Manderscheid auf dem Basler Konzil. Orator und Prokurator sind zwei schwer unterscheidbare Titel für kirchenrechtliche Beraterfunktionen, sie wurden meist gemeinsam verwendet und waren allgemeine Bezeichnungen für einen bevollmächtigten Vertreter. Ulrich war einer der Kandidaten für den Trierer Erzbischofsstuhl gewesen. Er hatte aber weder die Mehrheit des Domkapitels noch die Zustimmung Papst Martins V. erhalten können. Damit aber fand sich Ulrich nicht ab. Er versuchte nun, das gerade zusammengetretene Basler Konzil für seine Interessen gegen den Papst zu gewinnen. Diese Interessen sollte Nikolaus auf dem Konzil vertreten. Letztlich gelingt es ihm nicht. Aber das Basler Konzil wird von jetzt an das Forum des Wirkens von Nikolaus. Er übernahm auf ihm gleichzeitig weitere Rechtsvertretungen in den unterschiedlichsten Rechtsstreitigkeiten, ja er galt offensichtlich sehr bald als Fachmann in kirchenrechtlichen Fragen; sein Rat wurde zunehmend gesucht. Dabei focht er vor allem für eine ständische Gesellschaftsordnung. So waren auch die Laienrechte in der Kirche bei der Bischofswahl für ihn das Fundament für sein Eintreten für Ulrich von Manderscheid, war doch der Trierer Erzbischof zugleich einer der sieben Kurfürsten des Reiches. Nikolaus selbst hat sich dann dem – negativen – Konzilsbeschluß, der den Entscheid des Papstes in dieser Angelegenheit bestätigte, gefügt.

Obwohl Nikolaus auch bei anderen Rechtsvertretungen durchaus nicht immer erfolgreich agierte, nahm sein Einfluß auf dem Konzil ständig zu. Noch 1432 wurde er einem Ausschuß für Glaubensfragen, der »deputacio fidei«, inkorporiert.[18] Vom nunmehr bestätigten Trierer Erzbischof Raban erhielt Nikolaus eine – zunächst befristete – Absolution. Er mußte versprechen, sich für eine friedliche Beilegung des Streites um den Trierer Erzbischofsstuhl einzusetzen und sich dem Entscheid des Papstes zu beugen.[19]

Wiederholt begegnet uns Nikolaus als Konzilsgesandter.[20] Gleichzeitig bemüht er sich um die Beilegung der hussitischen Streitigkeiten. Mit der Verbrennung von Jan Hus auf dem Konstanzer Konzil 1415 waren sie ja nicht beigelegt, sondern im Gegenteil erst recht entflammt worden. Nikolaus machte sich kundig und glossierte dann die Positio des Jan Rokycana, des Wortführers der Utraquisten, der gemäßigten Hussiten, und späteren Prager Erzbischofs. Dann verfaßte Nikolaus seine Schrift »De usu communionis«, manchmal auch als seine »Böhmenbriefe« bezeichnet: Wenn die Böhmen, so führt er aus, die Kommunion unter beiderlei Gestalt zugestanden bekämen, sollten sie auf weitere Forderungen wie Freiheit der Predigt (!) und apostolische Armut der Geistlichen verzichten. Er forderte die Böhmen zur Einheit mit der römischen Kirche auf. Diese Einheit der Kirche ist der Gedanke, den Nikolaus zeit seines Lebens beherrscht und ihn bei all seinen Entscheidungen bestimmt. Wenn die Hussiten auch seine Vorschläge ablehnten, so bilden seine Gedanken doch die Grundlage für einen dann 1436 vereinbarten Vergleich.

Von 1433 an verfaßte Nikolaus etliche kleinere Schriften und erweist sich in ihnen als ein zunächst überzeugter Konziliarist, d. h. er war davon überzeugt, daß die Einheit der Kirche nur durch die Überordnung des Konzils auch über den Papst zu erreichen bzw. zu erhalten sei, so vor allem in »De maioritate auctoritatis sacrorum conciliorum supra auctoritatem papae«. Wenig später legte er sein erstes großes Werk vor: »De concordantia catholica«. Nikolaus ist in dieser dreibändigen Schrift sowohl besorgt um die Reform des Reiches als auch um die der Kirche. Er erwartete die Reichsreform (wie viele andere auch) von Kaiser Sigismund. Zur Frage der Kirchenreform fordert er, daß die Kardinäle in harmonischer Übereinstimmung mit dem Papst die Kirche regieren sollen. »Die tiefste Begründung für den Konsens fand Nikolaus aber in der geistlichen Eheeinung Christi mit seiner Kirche«.[21] Das Universalkonzil steht für Nikolaus auch in dieser Schrift über dem Papst. Ja, das Konzil hat das Recht, notfalls den Papst abzusetzen. Unter dem Papst steht das Patriarchalkonzil, zu dem neben dem Papst die Patriarchen des Ostens zählen. Nicht der Papst, aber auch nicht das Konzil sind für Nikolaus jeweils unfehlbar. Ein Konzil kann wohl den Papst absetzen, aber es kann dies nur, wenn es dies einstimmig beschließt. Auch hier macht sich der Gedanke geltend, dem Nikolaus durch die Jahrzehnte hinweg treu bleiben wird, der Gedanke der Einheit und des Konsenses. Auf dem Konzil selbst entwickelt Nikolaus in einem Vortrag seine Auffassung darüber, wer dem Konzil präsidieren soll. Er plädiert in »De auctoritate praesidendi in concilio generali« dafür, daß der päpstliche Legat mit Vorsitzrechten beim Konzil ausgestattet wird, doch damit keine rechtsverbindliche Gewalt über das Konzil erhält, daß er vielmehr beschwören muß, daß das Konzil die oberste Lehrautorität in der Kirche hat. In diesem Vorschlag zeichnet sich die Lösung ab, die das Konzil dann fand, doch ist es letztendlich daran gescheitert.

1436 begegnet uns Nikolaus als Konzilsrichter bzw. als konziliarer Vermittler im Streit zwischen dem Bischof von Würzburg und den Städten Würzburg und Ochsenfurt. Genüßlich weiß später sein hämischer Gegner Gregor von Heimburg auch von einem verlorenen Prozeß zu berichten.[22]

In diesen Jahren trat Nikolaus erstmals als Theologe und Philosoph literarisch hervor, so mit den beiden kleinen Schriften »Tractatulus de modo habilitandi ingenium ad discursum in dubiis« und »Libellus inquisitionis veri et boni«, in der er sich mit der Frage nach dem Zeitpunkt des Jüngsten Gerichts (wie zwölf Jahre später in der Schrift »Coniectura de ultimis diebus«) befaßte. Er errechnete als Zeitpunkt die Jahre zu Beginn des 18. Jahrhunderts.[23]

Nikolaus war keineswegs ständig auf dem Konzil anzutreffen. Wie oft er sich in diesen Jahren in Koblenz oder später in Münstermaifeld aufgehalten hat, wissen wir freilich nicht. Doch offenbar vernachlässigte er seine pastoralen Aufgaben an diesen Orten nicht. 1436 erstellte er Statuten für St. Florian in Koblenz, eine Art Stiftsverfassung. Für eine solche Aufgabe hatte er offenkundig eine große Begabung.[24] Dagegen liegen uns für die Jahre 1433–1438 keine Predigtentwürfe vor.

1436 wird Nikolaus auch als Deputierter für Ablaßgelder, die für die

Herbeiführung der Union mit den Griechen gesammelt wurden, erwähnt, ebenso als Friedensvermittler im bayrischen Fürstenstreit, wobei er als »lerer geistlicher und keiserlicher rechten« bzw. »lerer pebstlicher und kaiserlicher rechten« bezeichnet wird. Noch im selben Jahr votiert er »nomine nacionis Germaniae« über einen Tagungsort für die Unionsverhandlungen mit den Griechen. Ebenfalls 1436 verfaßte er seinen Traktat »De correctione kalendarii«, den er dem Konzil vorlegte.[25]

1436/37 erfolgte nun sein spektakulär empfundener Wechsel von der konziliaren zur kurialen Partei. Ein genaues Datum läßt sich nicht angeben. Vorbereitet war sein Wechsel. Dieser wird kaum nur aus persönlichen Gründen, etwa seiner Karriere wegen, erfolgt sein, doch kann nicht bestritten werden, daß dieser Seitenwechsel seine Karriere dann entscheidend gefördert hat. Da das Konzil zwar mehrheitlich, aber eben nicht einstimmig, Papst Eugen IV. für abgesetzt erklärt hatte, handelte für Nikolaus die Konzilsmehrheit illegitim. Er spürte darüber hinaus, daß sich die Konzilsmehrheit eine Art von Unfehlbarkeit anmaßte. Nikolaus hatte ja Jahre zuvor erklärt, die Absetzung des Papstes sei nur mit einem einstimmigen Beschluß möglich. Daß die Mehrheit jetzt die Rechte der Minderheit unterdrückte, empfand Nikolaus als nicht rechtens. Das hat wohl dazu geführt, daß sich Nikolaus von der Mehrheit zur Minderheit wandte. Schon 1435 hatte er freilich erste Kontakte zur Kurie gesucht. Als Anhänger Ulrichs von Manderscheid galt er noch als exkommuniziert; die Absolution, die er von Erzbischof Raban erhalten hatte, war ja auf sechs Monate befristet gewesen. Als er aber 1436 den Vergleich in der Trierer Sache anerkannte, wurde auch seine Exkommunikation aufgehoben. Seine Pfründen ließ er sich bestätigen.

1437 beglaubigte dann die Konzilsminderheit Nikolaus als Konzilsgesandten nach Konstantinopel. Nikolaus empfahl sich dafür als Kenner der griechischen Sprache. Wie weit seine Griechischkenntnisse freilich reichten, ist in der Cusanus-Forschung noch immer umstritten.[26] Der griechische Gesandte erkannte die Konzilsminderheit, die sich dem Papst unterordnete, und die Delegation, die von ihr aufgestellt wurde, als rechtmäßige Vertretung der abendländischen Kirche an. Einer der Hauptsprecher dieser Delegation wurde Nikolaus. Anlaß dieser Delegation war die Frage einer Union zwischen der seit 1054 formell getrennten östlichen und westlichen Kirche, die durch die Bedrängnis des oströmischen Kaiserreiches und der östlichen Kirche durch die Bedrohung seitens der Türken für das oströmische Reich zur Existenzfrage geworden war. Nur wenn sich beide Kirchen in den strittigen Fragen der Lehre und der gottesdienstlichen Riten würden einigen können, konnte das oströmische Kaiserreich auf militärische Hilfe Westeuropas hoffen. Daß diese Hoffnung dann schließlich vergeblich war, hat auch in der Kritik, die die 1438/39 erreichte Union unter der oströmischen Bevölkerung fand, ihre Ursache.

Über Bologna ging die Reise nach Konstantinopel.[27] Nikolaus hat sich auf seine Legatentätigkeit vorbereitet. Mit Johannes von Segovia hat er sich vorher »ausführlich in ritibus observantiaque, moribus ac modo conversionis (Saracenorum)« unterhalten. Er hatte also schon zu dieser Zeit den Islam und die Möglichkeit seiner Integration in die Christenheit im Blick. Nikolaus hat eine lateinische Koranübersetzung besessen. Er kennt die Entscheidungen der frühchristlichen Synoden und hat sich mit den Lehr- und Ritenunterschieden zwischen der Ost- und der Westkirche vertraut gemacht.[28] Welch ein anderes Bild bot sich jetzt als vierhundert Jahre früher, als es 1054 zum unseligen Schisma zwischen der Ost- und der Westkirche gekommen war! Jetzt endlich sollte, freilich unter großem äußerem Druck, dieses Schisma überwunden werden.[29]

In Konstantinopel erfaßt Nikolaus wieder seine große Sammelleidenschaft; er erwirbt eine Reihe von griechischen Handschriften.[30] Papst Eugen IV. berichtet er über den Verlauf der Verhandlungen mit den Griechen; die Vertreter der Basler Konzilsmehrheit seien von den Verhandlungspartnern abgewiesen worden. Die Vertreter der Konzilsminderheit hätten erreicht, daß die griechischen Unterhändler auf den vom Papst gesandten Galeeren nach Italien zu dem unter dem Papst stehenden Konzil, das dieser nach Ferrara einberufen hatte, reisen würden. Wiederholt wird auch von Zeitgenossen sein Bemühen um das Wohl der gesamten Kirche und des Friedens in ihr gerühmt.[31]

Auf der Rückreise von Konstantinopel wurde nun Nikolaus die Grunderfahrung der »docta ignorantia«, der belehrten Unwissenheit, zuteil. Er schreibt darüber in seinem Brief an Kardinal Julian Cesarini, dem er seit seiner Studentenzeit in Padua freundschaftlich verbunden war und den er seinen Lehrer nennt:

»Empfange nun, ehrwürdiger Vater, was ich schon längst auf den verschiedenen Wegen der Lehrmeinungen intensiv zu finden versucht habe, jedoch nicht finden konnte, als bis ich bei meiner Rückkehr aus Griechenland auf dem Meerwege dahin gelangte – meiner Meinung nach durch ein Geschenk des Himmels vom Vater der Lichter, von dem alle gute Gabe kommt –, das Unbegreifliche in belehrter Unwissenheit zu erfassen im Aufstieg zu den unvergänglichen Wahrheiten, die nach menschlicher Erkenntnisweise nur erkennbar sind. Diese belehrte Unwissenheit habe ich jetzt mit Hilfe dessen, der die Wahrheit ist, in diesen

Büchern dargestellt, die auf der Grundlage desselben Prinzips gekürzt und erweitert werden können.«[32]

So führt Nikolaus mit Bezug auf Jak. 1, 17 die Erkenntnis des Prinzips der »docta ignorantia« auf eine göttliche Erleuchtung zurück. Sicher ist aber, daß »eine zehnjährige philosophische Arbeit« dem vorausgegangen ist.[33] Aus diesem Prinzip heraus ist der ganze Entwurf der drei Bücher und – so kann man es ohne Übertreibung sagen – sein ganzes Schrifttum entwickelt worden.

Nikolaus stellte sich bei dem Prinzip der »docta ignorantia« in eine Tradition, die von Pseudo-Dionysius Areopagita und von Augustin ausgeht. Unter dem Schrifttum des Pseudo-Dionysius versteht man die Schriften, die im Mittelalter dem Dionysius zugeschrieben wurden, den Paulus auf dem Areopag zu Athen nach Apg. 17 bekehrt hat. Das Schrifttum ist eine Sammlung griechischer neuplatonisch-christlicher Texte aus dem 5. Jahrhundert. Die Schriften haben im Mittelalter eine große Bedeutung gehabt und einen bedeutenden Einfluß auf die mystische Theologie, vor allem durch seine Schrift »Peri mystikes theologias«, ausgeübt, haben sie doch vor allem das Problem des geistigen Aufstiegs des einzelnen zu Gott zum Inhalt. Die mystische Einigung vollzieht sich so, daß der Geist des Menschen das Sichtbare und Vorstellbare hinter sich läßt und in ein Dunkel eintritt. Gottes eigentliches Wesen ist nicht ausdrückbar, sondern kann nur durch Verneinung annähernd beschrieben werden. Von hier aus entwickelte Ps.-Dionysius eine »Negative Theologie«. Man kann also über Gott nur sagen, was er nicht ist. Er kann aber wiederum auch mit Superlativen ausdrücken, was Gott ist (Positive Theologie) oder beides miteinander verbinden (so etwa: Gott wohnt in einem überlichten Dunkel und ist über allem Sein). Die Vereinigung mit Gott übersteigt jedes menschliche Begreifen und kann nur in einem Nichtwissen erreicht werden. Während das ps.-dionysische Schrifttum umstritten war und zeitweise als häretisch angesehen wurde, war die Autorität des Kirchenvaters Augustin (354–430) im ganzen Mittelalter unbestritten. In seiner » Apologia doctae ignorantiae« teilt Nikolaus später (1449) mit, daß er bei der Abfassung von »De docta ignorantia« »Dionysius oder sonst einen wahren Theologen« noch nicht (intensiv) gelesen hätte, sich aber nach Empfang des Geschenks von oben begierig auf deren Schriften gestürzt habe.[34] Viele Jahre später (1462?) heißt es in De li non aliud, Dionysius sei »der Größte unter den Theologen«; ja, in dieser Schrift legt Nikolaus gar ein Florilegium von Aussagen dieses uns unbekannten Theologen vor.[35] Der Gedanke der »docta ignorantia« ist also bei Nikolaus nicht völlig original; er ist aber doch wesentlich von ihm geprägt worden. Trotz der Vorgänger, die Nikolaus bei der Ausprägung dieses Gedankens gehabt hat, kann er später von der »docta ignorantia« als »principium nostrum«, als von unserem Prinzip sprechen. Muß nach Nikolaus alles »Bemühen unseres menschlichen Geistes »... »in diesen tiefen Geheimnissen« verweilen, um sich zu jener Einfachheit zu erheben, »in der die Gegensätze zusammenfallen« (1. Buch), so betont er, daß er im 2. Buch »ein paar Gedanken über das Universum« entwickelt habe, die »über den üblichen Weg der Philosophen hinausgehen und für viele neu sein werden«. Im 3. Buch hat Nikolaus dann von der gleichen Grundlage aus über Jesus geschrieben und eine Christologie entwickelt: Im wachsenden Glauben wurde ihm Jesus, der Herr, immer erhabener im Denken und in der Zuneigung. Er betont, daß ihm auf diesem Wege das Verlangen entflammt sei, um nach langen Meditationen und einem langen Aufstieg den süßesten Jesus als den allein liebenswerten zu erschauen. Dafür gibt er – und er verallgemeinert das auf jeden gläubigen Christen – alles freudig auf. So wird ihn das wahre Leben und die ewige Freude umgeben. »Wer so auf Jesus zugeht, dem gelingt alles, und keinerlei Schriften können ihm Schwierigkeiten bereiten noch diese Welt, weil er in Jesus umgewandelt wird kraft des Geistes Christi, der in ihm wohnt, der das Ziel geistigen Verlangens ist.«[36]

Gerade diese Stelle aus dem Widmungsschreiben an Kardinal Julian Cesarini läßt erkennen, wie stark Nikolaus einem mystischen Denken verhaftet ist. Gott ist ihm das höchste und tiefste Ziel seiner Seinslehre, »in der die Fülle des Seins in der Unendlichkeit des Möglichen gesehen wird«.[37] Ihm geht es um ein mystisches Einswerden mit Christus. Das bestätigen auch schon seine frühen Predigten.[38] Nikolaus ist zweifellos ein frommer, zutiefst religiöser Mensch. Er erfuhr das Glück der Gottesliebe. Es ist keine bloße Konvention, wenn er alle drei Bücher von »De docta ignorantia« mit einem Lobpreis beschließt. Einige Passagen haben geradezu einen hymnischen Stil. Nikolaus hat nie berichtet, daß er ekstatische Erlebnisse gehabt habe, aber sein Widmungsschreiben kann man schon als Bericht über eine Art Bekehrungserlebnis verstehen, daß er bei seiner Rückkehr aus Griechenland fand » – meiner Meinung nach durch ein Geschenk des Himmels vom Vater der Lichter, von dem alle gute Gabe kommt –«, das Unbegreifliche in nicht begreifender Weise in belehrter Unwissenheit zu erfassen im Aufstieg zu den unvergänglichen Wahrheiten, die nach menschlicher Erkenntnisweise nur erkennbar sind. Es ist also kein ekstatisches Erlebnis, aber eine besondere Erkenntnis, die ihm gleich einem Erlebnis zuteil wurde. Es muß daran erinnert werden, daß Denker 150 Jahre zuvor – es sei an Dietrich von Freiberg und Meister

Eckhart erinnert – eine Erkenntnistheorie von der Gotteserkenntnis als einer »visio beatifica« her entwickelten.

Schon mehrfach weist Nikolaus in »De docta ignorantia« auf sein nächstes Werk hin, das er offensichtlich gleich nach der genannten Schrift begann und dann (1443?) unter dem Titel »De coniecturis« (Über die Mutmaßungen) vorlegte. In diesem Werk setzt er sein Nachdenken über das Erkennen fort, er versteht es als ein Mutmaßen. Dieses Werk ist stärker philosophisch geprägt. Er gliedert das Sein in vier Stufen: Gott – Intelligenz – Seele – Körper. Zu geometrischen Symbolen, die er schon in »De docta ignorantia« verwendete, benutzt er jetzt die arithmetischen Symbole der Zahl. Gott faltet alles in sich ein, dagegen ist die Welt Ausfaltung Gottes. Es kommt also hier ein neues Gegensatzpaar in den Blick, das er wieder zur Koinzidenz führen will: complicatio – explicatio (Einfaltung – Ausfaltung). Die Welt als Schöpfung und nicht nur der Mensch wird als ein »zweiter Gott« oder als »geschaffener Gott« (deus creatus) verstanden. Die Welt erscheint Nikolaus in gewisser Weise sogar als unendlich. Der Mensch versinkt nicht einfach in dieser Welt, er steht ihr als menschlicher Gott auch gegenüber. Für Nikolaus wird die Christologie zur Grundlage der Anthropologie, die er aber als Christusnachfolge versteht. Die Christologie entschlüsselt das Menschsein. Christus ist ja beides in einem, er ist Gott und Mensch, vollkommener Gott und vollkommener Mensch, der Mensch, wie ihn Gott wollte. Dabei kommt aber die Wirklichkeit der Sünde – wie im cusanischen Schrifttum überhaupt – entschieden zu kurz. Auch die Trinitätslehre entfaltet Nikolaus im Gegenüber zum Menschen. Dem Vater kommt die Einheit, dem Sohn die Gleichheit und dem Heiligen Geist das Verknüpfen beider zu. Am deutlichsten entwickelt er diesen Gedanken dann in »De principio«. Nikolaus ist davon überzeugt, den Menschen leicht an die Erkenntnis heranführen zu können. Er gebraucht dafür den Begriff »manuductio« (Handleitung).

Nikolaus blieb seiner Gedanken wegen nicht ohne Gegner. Der Rektor der Heidelberger Universität, Johannes Wenck von Herrenberg, verfaßte gegen ihn seine Schrift »De ignota litteratura« (Über die unwissende Bildung) und warf ihm darin seine Spekulationen und eine geradezu pantheistische Häresie vor (ohne den Begriff Pantheismus zu gebrauchen; dieser Begriff ist erst im 17. Jahrhundert aufgekommen).[39] Nikolaus ließ sich Zeit mit der Antwort. Als er dann 1449 antwortete, konnte er dies von seiner gefestigten Stellung als Kardinal tun. Der Ton dieser Verteidigungsschrift ist sehr überlegen, er fertigt seinen Gegner geradezu ab. Zum theologisch-philosophischen Gegensatz beider kommt der kirchenpolitische noch hinzu. Johannes Wenck blieb auch nach 1437 auf Seiten des Basler Konzils und hat es auch literarisch verteidigt. Die Schärfe seines Tones, weniger seine Argumente, dürften auf diese Tatsache zurückzuführen sein.

Inzwischen ist Nikolaus durch seine Teilnahme an der Gesandtschaft nach Konstantinopel und nach dem vorerst erfolgreichen Abschluß der Unionsverhandlungen am großen Geschehen in Welt und Kirche höchst aktiv beteiligt. Er tritt ein in das große Geschehen der Weltgeschichte. In dieser Zeit schloß er auch mit führenden Vertretern der Ostkirche bzw. der byzantinischen Geisteswelt Freundschaft, so vor allem mit Bessarion, Erzbischof von Nicaea, überzeugter Platonist und seit 1439 römischer Kardinal.

Unermüdlich bemüht sich Nikolaus zehn Jahre lang darum, die Neutralität des Reiches gegenüber dem Basler Konzil und dem Papst zu brechen. Man hat darum Nikolaus als Verräter und Überläufer angesehen. Sein Freund Enea Piccolomini nannte ihn den »Herkules der Eugenianer«, wechselte dann aber auch die Seite und wurde schließlich gar selbst Papst (Pius II.).[40] Auf den Reichstagen und Fürstenversammlungen, bei Bischöfen und in Klöstern, vor Stadträten und Einzelpersonen ist Nikolaus zwischen 1440 und 1450 unermüdlich unterwegs, um für die Einheit der Kirche und – in diesem Zusammenhang – für die Überwindung des Schismas zu wirken. So legt er einem Kartäuserkloster nahe, das sich an ihn gewandt hatte, sich im Schisma für Eugen IV. zu entscheiden. Ausgerechnet er, der einst für Ulrich von Manderscheid vor dem Basler Konzil eingetreten war, legt dem nunmehr berufenen Erzbischof Jakob von Trier den Eid vor, den dieser Eugen IV. gegenüber für die Übertragung des Erzbischofstuhls zu leisten hat. Herzog Albrecht III. von Bayern-München bittet er mit Bezugnahme auf ihr persönliches Gespräch miteinander auf dem Regensburger Friedenstag, für Eugen IV. Partei zu ergreifen und die Basler Konzilspartei zu verlassen. Und schon auf dem Mainzer Kongreß 1441 bemühte er sich darum, die Neutralität der Kurfürsten zu überwinden; sie sollten Eugen IV. als rechtmäßigen Papst anerkennen. Die Rede, die Nikolaus auf diesem Kongreß gehalten hat, hat großen Eindruck hinterlassen. Thomas Ebendorfer gegenüber begründet er schriftlich, warum Eugen IV. das Konzil von Basel nach Ferrara verlegt habe.[41]

Über das Verhältnis von Konzil und Papst stellt er nach wie vor Überlegungen an. Im Papst sieht er die ganze Kirche »eingefaltet«. Grundsätzlich hat er den Konzilsgedanken nicht aufgegeben. Ihm geht es vielmehr um den »Konsens«, um das Zusammenstimmen von Konzil und Papst, ja auf allen Ebenen der Kirche.[42] In Nürnberg unterbreitet Nikolaus 1444 auf der Tagfahrt, einer Fürstenversammlung, den Kompromißvorschlag, die deutsche Nation solle »Eugen IV. in foro conscientiae anerkennen, unbeschadet aller anderen Vorkehrungen der Neutralitätserklärung, bis ein Nationalkonzil mit einem päpstlichen Legaten die Streitfragen Eugens IV. mit der deutschen Nation bereinigt.«[43] Nikolaus ist also unermüdlich in diplomatisch-kirchenpolitischen Geschäften unterwegs. Vor allem die beiden Reden, die die beiden Widersacher Kardinal Tudeschi Panormitanus und Nikolaus im Frankfurter Rathaus schon 1442 gehalten haben, sind ebenso brisant als auch hochinteressant. Brisant, weil beide Redner, nur eben in umgekehrter Richtung, die Seiten gewechselt haben. Interessant ist der Redeabschlag, mit dem die beiden führenden Denker ihre gegensätzlichen Positionen vertreten, um das Reich auf die jeweilige Seite zu ziehen:

Der einst konzilsfreundliche Kardinal Gabriele Condulmaro hatte als Papst Eugen IV. sofort die Auflösung des Basler Konzils verfügt und damit die auf dem Konstanzer Konzil (1414–1418) festgelegte Superiorität des Konzils über den Papst (Dekret »Haec sancta«) sogleich außer Kraft gesetzt. Es mußte zum Bruch kommen, weil beide Seiten nicht bereit waren einzulenken (1437). Eugen IV. erklärte das Basler Konzil für aufgelöst, dieses wiederum setzte Eugen IV. ab und wählte in Herzog Amadeus von Savoyen einen Gegenpapst, der sich Felix V. nannte. So war es zu einem Schisma gekommen, was gerade das Konzilsdekret »Haec sancta« hatte verhindern wollen. Zehn Jahre lang kämpften nun die Eugenianer darum, das Reich auf die päpstliche Seite zu ziehen; zehn Jahre lang aber blieb das Reich bei seiner Neutralität. Eben in diesem Kampf erwies sich Nikolaus als »Herkules der Eugenianer«. Papst Eugen IV. hatte das Konzil von Basel nach Ferrara verlegt, um es in seinem Einflußbereich besser lenken zu können. Dieser Verlegung aber folgte die Mehrheit der in Basel vertretenen Konzilsgesandten nicht. Für sie war die Verlegung illegitim. Für Nikolaus dagegen war das Konzil von Ferrara deshalb allein legitim, weil es ein Haupt hatte, nämlich den Papst, in dem ja die Kirche »eingefaltet« ist. Für Panormitanus dagegen war die Verlegung des Konzils dorthin ein ungerechter Befehl, dem nicht gehorcht werden durfte. Der Papst hatte offiziell die Verlegung vor allem mit den Unionsverhandlungen mit den Griechen begründet. Panormitanus jedoch meint, dem Papst sei es im Grunde gar nicht um die Griechen gegangen, sondern er wollte sich nur der Strafverfolgung durch die Basler entziehen (Vagedes: »Ein polemischer Volltreffer«). Panormitanus meint weiter, in einem vom Papst beherrschten Ort könne es

Des Babsts Hercules/
wider die Deudschen.
Die auch vor dieser zeit / nicht haben wollen dem Babst / beide die Christlichen / vnd des heiligen Römischen Reichs freiheit vnd dignitet / vbergeben.
Durch
Johannem Kymeum.

Abbildung 3: Holzschnitt zu der Schrift von Johannes Kymeus von 1538: »Des Bapsts Hercules wider die Deudschen«.

zu keiner wirklichen Reform der Kirche kommen. Vom Basler Konzil sei die Union mit den Griechen vorbereitet worden. Interessant war nun der Schlagabtausch beider Kontrahenten vor allem ja auch dadurch, daß Panormitanus, dessen Beweisführung zunächst einmal weithin überzeugt, im Dienst seines Königs Alfons V. von Aragon und Sizilien stand und dessen Parteinahme für das Konzil in Basel bestimmt war durch seine antifranzösische Politik, die den Interessenausgleich zwischen Kurie und Frankreich unbedingt zu verhindern suchte. Nun hatte er, der zunächst die Dogmatisierung des Dekrets »Haec sancta« hatte verhindern wollen, die Aufgabe, vor den deutschen Fürsten die konziliaristische Haltung seines Königs zu vertreten; dem ging es aber nicht um die theologische Streitfrage, ob der Papst über dem Konzil oder umgekehrt zu stehen habe, sondern um reine Machtpolitik. So ging es bei dem Rededuell beider Kontrahenten letztlich nicht um theologische, sondern um kirchenpolitische oder gar machtpolitische Motive. Es ist sicher richtig zu sagen, beide trieben Politik im theologischen Gewand. Sie versuchen beide darzulegen, daß sie jeweils die bessere Tradition auf ihrer Seite haben. Hauptpunkt ihrer Reden ist die Frage, ob einem Papst bei Häresieverdacht der Prozeß gemacht werden darf oder nicht. Für Nikolaus ist der Prozeß, den die Basler gegen Eugen IV. führen, ein Verbrechen. Er meint, das Konzil betreibe die »destructio ecclesiae«, die Zerstörung der Kirche. Eugen habe durch die inzwischen vereinbarte Union mit den Griechen dagegen die Einheit der Kirche gestiftet. Gerade das aber leugnet Panormitanus. Er wirft Eugen IV. vor, das Schisma in der abendländischen Kirche herbeigeführt zu haben. Bekanntlich hat sich dann die Waage allmählich zugunsten Papst Eugens IV. geneigt. Die Bemühungen von Nikolaus waren also nicht umsonst. Das Basler Konzil löste sich schließlich 1449 auf, Felix V. resignierte. Auch für Nikolaus persönlich waren die Bemühungen nicht umsonst. Sie brachten ihm später schließlich den Kardinalshut.[44]

In diesen Jahren zwischen 1440 und 1450 treffen wir Nikolaus auf vielen Reisen, stets ist er im Auftrag des Papstes unterwegs. So hatte er beispielsweise den Auftrag, daß Bischof Reinhard von Worms ihm in die Hand den Treueid für Eugen IV. leisten soll, als er ihm die päpstliche Bulle mit seiner Ernennung überbringt. Häufig ist er mit päpstlichen Vollmachten als Schiedsrichter bei den unterschiedlichsten Streitigkeiten unterwegs. Wieder eine ganz andere Aufgabe wurde ihm auch übertragen: Er sollte den Betrüger Eghardus de Haethen festnehmen, einen Franziskaner-Konventuale der sächsischen Ordensprovinz, der mit gefälschten Schreiben Geld für einen Kreuzzug zur Wiedereroberung des Heiligen Grabes und zur Vernichtung der Sarazenen einsammelte.[45]

In diesen Jahren hat Nikolaus seine schriftstellerische Tätigkeit fortgesetzt. Die Frage nach der rechten Gotteserkenntnis ließ ihn nicht in Ruhe. Ergebnis dieses Nachdenkens sind eine Reihe kleinerer Schriften, zunächst die drei einander verwandten »De deo abscondito« (Vom verborgenen Gott), »De quaerendo Deum« (Vom Gottsuchen) und »De filiatione Dei« (Von der Gotteskindschaft). Sie werden zumeist auf die Jahre 1444/45 datiert. Weiter sind zu nennen: »De dato patris luminum« (Über die Gabe des Vaters allen Lichtes, 1445/46), »Coniectura de ultimis diebus« (Mutmaßungen über die Endzeit, 1446) und der Dialog »De genesi« (Über das Werden, 1447).

Aber auch seine Seelsorge- und Predigttätigkeit versah Nikolaus weiter. Das Dekanat von St. Florin in Koblenz trat er schon 1439 an Petrus Hachenberg ab und übernahm dafür von ihm das Kanonikat in Münstermaifeld. Er hat jedoch weiterhin vor allem in Koblenz gepredigt, dazu auf seinen zahlreichen Reisen in anderen Städten, so u. a. in Mainz und Trier.[46] Nikolaus errang auch weitere namhafte Pfründen. Im Januar 1443 wird er zum päpstlichen Subdiakon ernannt.[47] Im gleichen Monat noch erhält er wegen seiner Verdienste um den apostolischen Stuhl zu seinem ihm schon 1438 verliehenen Kanonikat in Lüttich eine Reservation: Für den Fall, daß an dieser Kirche, dem Dom zu Lüttich, eine entsprechende Stelle frei wird, darf Nikolaus diese annehmen, ohne daß der Bischof oder das Domkapitel von Lüttich dazu etwas bestimmen darf.[48] 1446 wird Nikolaus apostolischer Legat »de latere«, er hatte nun höchste Vollmachten vom Papst für seine Legatentätigkeit erhalten, bisher war er nur Orator, Prokurator oder Nuntius gewesen. Jetzt hatte er als persönlicher Vertreter des Papstes bei seinen Missionen die volle Autorität des Papstes hinter sich, er handelte in dessen Namen. Das ist ein deutlicher Ausdruck dafür, daß er das volle Vertrauen des Papstes genoß. Er erreichte als solcher 1446, daß endlich das Reich seine Neutralität zwischen dem Basler Konzil und dem Papst aufgab, dies jedoch nur unter der Bedingung, daß Eugen IV. das Konstanzer Konzil mit seinen Beschlüssen ebenso anerkennt wie das Basler Konzil mit seinen Beschlüssen bis 1437.[49]

Nikolaus häufte in diesen Jahren weitere Pfründen an oder tauschte ihm bisher verliehene aus. Er wird 1445 »Archidiakon von Brabant in der Lütticher Kirche«.[50] Nunmehr versucht er auch, für seine Verwandten Pfründen zu erwerben. Seine Pfründenjagd und die Fürsorge für seine Verwandten haben schon Zeitgenossen getadelt. War Nikolaus in dem allen auch Kind seiner Zeit, so ist doch gleichzeitig dieses Verhalten auf Kritik gestoßen. Häufig ist von Geldzahlungen an Nikolaus im Rechnungsbuch des päpstlichen Depositars oder der Camera apostolica die Rede. Als päpstlicher Legat für Deutschland kann Nikolaus jetzt Ablässe verleihen.[51] Er kann also Bußstrafen erlassen. Im 15. Jahrhundert wurden Ablässe geradezu als Sündenvergebung verstanden bzw. konnte man für sich oder für Verstorbene Ablaßbriefe gegen Geldzahlungen erwerben, womit die Ablösung von einer jeweils festgelegten Frist im Fegefeuer verbunden war. Streng genommen war Ablaß also keine Sündenvergebung, sondern der Erlaß von Sündenstrafen, aber in der Volksfrömmigkeit ist dieses kaum unterschieden worden. Bekanntlich sollte diese Praxis, die schon im 15. Jahrhundert gang und gäbe war, dann 1517 den Ablaßstreit zwischen Luther und Tetzel auslösen und schließlich zur Reformation der Kirche führen.

Endlich erhebt Eugen IV. Nikolaus 1446 »in petto« zum Kardinal, er erhält damit also die Anwartschaft auf ein Kardinalat.[52] Nach dem Tod Eugens bekam Nikolaus im zusammengetretenen Konklave sogar selbst einige Stimmen, er galt also als »papabil«, als fähig, Papst zu werden.[53] Zwei Jahre später wird er dann unter Papst Nikolaus V. endgültig zum Kardinal ernannt.[54] Bei seiner bürgerlichen Herkunft wird ihn diese Berufung besonders geschmeichelt haben, war er doch jetzt etwa einem Prinzen von Geblüt gleichgestellt. Das zeigt nicht zuletzt die eingangs abgedruckte kurze Selbstbiographie des Nikolaus. 1450 schließlich wird er zum (Fürst-)Bischof von Brixen ernannt, damit war Nikolaus Reichsfürst.[55]

Zur selben Zeit ist er aber auch als Klosterreformer tätig. Als solcher fordert er, die strenge Einhaltung der Klosterregel zu achten, also etwa dies, daß Bettelmönche kein Privateigentum haben dürfen, daß sie gemeinsam im Dormitorium schlafen, den Vorgesetzten gehorchen und sexuell enthaltsam leben, die Tagesgebete, die Horen, ordentlich singen, sich bei Tisch die Lesungen anhören, das vorgeschriebene Schweigen beachten usw. So verkündet etwa Erzbischof Jakob von Trier die mit Hilfe von Nikolaus vorgenommene Reform des Klosters Springiersbach, eines Konventes regulierter Augustiner-Chorherren.[56] Oder wir kennen den Auftrag, den Nikolaus vom Papst erhält, um das Zisterzienserinnenkloster Blotzheim in der Diözese Basel in einer Männerkloster desselben Ordens umzuwandeln.[57] Ebenfalls kennen wir Berichte des Nikolaus über eine Rebellion Trierer Domherren.[58] Nikolaus hatte mit all diesen Aufträgen viel Arbeit. Ständig war er unterwegs. Mindestens 250 Vollmachten hat er erhalten, so viele sind jedenfalls belegt.[59] Seine Berufung zum Bischof bedeutet also nicht das Ende seiner Legatentätigkeit, ganz im Gegenteil erhält diese in den folgenden Jahren eine neue Dimension.

War Nikolaus einst in der Sache Ulrichs von Manderscheid für die freie Bischofswahl eingetreten, so ließ er sich nun vom Papst in Brixen gegen den Willen des – freilich vom Herzog Sigmund von Tirol beherrschten – Domkapitels einsetzen. Übrigens durfte Nikolaus seine ihm bisher verliehenen Pfründen behalten. Durch die Umstände seiner Beru-

Abbildung 4: Der Kreuzgang im Dom zu Brixen in Tirol.
Nikolaus wurde 1450 Bischof von Brixen.

fung hat Nikolaus von Anfang an starke Gegner gegen sich. Zuerst war er dem Widerstand seitens des Herzogs ausgesetzt, der sich auf die freie Bischofswahl berief,[60] die er freilich für seine Zwecke auszunutzen im Begriff gewesen war. Das Domkapitel hatte seinerseits auf Sigmunds Drängen hin einen anderen Kleriker zum Bischof gewählt (Leonhard Wiesmayr). Herzog und Domkapitel sahen in der Berufung von Nikolaus einen Bruch der Kompaktaten der deutschen Nation, die der Papst dem Reich zugestanden hatte. Das Domkapitel teilte seine Wahl dem Papst mit, der von ihm Gewählte bat seinerseits selbst den Papst um die Bestätigung dieser Wahl.[61] Im Grunde ging es Sigmund ganz gewiß nicht um die freie Bischofswahl. Er wollte vielmehr das landesherrliche Kirchenregiment, das in seinem Herrschaftsgebiet voll ausgeprägt war, durchsetzen.

Dies glaubte er mit dem Kandidaten, den das Domkapitel gewählt hatte, leichter erreichen zu können. Herzog Sigmund berief sich dabei auf sein Amt als Vogt des Bistums. Er erwartete vom Bischof von Brixen, daß er sich nach seinen Wünschen richtete, denn so war er es gewohnt. Nikolaus konnte ihn bei seinen Bestrebungen nur im Wege stehen. Wir finden also auch hier (und nicht nur in den nordöstlichen Territorien des Reiches) bereits im 15. Jahrhundert das landesherrliche Kirchenregiment ausgeprägt. Außerdem war dem Herzog sicher zuwider, daß ein Ortsfremder – und dazu noch ein Bürgerlicher – sich hier in seinem Herrschaftsgebiet einnistete, einer also, der von ihm unabhängig war und als Kardinal sich sicher von ihm nichts sagen ließ.

An dem ihm vom Papst verliehenen Bistum hat Nikolaus nie Freude gehabt. Mit strengen Reformen war er bemüht, das in die Tat umzusetzen, was er anderswo als Legat gefordert hatte. Er wollte ganz offensichtlich ein Musterbistum schaffen. Auch hier ist wieder Kontinuität in seinem Leben zu finden. Er wollte das erreichen, was er vor seinem Umschwenken auf die päpstliche Seite erstrebt hatte. Nikolaus war gewiß nicht nur ein Pfründenjäger und Karrierist, sondern – noch einmal sei es betont –, sein Umschwenken auf die päpstliche Seite folgte der Erkenntnis, daß die Einheit der Kirche besser vom Papst als von einem im Gegensatz zum Papst stehenden Konzil garantiert werden könnte. Mit Visitationen, durch Seelsorge und durch eine gereinigte Bußpraxis hat er, wie wohl kein deutscher Bischof seiner Zeit, sich geistlich um sein Bistum bemüht. Er war entsetzt über die Unwissenheit nicht nur der Laien, sondern auch der Priester und Ordensleute. Er stellte an alle hohe Ansprüche. Gerade die Gemeinden haben ihm dafür Anhänglichkeit erwiesen.

Am Widerspruch zwischen der Wahrung weltlicher Rechte und der Ausübung der geistlichen Pflichten ist Nikolaus schließlich zerbrochen, vor allem am Widerstand des Nonnenklosters Sonnenberg, das in seinem Widerspruch gegen den neuen Bischof vom Herzog unterstützt wurde. Die Äbtissin Verena von Stuben regierte als sehr selbstbewußte Dame in ihrem Kloster, dessen Insassen durchweg Töchter des Adels waren. Von einem Bürgerlichen ließ man sich doch nichts sagen! Ihren Intrigen, die durch ihre Verwandten unterstützt wurden, war Nikolaus nicht gewachsen, auch wenn letztlich die Äbtissin ihr Amt aufgeben mußte; sie hatte den Bogen überspannt und Landfriedensbruch gegen den Bischof begangen.

Mehrfach ist es zu gewalttätigen, ja blutigen Auseinandersetzungen gekommen. Man hat Nikolaus vorgeworfen, er habe sich nicht der Tiroler Mentalität angepaßt, aber noch heute ist die Anhänglichkeit der Tiroler an »ihren« Bischof zu spüren, die damals anscheinend nicht geringer war. Die einfachen Leute gerade spürten etwas von dem geistlichen Gewicht dieser Persönlichkeit.

Herzog Sigmund dagegen erkannte sehr schnell die Schwäche des neuen Bischofs, nämlich die Furcht, die dieser um sein Leben hatte. Diese Ängstlichkeit hat der Herzog weidlich ausgenutzt. Er lockte Nikolaus in einen Hinterhalt, ließ ihn überfallen und täuschte gar einen Mordversuch vor. Er erreichte damit, was er wollte. Nikolaus fühlte sich seines Lebens nicht mehr sicher und wich auf die Burg Buchenstein aus, wo er über ein Jahr in selbstgewählter Gefangenschaft lebte. Durch Boten ließ er freilich in alle Welt hinausposaunen, daß sich der Herzog an der geweihten Person des Bischofs vergriffen habe. Obwohl Nikolaus nicht versäumte, auch darauf hinzuweisen, daß dieser Anschlag nicht nur ein Angriff auf ihn, sondern auch auf den Papst sei, der ihn ja berufen habe, hielt sich dieser diplomatisch zurück und beließ es bei der Androhung eines Interdiktes. Beim Verhängen des Interdikts wären alle im Herrschaftsgebiet des Herzogs Lebenden von den Gnadenmitteln der Kirche, aber auch von allen anderen geistlichen Handlungen ausgeschlossen gewesen. Kein Sakrament hätte gespendet, also auch keine Taufe oder Trauung vollzogen werden dürfen und kein Toter hätte mit kirchlichem Segen bestattet werden können. Als sein Freund, Enea Silvio Piccolomini, 1458 Papst wurde (Pius II.), riet dieser Nikolaus dazu, seine Burg zu verlassen. Er rief ihn kurzerhand nach Rom als seinen Generalvikar.

Das ist die eine Seite der schwierigen Jahre, die Nikolaus in seinem Bistum verbracht hat. Die andere aber ist die, daß er sich als Fürstbischof emsig um die Vergrößerung der Einkünfte und die Erweiterung des territorialen Besitzes des Bistums bemühte. So kaufte er die Ämter Taufers und Uttenheim. Er war auch immer wieder bestrebt, mit dem Herzog gut auszukommen. Er hat wiederholt den Kompromiß gesucht. Er lieh ihm, den man doch eigentlich den »Münzreichen« nannte, wiederholt namhafte Kredite. Nikolaus muß selbst auch als Bischof recht bescheiden gelebt und die Finanzen des Bistums in eine gute, solide Ordnung gebracht haben.

Als sein Gegenkandidat Leonhard Wiesmayr zum Bischof von Chur gewählt wurde, verwendete sich Nikolaus für seinen Neffen Simon von Wehlen, damit er dessen Pfründe erhielt. Das war natürlich unklug; Nikolaus hatte aus dem Streit um seine Berufung nichts gelernt. Da aber der Papst die Wahl Leonhard Wiesmayrs zunächst nicht bestätigte, wollte dieser seine Brixener Pfründe natürlich noch behalten. Vier Brixener Domherren weigerten sich nun, der Übertragung der Pfründe an Simon zuzustimmen. Sogleich antwortete Nikolaus damit, über sie die Exkommunikation zu verhängen. Fast wäre es wegen dieser Unverhältnismäßigkeit der Mittel zu Tätlichkeiten gekommen. Dieses im höchsten Maße ungeschickte und übereilte Vorgehen schadete Nikolaus beim Tiroler Adel sehr. Vor allem gab er ja auch zum Gerede über ihn Anlaß, hatte Nikolaus doch mit der Wahl seines Neffen selbst Nepotismus – also Vetternwirtschaft – betrieben. Anderswo hatte er als päpstlicher Legat sich gegen den Nepotismus ausgesprochen, jetzt betrieb er ihn selbst. Dazu kam, daß die Tiroler Adligen bisher unter sich gewesen waren, jetzt hatten sie einen – dazu noch bürgerlichen – Störenfried in ihrer Mitte. Nicht nur seinem Neffen Simon, auch anderen Verwandten hat Nikolaus unter ausdrücklicher Ermächtigung durch den Papst Provisionen und Reservationen verschafft. So ist er auch von Papst Nikolaus V. ermächtigt worden, seine Angehörigen anderen Bewerbern vorzuziehen, selbst dann, wenn diese anderweits sich schon päpstliche Reservationen verschafft hatten.[62]

Nach zehn Jahren hat Nikolaus resigniert und sein Bistum praktisch aufgegeben, sich damit also der Gewalt des Herzogs und den realen Machtverhältnissen im Lande gebeugt. Sicher, später hat er seine Schwäche bereut. Aber gerade seine Tätigkeit als Bischof von Brixen belegt die Tatsache, daß, wie schon hervorgehoben wurde, es längst vor der Reformation ein landesherrliches Kirchenregiment gab und sich das Amt eines Fürstbischofs, eines Fürsten und Bischofs in Personalunion, nicht (mehr) bewährte. Das ottonische Prinzip der Konsolidierung der Reichsgewalt durch die Ausstattung der Bischöfe mit Territorialgewalt hatte seine Bedeutung für das Reich längst eingebüßt. Die weltlichen Herrscher hatten es längst verstanden, sich die geistlichen Fürstentümer abhängig zu machen und sie in die Landstandschaft abzudrängen.

Nikolaus bemühte sich, wirklich Bischof zu sein, also sein Amt geistlich auszuüben, aber er war nicht fähig und bereit dazu, aus seinen Absichten praktikable Konsequenzen zu ziehen. Vielleicht ist das für seine Zeit auch (noch) etwas zu viel verlangt, zu sehr von modernen Gesichtspunkten aus betrachtet. Denn im Grunde stand eine Änderung der Machtverhältnisse (noch) nicht zur Debatte.

Hätte sich Nikolaus ganz auf seine geistlichen Belange beschränkt, wäre notwendigerweise das einer Machteinbuße der Kirche gleichgekommen. Diese lag aber nicht im Sinne des Papstes. So ist seine Resignation vom Amt eines Bischofs und Reichsfürsten in Personalunion ein deutliches Zeichen für die Unvereinbarkeit geistlicher und weltlicher Gewalt in einer Person und nicht nur das Eingeständnis seiner persönlichen Schwäche, als die es freilich zu seiner Zeit erscheinen mußte. Muß aber nicht auch mitbedacht werden, daß Nikolaus als Emporkömmling galt, als Nichtadliger, der es wagte, dem Hochadel die Stirn zu bieten?

Nicht nur um die Belange seines Bistums Brixen hat er sich in den zehn Jahren seines Episkopats bemüht. Am 24. Dezember 1450 beauftragte ihn Nikolaus V. mit der Verkündung des Jubiläumsablasses und mit der Kirchenreform in Deutschland, in Böhmen und in den angrenzenden Gebieten. Zur Erfüllung seiner Aufgaben ernannte ihn der Papst damit zum apostolischen Legaten für diese Länder.[63] Acht Tage später ist Nikolaus zu diesem Dienst aufgebrochen.

Er hat diese Aufgabe, für die er durch sein Bemühen, das Reich für Eugen IV. zu gewinnen, diplomatisch bestens gerüstet war, aber nicht nur diplomatisch wahrgenommen, sondern er war bemüht, die Kirchenreform gerade predigend durchzusetzen. Das war zu seiner Zeit überaus ungewöhnlich. Predigende Bischöfe waren nicht üblich. Oberflächlicher Werkgerechtigkeit, betrügerischem Reliquienhandel und ihrer Verehrung hat er sich heftig in seinen Predigten widersetzt. Vergeblich aber war oft sein Bemühen, so etwa das Verbot der Verehrung des heiligen Blutes zu Wilsnack! Denn wäre dieses Verbot eingehalten worden, so wäre sowohl eine Finanzquelle der dortigen Pfarrkirche als auch die Befriedigung der Sehnsucht nach Wundern und Ablaß verschüttet gewesen. 1383 hatte der dortige Pfarrer Johann Kabuz in der Ruine der abgebrannten Dorfkirche drei unversehrte Hostien gefunden, deren blutfarbene Flecke von ihm als Blutwunder gedeutet wurden. Ein Jahr später hatte Papst Urban VI. den Besuchern der neu errichteten Kirche einen Ablaß gewährt. Auch die Bischöfe von Havelberg förderten die

Wallfahrten nach Wilsnack, weil sie als Ortsbischöfe zwei Drittel der Almosen erhielten. Schon 1405 hatte eine theologische Kommission sich jedoch gegen die Anerkennung dieses Wunders ausgesprochen. Auch wenn Nikolaus bei seiner Kritik Unterstützung beim Magdeburger Erzbischof Friedrich III. und bei Magdeburger Domherren fand, so hat doch Papst Nikolaus V. 1453 den Kult ausdrücklich geduldet. Der Höhepunkt der Attraktivität dieser Wallfahrtsstätte wurde – trotz des Verbots ihrer Verehrung durch Nikolaus – erst Jahrzehnte später erreicht. Sie fand erst ein Ende, als im Zuge der Reformation die mehrfach erneuerten Hostien durch einen lutherischen Pfarrer verbrannt wurden. Die Frage um das Wilsnacker Blutwunder ermöglicht einen tiefen Blick in die geradezu überschäumende Religiosität des Spätmittelalters. Es wurden in dieser Zeit eine Fülle von Wundern, die Heilige vollbracht haben sollen, erzählt und geglaubt. Vielerorts waren damit reiche Ablässe verbunden, die die meisten sich nicht entgehen lassen wollten. Mit solchen »Unarten der Heiligenverehrung« hat sich Nikolaus auf seiner Legationsreise vielfach auseinanderzusetzen gehabt.[64] Wo solche Wunder geschehen sein sollen, wurden diese häufig vermarktet und an den Orten (wie im Falle von Wilsnack) Wallfahrtsstätten gegründet. Der großartige Bau der Wilsnakker Kirche, der damals errichtet wurde, erweist, wie lukrativ das Geschäft mit dem Wunder gewesen sein muß. Aber die Stellung von Nikolaus zeigt, daß die Kirche oftmals gar nicht glücklich über diese Wundersucht war und sie einzudämmen sich vielfach bemühte.

Ebenso verbot er das Konkubinat der Kleriker und eine Reihe finanzieller Mißbräuche, gerade auch bei der Verleihung von Pfründen! Nikolaus scheint durch seine Visitationserfahrungen zu den 1453 niedergeschriebenen erstaunlichen Äußerungen über die Gerechtigkeit aus dem Glauben gelangt zu sein, wie wir sie in manchen Predigten, in der Schrift »De pace fidei« (Vom Frieden im Glauben) von 1453 und in der Reformatio generalis finden. Der lutherische Theologe Kymeus konnte achtzig Jahre später (1538) schreiben: »... wo des Babsts Cardinal mit uns die warheit bekennet« bzw. »Cusa ist auch hie ein Lutheraner«![65] Das war er sicher nicht, aber man hat es ihm nicht vergessen. Noch mehr – Nikolaus hat mit der Überwachung der Kirchenreform die Gemeinden beauftragt! Das Heranziehen von Laien für diese Aufgabe scheint reformatorische Forderungen geradezu vorwegzunehmen. Weiterhin ist bekannt, daß zu den Predigten des Kardinals die Leute – oft von weither – geströmt sind. Das mag einmal an der Tatsache liegen, daß hier eben ein Kardinal im Auftrag des Papstes predigte, das kann aber auch am Inhalt und an der Art und Weise seiner Predigten liegen. Letzteres festzustellen fällt freilich schwer, denn die uns autographisch überlieferten Predigtkonzepte sind fast ausschließlich in lateinischer Sprache und dazu noch in so spekulativer Diktion verfaßt, daß wir uns heute fragen, ob Nikolaus wirklich so gepredigt haben kann, wie es die Predigtkonzepte nahelegen. Wir wissen aber von einem älteren Zeitgenossen, Bernhardin von Siena, auf Grund seiner Predigtkonzepte und der zugleich überlieferten Predigtnachschriften von Hörern, daß zwischen beiden ein großer Unterschied bestehen konnte. Weiter ist darauf hinzuweisen, daß Nikolaus sich wirklich ernstlich um die Hebung der geistlichen Bildung des Volkes bemühte. So wurde auf seine Veranlassung hin in Hildesheim 1451 eine sog. Vaterunser-Tafel angebracht. Der Text der Tafel beginnt mit den Worten (in hochdeutscher Übertragung des niederdeutschen Originals): »Als der deutsche Kardinal Nikolaus von Kues zur Zeit des Papstes Nikolaus V. in dem Jahr, das auf das Goldene Jahr (gemeint ist mit ihm 1450 – K.) folgte, nach Deutschland gesandt wurde, da tadelte er vor allem das gemeine weltliche Volk, daß es das Vaterunser und das Glaubensbekenntnis nicht recht sprechen kann. Darum ordnete er an, daß es geschrieben und öffentlich in den Kirchen aufgehängt sein solle.«[66] Wir finden solche Tafeln aus vorreformatorischer Zeit auch anderswo. Wenn Nikolaus auf seinen Reisen Ablässe verkündete, so haben wir keinen Grund zu zweifeln, daß Nikolaus gewiß an die Wirksamkeit der Ablässe selbst glaubte. Aber seine Predigten zeigen, daß er sich gegen eine Veräußerlichung aller Riten und für eine Verinnerlichung des Gottesdienstes einsetzte. Er warnte, wie wir es beispielsweise schon bei der »blutenden Hostie« von Wilsnack sahen, dagegen, daß das Volk dem äußeren Bild mehr Andacht schenkte, als dies dem Glauben nützlich sein konnte. Wir kennen Anweisungen, die er zur Erneuerung des Gottesdienstes im Zusammenhang mit seiner Legationsreise erließ.

Daß sich Nikolaus mit all dem als apostolischer Legat nicht nur Freunde gemacht hat, ist begreiflich. Ja, er stieß immer häufiger auf offenen Widerstand. Man legte ihm beispielsweise ein übles Pamphlet mit Angriffen gegen den Papst und die ganze Kurie vor die Tür. Dieses blieb nicht geheim und hat die Schadenfreude vor allem der geistlichen, aber auch der weltlichen Fürsten und sogar Kurfürsten hervorgerufen. Nikolaus galt, sicher zu Unrecht, denn niemand hat seine eigene Lauterkeit auch nur in Frage gestellt, eben doch als Vertreter, ja als Symbolgestalt der verhaßten Kurie. Das Pamphlet, ein sog. »Avisamentum«, kann als Vorläufer der »Gravamina der deutschen Nation« angesehen werden. Es handelt u. a. davon, daß man nicht nur den Rompilgern das Geld aus der Tasche zieht, sondern nun einen Kardinal über die Alpen schickt, um dem armen deutschen Volk auch noch den letzten Heller zu nehmen. Als Verfasser gilt Hermann Talheim.[67]

Trotz aller Schwierigkeiten aber, die ihm gemacht wurden, war die Legationsreise ein großer Erfolg. Wenn sie auch nicht die Reformation im 16. Jahrhundert unnötig gemacht bzw. verhindert hat, so hat sie doch für das innerkirchliche Leben erhebliche Bedeutung gehabt. Daß der hohe Grad der Ordensdisziplin in Deutschland auf die Maßnahmen des Kardinals zurückzuführen ist und diese teilweise bis zur Säkularisation im 19. Jahrhundert, in einigen Chorherrenstiften bis 1910, sich auswirkten, darauf wird heute noch hingewiesen.[68]

Die Erfahrungen, die Nikolaus auf seiner zweijährigen Legationsreise gemacht hatte, versuchte er nun vor allem in seinem eigenen Bistum zu verwirklichen. Zur Visitation zog er also auch Laien hinzu und ließ sie vereidigen. Selbst um Kleinigkeiten kümmerte er sich, etwa darum, wie tief ein Grab sein muß, wer die Schlüssel zum Geldkasten bekommen soll usw.

Diese Jahre waren von seinen vielfältigen Funktionen angefüllt, trotzdem blieb auch in diesen Jahren Nikolaus nicht nur Kirchenpolitiker und Reformer, sondern auch Theologe, Philosoph und Mathematiker. Unermüdlich verfaßt er weitere Schriften, zunächst die sog. Idiota-Schriften: »Idiota de sapientia« I und II, »Idiota de mente« und »Idiota de staticis experimentis« (1450). Durch einen Idiota, einen Einfältigen, einen »Laien«, müssen sich Gelehrte belehren lassen. Nikolaus lehrt hier den menschlichen Geist als unvergängliches, unsterbliches Abbild des ewigen, des göttlichen Geistes. Er handelt in »De mente« (Über den Geist) über die Weisen der Erkenntnisfunktion, über die Problematik des Seele-Leib-Verhältnisses bzw. der Weltseele, ein Gedanke, der bereits in »De docta ignorantia« eine gewisse Rolle spielt. Hier zeigt sich Nikolaus sehr stark als Philosoph, in den beiden Schriften »De sapientia« (Über die Weisheit) dagegen stärker als Theologe. Wieder anders in »De staticis experimentis« (Über die Experimente mit der Waage); hier deutet sich ein experimentierendes, wägendes Beobachten an. Nikolaus ist gewiß noch kein Naturforscher; in dieser Beziehung waren ihm manche Denker der vorhergehenden Jahrhunderte sogar voraus (Dietrich von Freiberg, Roger Bacon). Aber Nikolaus gibt Anregungen, die später aufgegriffen worden sind. Wie es schon in »De coniecturis« um die Wahrscheinlichkeit oder Mutmaßung im Bereich der Philosophie ging, so hier um Wahrscheinlichkeit und Mutmaßung im Bereich der Natur.

Unter dem Eindruck des Falls von Konstantinopel, der ja das ganze Abendland aufwühlte, schrieb Nikolaus 1453 »De pace fidei« (Über den

Frieden im Glauben). Überaus erstaunlich bleibt, daß er diese Toleranzschrift angesichts dieser Katastrophe der Christenheit schrieb, einer Katastrophe, die 1982 auf dem dieser Schrift gewidmeten Cusanus-Symposion einige Teilnehmer (wohl doch etwas überzogen) das »Auschwitz der Christen« nannten.[69] In dieser Schrift verkündigt er die Einheit der Religionen in der Verschiedenheit der Riten (»una religio in rituum varietate«). Freilich ist es die christliche Religion, die Nikolaus in den anderen Religionen zu finden meint. Einem Synkretismus, einer Religionsvermischung, spricht er nicht das Wort. Fortgesetzt hat Nikolaus später (1460/61) seine Arbeiten am Koran mit der »Cribratio Alkorani« (Sichtung des Korans). Er versucht darin nachzuweisen, daß die Lehre des Korans sich weithin mit der des Christentums verträgt, ja daß der Islam eigentlich nur eine christliche Sekte darstellt und das Evangelium lediglich falsch verstanden hat. Nikolaus will damit eine Voraussetzung für die Gewinnung der Muslime für den christlichen Glauben schaffen.

Im gleichen Jahr wie »De pace fidei« verfaßt er die stark mystisch geprägte Schrift »De visione Dei« (Von der Gottesschau), ausgelöst durch eine Anfrage der Tegernseer Mönche, mit denen Nikolaus schon seit Jahren freundschaftlich verbunden war. Sie hatten ihn ausdrücklich um eine Belehrung hinsichtlich der Mystischen Theologie gebeten. Nikolaus geht aus von einer Ikone des allsehenden Augens nach einem Gemälde von Rogier van Weyden. Kann Gott gesehen werden? Das ist die Frage, die für Nikolaus nicht nur eine Frage der Erkenntnistheorie ist. Offensichtlich unter dem Einfluß der Mystischen Theologie des Johannes Gerson ist auch für Nikolaus die Hochform der Gottesliebe »die Einheit von Verkosten und Erkennen«.

Einige Jahre später folgen dann die Spätschriften, die mit »De beryllo« (Über den Beryll) einsetzen (1458). Ein konvexkonkav geschliffener Beryll dient Nikolaus als »Brille«, um sonst Nichtsichtbares sichtbar zu machen. Wieder geht es um die »coincidentia oppositorum«, den Ineinsfall der Gegensätze, den Gedanken, den er bisher in »De docta ignorantia« und »De coniecturis« schon thematisiert hatte und der ihn bis zu seinem Tode nicht mehr in Ruhe lassen sollte. Nikolaus verfolgt den Gedanken weiter in Auseinandersetzung mit den platonischen und aristotelischen Erkenntnistheorien. Die beiden kleinen Schriften »De aequalitate« (Über die Gleichheit) und »De principio« (Über den Anfang) folgten 1459. In belehrter Unwissenheit denkt er immer erneut über die Geheimnisse von Gott, Welt und Mensch nach. Er beschreitet dabei immer wieder, ja verstärkt die Wege der Mutmaßungen und des Gottsuchens. Gleichzeitig bahnt sich in seinen mathematischen Schriften modernes naturwissenschaftlich-mathematisches Denken an.[70]

Als Papst Pius II. eine Versammlung zur Vorbereitung eines Kreuzzuges gegen die Türken nach Mantua vorbereitete, übertrug er dem aus Brixen geflohenen Nikolaus als seinem Generalvertreter die Verwaltung des Kirchenstaates; er ernannte ihn zum Generalvikar »in temporalibus«. Zugleich gab er ihm den Auftrag zur Reform des stadtrömischen Klerus. Die Reformvorschläge, die Nikolaus in Ausübung dieses Auftrages vorlegte, und vor allem die noch darüber hinaus reichende »Reformatio generalis«, die Generalreform der ganzen Kirche, in der er die Erfahrungen seiner Legationsreisen und seiner Tätigkeit als Bischof von Brixen verarbeitete, stießen auf wenig Gegenliebe. Sogar den Papst selbst wollte Nikolaus der Untersuchung der von ihm ernannten Visitatoren unterwerfen. Frühere Gedanken aus »De concordantia catholica« haben sich also trotz des Parteienwechsels bei Nikolaus durchgehalten. Noch immer ging es ihm um den Konsens. Nein, viele Vorwürfe gegen Nikolaus sind wirklich unberechtigt gewesen; im Grunde blieb er seinen Prinzipien stets treu.[71]

Trotz des Scheiterns dieser Vorschläge genoß Nikolaus aber in Rom hohes Ansehen. Er wohnte im Palast des Papstes. Wieviele von dessen Entscheidungen auf das Konto von Nikolaus gehen bzw. von ihm vorbereitet wurden, läßt sich freilich heute nicht mehr sagen. Sein Einfluß ist jedenfalls groß gewesen. Es ist deshalb sicher verkehrt zu sagen, daß seine Legationsreise durch Deutschland ein Mißerfolg gewesen sei. Für die innerkirchlichen Verhältnisse in Deutschland bildeten sie im Jahrhundert vor der Reformation einen geistlichen Höhepunkt. Es ist müßig zu fragen, was geschehen wäre, wenn sie mehr und nachhaltigeren Erfolg gehabt hätten. Auch nach England und Frankreich hatte sich 1451 sein Legationsauftrag zur Friedensvermittlung nach dem Hundertjährigen Krieg erstreckt. 1455 war er dann noch einmal in England unterwegs. Durch all diese Reisen hat er die abendländische Kirche so gut gekannt, daß er um ihre Reformbedürftigkeit wie wohl kein anderer wissen mußte. Aber gerade darum ist er gescheitert und mußte er scheitern. Es gelang ihm nicht, andere von der dringenden Reformbedürftigkeit zu überzeugen. Keiner derer, die damals in der abendländischen Kirche hohe Leitungsfunktionen ausübten, waren zu einer tiefgreifenden Reform der Kirche wirklich bereit.[72]

1458 war Nikolaus dem Ruf seines päpstlichen Freundes nach Rom gefolgt. Im September hatte er seine ihn schützende Burg verlassen. Aber der Fall Brixen war noch nicht bereinigt. Nikolaus war noch immer

Bischof von Brixen. Pius II. riet ihm zu Kompromissen. Er wollte ja schließlich auch den Herzog für sein großes Vorhaben, für den Kreuzzug gegen die Türken, gewinnen. Im gleichen Jahr war aber der alte Gegenspieler von Nikolaus, Gregor von Heimburg, in den Dienst des Herzogs getreten. Persönlicher Haß gegen Nikolaus verband sich bei ihm mit einer grundsätzlichen Gegnerschaft zur Kurie. Er vertrat das Programm einer romfreien deutschen Kirche. Dafür gab es ja im 15. Jahrhundert namhafte Vorbilder. Es sei hier nicht nur an die Hussiten erinnert, sondern vor allem auch an den sog. Gallikanismus in Frankreich, hatte doch eine französische Nationalsynode 1438 mit der »Pragmatischen Sanktion von Bourges« sich weithin eine Autonomie für die französische Kirche erwirkt. Nach wie vor hatte der französische König das Vorrecht, die Bischöfe in seinem Herrschaftsbereich zu nominieren. Solche Gedanken waren auch im Reich virulent. Später hat sich dann Gregor dem sich dem Papst widersetzenden Mainzer Erzbischof Diether von Isenburg angeschlossen (1461). Der Streit um das Brixener Bistum muß also auch in größerem Rahmen gesehen werden. Würde ein Streit, ein Kampf um die legitimen Rechte des Bischofs in seinem Bistum aber dem Bistum selbst und vor allem den Diözesanen Nutzen bringen? Das war die Frage! Müßte nicht ein Interdikt, das Pius II. dann sicher aussprechen würde, nur Rückschläge bringen und das durch die Reformbemühungen Erreichte wieder verschleudern? Nikolaus glaubte an sich, die Freiheit der Kirche sei unerläßliche Voraussetzung für ihre Reinheit und deshalb unverzichtbar. Und diese Freiheit sei nicht möglich ohne finanzielle Unabhängigkeit. So verteidigte Nikolaus lange Zeit seinen weltlichen Herrschaftsanspruch. Eine Lösung schien aber doch nur durch den Verzicht auf das Bistum möglich zu sein. 1459 kehrte Nikolaus noch einmal nach Brixen zurück.

Sigmund war auf der Hut. Er kannte ja die Furchtsamkeit seines Gegners und versuchte darum, diesen einzuschüchtern. Nikolaus drohte seinerseits damit, dem Kaiser alle Lehen des Brixener Bistums zurückzugeben. Das war zuviel, das war für Sigmund Anlaß zum Krieg. Nikolaus wurde nun auf seiner Burg Bruneck umzingelt. Die unter der Burg liegende Stadt kapitulierte vor dem Herzog. Die Burg wurde beschossen. Die Soldaten des Bischofs unter dem Hauptmann Prack blieben auf Burg Buchenstein. Nikolaus war allein auf Bruneck. Da beugte er sich der Gewalt und tat alles, was Sigmund von ihm forderte. Er gab das von Sigmund gekaufte (und überzahlte) Taufers zurück,[73] erließ eine übernommene Schuld von 3000 Gulden und zahlte ein Lösegeld von 10 000 Gulden. Die bischöflichen Burgen übergab er dem Domkapitel, das sie dem Herzog jederzeit öffnen und von seinen Soldaten bzw. durch Hauptleute, die dem Herzog genehm waren, gegebenenfalls besetzen lassen mußte usw. Das schließlich doch vom Papst ausgesprochene Interdikt sollte durch Fürsprache von Nikolaus umgehend aufgehoben werden, auch sollte Nikolaus um Absolution des Herzogs für dessen Verbrechen in Bruneck beim Papst nachsuchen. Einmal aber freigelassen, widerrief Nikolaus alle dem Herzog gegenüber gemachten Zusagen. Die Zugeständnisse hätte ihm der Herzog unter Androhung von Gewaltanwendung abgepresst. Nikolaus stellte nun seinerseits Gegenforderungen für die Aufhebung des Interdikts und für seine Fürsprache zur Absolution.

Nikolaus hat sich in diesen Tagen ganz gewiß nicht als »groß« und überlegen erwiesen. Er hat das auch eingesehen und sich geschämt. Briefe, die erhalten geblieben sind, machen das deutlich. In christlicher Gesinnung hat er sein Versagen eingestanden. Das Zeug zum Märtyrer hatte Nikolaus nicht. Und ein Martyrium hätte sicher auch nichts erbracht. Es ist schon erstaunlich, wie selbstkritisch Nikolaus in diesen Tagen über sich selbst nachdenkt, so wie das aus seinen Briefen ersichtlich wird.[74]

Pius II. kam alles sehr ungelegen. Er mußte (?) nun die päpstliche Autorität ins Spiel bringen. Offensichtlich hat sich Nikolaus dann doch noch für den Herzog eingesetzt, denn der Papst wollte das Interdikt bald aufheben. Nun aber zeigte sich der Herzog widerspenstig, wahrscheinlich unter dem Einfluß des Gregor von Heimburg. Das aber führte wiederum dazu, daß des Herzogs Nachbarn die Gunst der Stunde nutzten. Die Schweizer eroberten sich die österreichischen Vorlande und verleibten sie sich für immer in ihr Herrschaftsgebiet ein. Das Interdikt blieb in Geltung, weil der Herzog nicht dem Papst entgegenkam. Welche Not, geistliche Not bedeutete das aber für die Tiroler! Kein Gottesdienst, keine Taufen, keine Trauung, keine Bestattungen mit geistlichem Trost und Segen war möglich! Kaiser Friedrich III. und der Doge von Venedig versuchten zu vermitteln. Erst im Juni 1464 einigte man sich. Nikolaus sollte zwar Bischof bleiben, sich aber in seiner Amtsführung vertreten lassen. Benefizien sollte er weiter vergeben dürfen und einige Einkünfte behalten. Mit der Absolution des Herzogs endete im September 1464 dann das ganze Trauerspiel. Aber da war Nikolaus bereits gestorben.

Wie bereits angedeutet, wird Nikolaus am Ende seines Lebens in die Vorbereitungen eines Kreuzzuges gegen die Türken einbezogen. Zehn Jahre vorher, unter dem Eindruck des Falls von Konstantinopel 1453, hatte er die Toleranzschrift »De pace fidei« geschrieben. Wie konnte sich da Nikolaus jetzt für einen Kreuzzug gegen die Türken einsetzen? Seine grundsätzliche Haltung hat er offensichtlich nicht geändert, denn 1460/61 hatte er ja erst die »Cribratio Alkorani« (Die Sichtung des Korans) verfaßt, den Koran »gesichtet« und festgestellt, daß im Koran durchaus Anknüpfungspunkte für die christliche Botschaft enthalten sind. Es ging in der Schrift also um die theologische Auseinandersetzung und zugleich um den Versuch einer Verständigung mit dem Islam. Wer sich theologisch mit ihm auseinandersetzen und sich mit ihm dabei verständigen will, der kann doch aber einen Kreuzzug gegen Muslime nur ablehnen! Mit seiner »Cribratio Alkorani« wollte Nikolaus schließlich »manuduktorisch« die Muslime zu einem Verständnis des Christentums führen – gerade in den von den Muslimen so entschieden abgelehnten Grundfragen der Theologie, nämlich der Trinitätslehre (die sie nur als eine Drei-Götter-Lehre ansehen konnten), der Christologie, konkret der Frage nach der Einheit von Sohn Gottes und Mensch in der Person Jesus Christus als unserem Erlöser und Heilsmittler (sie lehnten Jesus nicht als einen besonderen Menschen und Propheten ab, aber eben als Gottes Sohn) und der Eschatologie, dem Verständnis des ewigen Heils. Nikolaus hat sich seine Aufgabe nicht leicht gemacht. Er meinte es sicher ehrlich. Ebenso war es ihm fast dreißig Jahre früher um eine Verständigung mit den Hussiten gegangen; aber es besteht eine Diskrepanz zwischen dem Theologen Nikolaus und dem Kirchenpolitiker Nikolaus. Man kann die Frage eines Kreuzzuges gegen die Türken nur im gesamteuropäischen, gesamtkirchlichen Zusammenhang sehen. Man muß die Angst der europäischen Christen vor den Türken und vor dem Islam im Auge behalten. Nur von da aus ist eine Beurteilung möglich. Der Schock von 1453 saß den Europäern noch lange in den Gliedern. Es war eine Herausforderung der abendländischen Christenheit gewesen, als Nikolaus seine Schriften »De pace fidei« und »Cribratio Alkorani« geschrieben hat. Nikolaus stimmt in ihnen nicht ein in die häufig anzutreffende Charakterisierung, der Türke sei der Satan, der Antichrist. Aber die Türkenfurcht lähmte viele Europäer; die Türkengreuel, die berichtet wurden (sie waren meist erzählerisch ausgeschmückt), erregten die Gemüter. Auf der einen Seite wurden, vor allem von Predigern, die Türken als die Zuchtrute Gottes gegen die Sünden der Christen angesehen. Man muß jedoch auch daran denken, daß manche Griechen in Konstantinopel vor der Eroberung der Stadt gesagt hatten: Lieber den Turban als die Tiara (die Papstkrone) in der Stadt! Die Erinnerung an die Eroberung der Stadt durch die Westeuropäer während des 4. Kreuzuges (1204) und die Errichtung eines lateinischen Kaisertums bzw. den Versuch einer Zwangsvereinigung mit der westlichen Kirche war nicht verblaßt. Es ging den Griechen, wenn sie so sprachen, nicht so sehr um eine politische Ideologie, sondern vielmehr um die Rettung der östlichen Orthodoxie, hatte doch die auf dem Konzil von Ferrara-Florenz 1438/39 erreichte Union zwischen der Ost- und Westkirche weithin im Osten nur Ablehnung gefunden – und dies angesichts der ganz akuten Türkengefahr! Auf der anderen Seite wurde versucht, das Abendland nunmehr politisch und militärisch gegen den islamischen Osten zu mobilisieren und damit zu einen. Enea Silvio Piccolomini hatte als Berater Kaiser Friedrichs III. 1454 und 1455 drei Türkenreichstage in Regensburg, Frankfurt und Wiener Neustadt organisiert, aber damit wenig erreicht. Jetzt war er Papst (Pius II.). Nun schien seine Stunde gekommen zu sein. Könnte er noch einmal, ähnlich wie einst 1095 Papst Urban II. mit seinem Aufruf zum ersten Kreuzzug, die abendländische Christenheit unter seiner Führung einen und in den Kampf schicken? Türkenablässe, Kriegsaufrufe, ja konkrete Rüstungen, Truppen- und Flottenaufgebote kamen zustande. Dies alles begann zwar schon unter den Päpsten Nikolaus V. und Calixt III., wurde jedoch unter Papst Pius II. forciert. Gerade aber die Tatsache, daß die Initiative vom Papsttum ausging, gab den Fürsten die Gelegenheit, sich herauszureden. Das Papsttum stand noch immer im schlechten Ruf. Sein Ansehen hatte durch das Abendländische Schisma, durch sein Finanzgebaren und durch den Streit um das Konzil gelitten. Luxus und Verstrickung in die italienische Machtpolitik bestimmte das gegenwärtige Bild. Versuchte jetzt das Papsttum nicht bloß auf eine neue Weise, Geld locker zu machen?

Sicher, die Fürsten plagte manchmal das schlechte Gewissen. Die Nachricht vom Erfolg der Verteidigung Belgrads 1456 gegen Mehmed II. löste im Abendland eine gewisse Euphorie aus. Diese spiegelt sich auch in einer Predigt wider, die Nikolaus unter Eindruck dieser Nachricht 1456 in Neustift hielt: »Dies ist ein Tag der guten Botschaft, an dem wir Kunde von dem wunderbaren Sieg erhalten haben. Deshalb sind wir zusammengekommen, um Gott zu loben ...«. Aber in derselben Predigt sieht er – wie viele andere damals auch – in der Eroberung Konstantinopels Gottes Strafe für die Lehrabweichungen der griechischen Christen und für ihre Untreue zur vereinbarten Union! Sie läßt auch etwas deutlich werden von der Verzweiflung, »so daß unsere gesamte Heereskraft sich überaus fürchtete, den großen Türken anzugreifen ...«. Auch das ist Nikolaus! Und welche seltsamen Blüten trieb die ganze Türkenhysterie! Da ist vor allem an den burgundischen Herzog Philipp der Gute zu erinnern. Er profilierte sich als entschiedener Förderer des Kreuzzuggedankens. 1454 ließ er in Lille das berühmt gewordene Fasanenfest feiern, von dem Zeitgenossen vielfach rühmend berichten. Auf ihm leistete er mit vielen Fürsten und Rittern den Schwur auf einen Fasan (!) als Schwur zum Türkenkreuzzug! Eindrücklich hat Johan Huizinga diese Berichte zusammenfassend nacherzählt.[75] Aber makaber war die ganze Sache schon angesichts der realen Gefahr vor den Türken, vor allem dann, wenn man sie als den Antichristen verstand. Manche haben die Türkengefahr aber auch heruntergespielt. Andere wiederum haben mit Gottes Eingreifen gerechnet oder auf Christi Missionsbefehl hingewiesen, ihn aber weniger als Verpflichtung der Christenheit begriffen, den Muslimen das Evangelium zu bringen, sondern ihrer Erwartung Ausdruck gegeben, nach der Verheißung des Herrn werde die ganze Welt christlich werden. Im Zusammenhang damit stand auch die Überzeugung, daß ein heiliger Krieg zur Bekehrung Andersgläubiger abgelehnt werden müsse und nur die Selbstverteidigung der Christen bei einem Angriff durch Heiden gerechtfertigt werden könne. Und die Böhmischen Brüder dachten überhaupt pazifistisch. Schließlich gab es auch den Zweckoptimismus: Schickt nur ein paar gute Prediger zu den Türken, sie sind bald zu bekehren.[76]

Das ist der Hintergrund dafür, daß Nikolaus in diese Vorbereitungen für einen Türkenkreuzzug einbezogen wurde. Daneben gingen seine Aktivitäten als Friedensvermittler anderswo weiter. Er bemühte sich, im Streit zwischen Erzbischof Dietrich von Köln und dem Herzog von Kleve, in der sog. Soester Fehde bzw. in der Münsterschen Stiftsfehde und zwischen dem Deutschen Orden und den preußischen Ständen zu vermitteln.[77]

Noch immer interessierten ihn aber auch alte Handschriften. So stand er mit Laurentius Valla wegen dessen »Collatio Novi Testamenti« in Verbindung. Während Valla aber sich in seinen Glossen fast nur mit philologischen Fragen befaßt, kommentierte Nikolaus die Vulgata vor allem theologisch und historisch, wie es seine handschriftlichen Notizen, die in der Kueser Hospitalbibliothek aufbewahrt werden, ausweisen. Auch mit dem deutschen Humanisten und Mathematiker Georg Peurbach war Nikolaus in Rom zusammengetroffen.[78]

In seinen letzten Lebensjahren folgten Schlag auf Schlag weitere Schriften: »Trialogus de possest« (Dreiergespräch über das Können-Ist), »Directio speculantis seu de li non aliud« (Vom Nichtanderen) und »De ludo globi« I/II (Vom Globusspiel). Mit dem Trialog beginnt die Reihe der Schriften, in denen Nikolaus sich darum bemüht, mit immer neuen Gottesnamen das Wesen des unsichtbaren Gottes immer besser zu erkennen und zu erfassen. Im Trialog will er mit dem Namen »Possest«, d.h. Können-Ist, die aktuale Potenz Gottes beschreiben; von ihm aus ist die Welt »Erscheinung«. In »De li non aliud« tritt daneben der Name »Das Nicht-Andere«, damit soll durch die Leitung des spekulativen Betrachters das Erfassen des an sich Unerfaßbaren unterstützt werden. Mit »De ludo globi« gelingt Nikolaus unter Zuhilfenahme des von ihm entwikkelten Kugelspiels (das übrigens erneut als Spiel auf den Markt gebracht worden ist) eine Theorie über das Universum und über die Stellung des Menschen in ihm. Im Spiel, das er offensichtlich selbst mit seinen Schülern oder Freunden gespielt hat, möchte er den Weg des Menschen durch die Erd- und Himmelskreise hin zur Mitte allen Lebens darstellen. Die Kreise sind Abbild der Unendlichkeit, die Kugel, als vollkommen gedacht, Abbild des Geheimnisses der Vollkommenheit Gottes. Sie wirkt sich prägend in alle Erd- und Himmelskreise aus und birgt zugleich alle äußeren Kreise in sich. Die Bewegung der Kugel im Kreis soll die Bewegung unserer Seele zum Reich des Lebens symbolisieren: »Die Gläubigen wenden sich zur Mitte hin, zum Thron des Königs der Kräfte, des Mittlers zwischen Gott und Menschen. Den Fußspuren Christi folgend treiben sie ihre Kugel zu maßvollem Lauf an ...«. Aber die Kugel hat auch eine »Delle«, ein Zeichen irdischer Unvollkommenheit. Sie ist, wie die Erde, also keine vollkommene Kugel. Auch hier Ineinsfall der Gegensätze: Vollkommenheit und Unvollkommenheit in der Gestalt der Kugel![79]

Dazu kommen weitere mathematische Schriften: »De mathematicis complementis« I/II (Über die mathematischen Ergänzungen), »De mathematica perfectione« (Über die mathematische Vollkommenheit) und schließlich »Aurea propositio in mathematicis« (Goldener Schnitt in der Mathematik). Nikolaus will mit seinen, teilweise selbst schon spekulativ gewonnenen, mathematischen Einsichten diese für seine theologischen Spekulationen fruchtbar machen. Schon rein quantitativ nehmen diese Schriften im cusanischen Gesamtwerk eine durchaus bedeutende Stellung ein, aber sie sind im Zusammenhang mit seinen übrigen Schriften zu sehen, in denen ja auch weithin mathematische Spekulationen enthalten sind. Sie alle stehen unter dem Vorzeichen der Ewigkeit. Es geht ihm also nie um die Mathematik als Wissenschaft an sich, sondern sie ist ihm »Magd« für die theologische (und philosophische) Erkenntnis. Nikolaus hofft also, mit Hilfe der Mathematik Zugang zu den »höheren« Wissenszweigen zu erlangen.

In seinen letzten Lebensjahren bringt Nikolaus noch die Ernte seines immerwährenden Nachdenkens ein. Im »Compendium« gibt er eine kurze Zusammenfassung seiner Lehren. Der Titel der Schrift »De vena-

Nicolaus de Cusa Miseratione divina tt. Sancti petri ad vincula Sacrosancte Romane Ecclesie pbr Cardinalis Epus Brixinen Universis et singulis cristifidelibus presentibus et futuris Salutem in domino sempiternam.

tione sapientiae« (Von der Jagd nach Weisheit) kennzeichnet am besten sein Streben, durch »Jagdzüge« der Weisheit nahe zu kommen. Sein ganzes Nachdenken ist ja eine Fülle solcher »Jagdzüge«, auf denen er Gott sucht. Seitdem 1431 eine lateinische Übersetzung des Werkes von Diogenes Laertius, Lebensbeschreibungen und Lehrmeinungen der Philosophen, vorlag, war das Material bereitgestellt, aus dem Nikolaus schöpfen konnte. Er verglich die Lehrmeinungen vor allem von Plato und Aristoteles mit den selbst gewonnenen Überzeugungen. Plato erschien ihm ganz besonders als der wunderbare, umsichtige »Jäger«. Nikolaus zählt zehn dem Philosophen wichtige Themenkreise als zehn dem Jäger Beute verheißende Felder auf. An die erste Stelle setzt er hier das belehrte Nichtwissen, dem er das Können-Selbst (»posse ipsum«) folgen läßt. Zu dem wichtigsten, das ihm diese Jagd eingebracht hat, zählt er die Erkenntnis, daß ein Mensch nie eine Wesenheit wird vollständig erkennen können. Da ist ihm das Werden-Können wichtig, die Möglichkeit, daß sich der Mensch geistig weiterentfaltet. In prägnanter Kürze faßt er in »De apice theoriae« (Vom Gipfel der Schau) sein Lebenswerk zusammen. Er glaubt nun, im Gottesnamen »Posse ipsum« (Können-Selbst) den höchsten Gottesnamen gefunden zu haben und zum »Gipfel der Schau« vorgedrungen zu sein. Er versucht, alles als Erscheinungsweisen der verschiedenen Seinsweisen dieses Können-Selbst zu sehen. Er versteht alle Lehren, die eigenen wie die fremden, in ihrer Verschiedenheit und Widersprüchlichkeit als unterschiedliche Redeweisen über Gott, der nur in seinen Manifestationen erkennbar wird. Alle Lehren über Gott und Welt werden miteinander vereinbar. Hier ist der Höhepunkt seines Konsens- bzw. Konkordanzdenkens erreicht. Nikolaus will damit die Gegensätze nicht verwischen, er meint aber, sie aufheben zu können in eine über den Gegensätzen stehende Erfassungsart im Denken und Aussprechen, die in den Gegensätzen zugleich eine letzte Übereinstimmung erkennt. So kommt der Gedanke der »coincidentia oppositorum« zu ihrem Ziel.

Bei dieser »Jagd nach Weisheit« versucht Nikolaus, Gott und Welt immer besser zu verstehen, Einheit und Vielfalt und deren Verhältnis zueinander zu bestimmen. Am Ziel ist die Erkenntnis erst, wenn sie die Vernunft verläßt und zu jenem ganz anderen aufgehoben wird, wenn sie zum »Gipfel der Schau« kommt: »Das Sehen-Können des Geistes überragt sein Begreifen-Können.« Hier sind zweifellos mystische, modern

Abbildung 5: Die Stiftungsurkunde für das St.-Nikolaus-Hospital in Kues aus dem Jahre 1458.

gesprochen: charismatische, Gedanken wirksam geworden. Aber nirgends rühmt sich Nikolaus irgendwelcher mystischer Praktiken oder Erlebnisse wie Ekstase oder Visionen.

In der letzten Zeit seines Lebens litt Nikolaus unter manchen Krankheiten und offensichtlich auch unter großen Schmerzen. Dabei genoß er die Liebe und Fürsorge treuer Freunde, auch im Kardinalskollegium. Sie sorgten für eine gute ärztliche Betreuung. Eine Abtei bei Orvieto war ihm übertragen worden. Dort verbrachte er in seinen letzten Lebensjahren vor allem die Sommermonate. Hier fand er auch die nötige Ruhe für seine letzten Werke. Doch konnte er die Ruhe nur wenig genießen. Denn gleichzeitig mußte er in der nahegelegenen Stadt Rom für Ruhe und Ordnung sorgen, als Unruhen um sich griffen.

Als er im Sommer 1464 zu Beginn des geplanten Kreuzzuges gegen die Türken Kreuzritter sammeln sollte, die sich zwischen Rom und Ancona umhertrieben, erkrankte er in Todi schwer. Seine Freunde Barbo, Carvajal und Kardinal Bernardo Eroli waren von ihm schon zu Testamentsvollstreckern bestimmt worden. Kardinal Pietro Barbo stand ihm ganz besonders nahe; ihm verdankte er auch die Abtei in Orvieto, denn er hatte um Nikolaus willen auf sie verzichtet. Als Leibarzt hatte Nikolaus den mit Toscanelli befreundeten Portugiesen Fernandus Martini de Roriz. Pius II. hatte Nikolaus die besondere Gunst gewährt, materiell für seine Freunde und Verwandten zu sorgen und ihnen Pfründen zukommen zu lassen, wobei seine Verfügung auch über den Tod des Kardinals hinaus in Geltung bleiben sollte. Am 3. Juli 1464 hatte Nikolaus Rom verlassen, um seinem Auftrag nachzukommen. Ob er dazu überhaupt noch gekommen ist, wissen wir nicht. Denn seit dem 16. Juli spätestens lag er mit schwerem Fieber im Bett. Noch vom Krankenlager aus versuchte er mit Briefen, in Orvieto Frieden zu stiften. Am 28. Juli meldete der Erzbischof von Mailand aus Ancona, daß Nikolaus im Sterben liege. Am 6. August machte er ein neues Testament, am 11. August 1464 starb Nikolaus in Todi, nur drei Tage vor seinem päpstlichen Freunde. Um den sterbenden Kardinal sollen nach Berichten nur Toscanelli, Bussi, Roriz und sein langjähriger Sekretär und Vertrauter Peter von Erkelenz versammelt gewesen sein. Mit dem Tod der beiden, Pius II. und Nikolaus, erstarb auch der Kreuzzug, bevor er überhaupt begonnen hatte. In seiner Titelkirche in Rom – S. Pietro in Vincoli – ist Nikolaus beigesetzt worden, doch sein Herz wurde, seinem Wunsch entsprechend, nach Kues gebracht und dort in der Hospitalkirche beigesetzt.

In Kues hatte Nikolaus 1458 ein Hospital gegründet, das noch heute stiftungsgemäß in Betrieb ist. Das Vermögen der Familie und seine eige-

Abbildung 6: Das St.-Nikolaus-Hospital in Kues vom Hof aus.

nen Einkünfte flossen in eine Stiftung, von deren Ertrag 33 arme, abgearbeitete Männer entsprechend den Lebensjahren Jesu und seinem Liebesgebot in Keuschheit, Gehorsam und Treue in einer geregelten, einheitlichen Lebensordnung ihren Lebensabend verbringen sollten und noch heute verbringen. Finanzielle Grundlage der Stiftung sind ebenso heute noch die Weinberge des Stiftes; der Ertrag der im Stiftsweingut gekelterten Weine kommt also immer dem Hospital zugute. Ihm ist eine bedeu-

Abbildung 7: Blick in die Bibliothek des St.-Nikolaus-Hospitals in Kues. Nikolaus hat dem Hospital testamentarisch seine Bibliothek übertragen. Sie enthält, trotz einiger Verluste, wertvolle Handschriften seiner Werke und der von ihm benutzten Autoren. Sie sind nicht nur für die Cusanus-Forschung grundlegend wichtig, sondern auch für die Erforschung der Werke Meister Eckharts, des Raimundus Lullus oder eines Proklos und vieler anderer.

tende Bibliothek angegliedert. Sie beherbergt einen großen Schatz, viele Handschriften und andere Gegenstände des Kardinals, soweit sie nicht im Verlauf der Geschichte verschleudert worden sind. Sie gilt heute als die umfassendste Privatbibliothek, die aus dem Mittelalter erhalten geblieben ist. Höchstwahrscheinlich hat sich Nikolaus selbst um die Konzeption des Baus des Hospitals und seiner Kapelle gesorgt. In ihr ruht also sein Herz.[80]

Nikolaus ist zweifellos einer der Großen der deutschen, ja der europäischen Geistesgeschichte. War bisher stärker Nikolaus als Philosoph gesehen worden, so wird zunehmend erkannt, daß er als Theologe mindestens gleichgroß war, ja daß seine Theologie wohl schon deshalb den

Abbildung 8: Ausschnitt aus dem Altarbild in der Kapelle des St.-Nikolaus-Hospitals in Kues. Auf ihm ist (rechts) Nikolaus und vermutlich sein Bruder Johann neben ihm dargestellt. Es handelt sich bei dieser Darstellung wohl um das einzige Porträt von Nikolaus, das noch zu seinen Lebzeiten angefertigt wurde.

Vorrang genießen sollte, weil die theologischen Fragestellungen auch seine philosophischen Schriften weithin bestimmen. Seine Bedeutung als Naturforscher, vor allem als Mathematiker, wird immer wieder hervorgehoben, ist aber nicht unbestritten.[81]

Seine kirchenpolitischen und diplomatischen Tätigkeiten gehören der Geschichte an. Seine Schriften aber fassen nicht nur mittelalterliches Denken zusammen, sie weisen weit darüber hinaus. Manche lassen die Geschichte des neuzeitlichen Denkens mit Nikolaus, dem »Pförtner einer neuen Zeit«, beginnen. So setzte er Zeichen für die Zukunft. Zunehmend gewinnen auch seine Predigten an Bedeutung. Er muß ein begnadeter Prediger gewesen sein. Zu seinen Predigten sollen ja die Leute zu Tausenden geströmt sein.[82] Er war gewiß ein Seelsorger und selbst eine integre Gestalt. Daß er Kind seiner Zeit war, wird ihm keiner vorwerfen können. Dadurch, daß er damit auch mit manchen Mißbräuchen der spätmittelalterlichen Kirchengeschichte in Zusammenhang gebracht werden muß, ich erinnere nur an das Pfründenwesen und den Nepotismus, verdüstert sicher sein Charakterbild in unseren Augen. Daß er von einem Frieden unter den Religionen geträumt hat, selbst aber beteiligt war an der Unterdrückung und Verfolgung Andersdenkender (Hussiten, Muslime) und an der Vorbereitung eines Kreuzzuges, zeigt ihn uns als einen Menschen, bei dem Theorie und Praxis manchmal nicht in Einklang zu bringen waren. »Die eigentliche Größe dieses Lebens liegt in dem Zusammenklang verschiedenster, ja gegensätzlicher Aufgaben, Erfahrungen, Existenzweisen und Lebensformen in diesem einen Menschen.«[83]

Schriften

Bemerkungen zur Cusanus-Forschung

Erst in diesem Jahrhundert wird das Werk des Nikolaus von Kues so recht eigentlich wissenschaftlich erschlossen. Ganz in Vergessenheit geraten war es freilich nie. Zunächst waren seine Schriften handschriftlich verbreitet worden. Inwieweit Nikolaus ein Förderer des Buchdrucks war bzw. Johannes Gensfleisch genannt Gutenberg persönlich gekannt haben mag, bleibt reine Vermutung.[84] Seine erste gedruckte Schrift ist »Coniectura de ultimis diebus« (1471). Auf Veranlassung seines Sekretärs Peter von Erkelenz erschien 1488 eine erste Werkausgabe »Opuscula« in Straßburg. Durch sie gewann das cusanische Schrifttum einen erheblichen Einfluß auf zahlreiche Humanisten wie Gregor Reisch, Johann Reuchlin, Ulrich Pinder, Conrad Celtis, Beatus Rhenanus, Johannes Eck und nicht zuletzt auf Faber Stapulensis (Jacques Lefèvre d'Etaples). Dieser hat dann seinerseits 1514 sein gesamtes Werk in Paris herausgegeben. Diese Edition ist bis heute (!) die umfangreichste und wird erst gegenwärtig durch die von der Heidelberger Akademie der Wissenschaften veranlaßte Ausgabe der Opera omnia (seit 1928, erste Edition 1932) ersetzt. Vor der Pariser Ausgabe war 1502 die erwähnte Straßburger Ausgabe im italienischen Cortemaggiore erneut gedruckt worden. Weithin einen Nachdruck der Pariser Ausgabe stellt der Basler Druck von 1565 dar. Er ist leider recht fehlerhaft. Einzelwerke sind daneben vielfach gedruckt worden. Daß Nikolaus auf weitere Humanisten und Philosophen erheblichen Einfluß gehabt hat, ist unbestritten. Haben die oben Genannten, aber auch Ficino, Leonardo da Vinci, Pico della Mirandola, Rudolf Agricola, Dionysius der Kartäuser ihn noch mit Namen gekannt, so ist seine Wirkungsgeschichte, die am Ende skizziert wird, davon gekennzeichnet, daß seine Lehren vielfach unter anderem Namen, wie etwa dem Giordano Brunos, bekannt waren und Einfluß ausübten.[85]

Heute gibt es neben der großen wissenschaftlichen Ausgabe der Heidelberger Akademie zahlreiche Auswahlausgaben, so vor allem die von D. und W. Dupré herausgegebene zweisprachige Studien- und Jubiläumsausgabe: »Philosophisch-theologische Schriften« (1964 zum 500. Todestag von Nikolaus erschienen), dazu die »Schriften des Nikolaus von Kues in deutscher Übersetzung«, ebenfalls von der Heidelberger Akademie der Wissenschaften herausgegeben. In dieser (kleinen) Edition wird heute zumeist auch der lateinische Text neben der deutschen Übersetzung – zusammen mit einem ausführlichen Kommentar – abgedruckt. Diese Ausgaben sind für Studienzwecke bestens geeignet.

In zahlreichen Ländern wächst das Interesse an den Werken des Nikolaus. In der ehemaligen Sowjetunion war 1979/80 eine zweibändige Auswahlausgabe in einer Auflage von 150 000 Exemplaren erschienen![86] In Italien, Japan, Norwegen und in den USA ist das Interesse an seinem Werk besonders groß. Die Internationale Cusanus-Gesellschaft widmet sich intensiv seinem Werk. Ein Wissenschaftlicher Beirat, dem z. Zt. 28 Gelehrte aus acht Ländern angehören, steht ihr zur Seite. Ein Institut für Cusanus-Forschung arbeitet in Trier. Etwa alle vier Jahre werden Symposia durchgeführt, künftig im Wechsel zwischen solchen für einige Spezialisten und solchen für eine größere Zahl von Teilnehmern. Die Arbeit an der Edition seiner Opera omnia geht weiter und schließt seine zahlreichen Predigten mit ein (etwa 300 Predigtmanuskripte sind bekannt). »Acta Cusana. Quellen zur Lebensgeschichte des Nikolaus von Kues« werden gesammelt und gedruckt. Sprunghaft ist die Literatur über Nikolaus in den letzten Jahrzehnten angestiegen. In den etwa alle zwei Jahre erscheinenden »Mitteilungen und Forschungsbeiträgen der Cusanus-Gesellschaft« ist ein wissenschaftliches Gesprächsforum geschaffen worden (seit 1961, bisher sind 21 Bände erschienen). Hier erscheint auch von Zeit zu Zeit eine Cusanus-Bibliographie.[87]

Überblick über seine Werke[88]

»De concordantia catholica« und einige weitere thematisch dazugehörige Schriften[89]

Nikolaus hat dieses grundlegende Werk als Konzilsbeobachter in Basel verfaßt. Es muß im Zusammenhang mit den vielfältigen Bemühungen um eine Reichs- und eine Kirchenreform gesehen werden. Im Gefolge dieser gewichtigen Schrift hat Nikolaus noch weitere kleine Arbeiten verfaßt; so schon 1433 »De maioritate auctoris sacrorum conciliorum supra auctoritatem papae«. Darin stellt Nikolaus dar, daß die Gewalt des Konzils über den historisch gewachsenen und in den Canones beschriebenen Papstprimat nur in einer bischöflich-patriarchalischen, d. h. auf die historischen Patriarchate bezogenen Kirche gegeben sei. In »De auctoritate praesidendi in concilio generali« hält er es für nötig, daß der Vorsitz im Generalkonzil durch den päpstlichen Legaten wahrgenommen wird, daß aber allein das Generalkonzil in seiner Gesamtheit eine verbindliche Rechtsgewalt hat.

Nikolaus kommen seine kirchenjuristischen Kenntnisse zugute, er verarbeitet, was er in Padua gelernt hat. Dort war er ja im Schülerkreis des Francesco Zabarella (gest. schon 1417, möglicherweise also, bevor Nikolaus nach Padua kam) zu finden gewesen. Hier wird er seine konziliare Theorie gewonnen haben, die in seinem Konsensdenken gipfelt: Die Konzilsväter repräsentieren die Gesamtheit der Gläubigen. Diese Gesamtheit legitimiert erst den gewählten Papst. Nikolaus sieht eine ständische Repräsentanz der Kirche im Kollegium der Kardinäle. Wenn sie und der Papst uneins sind, stellt das Konzil die breitere Repräsentanz dar. Grundlage der Kirche in ihrer institutionellen Gestalt bildet jedenfalls die universitas fidelium, die sich im Papst als dem ersten Diener »entfaltet«.

In diesen der konziliaren Theorie gewidmeten Schriften kommt bereits das dann das gesamte cusanische Schrifttum durchziehende Konkordanzdenken zum Durchbruch. Neben dem Einfluß des Zabarella-Kreises in Padua ist hier besonders der des Heymericus von Kamp zu nennen, der seinerseits wieder Gedanken des Raymundus Lullus (Rámon Llull) aufgegriffen und verarbeitet hatte. Für ihn ist die Kirche eine göttliche Institution in ihrer hierarchischen Abstufung, die den gestuften Weg von Gott zum Geschöpf widerspiegelt. Im Konsens wird diese Hierarchie zustimmend angenommen. (Dieser Gedanke spielt später auch in »De pace fidei« und in der »Cribratio Alkorani« eine erhebliche Rolle.) Die Bischöfe stehen gemeinsam an der Spitze der Kirche, sie sind nur hinsichtlich der Leitungsgewalt zu unterscheiden. Die Verbreitung des Glaubens ist das eigentliche Kriterium für die wahre Kirche, die Verbindung mit der römischen Kirche wiederum das Kriterium für die Orthodoxie.[90]

Diese Gedanken bilden nun die Grundlage für »De concordantia catholica«. Diese umfangreiche Schrift in drei Büchern behandelt im ersten Buch die Ekklesiologie, im zweiten die Konzilstheorie und im dritten eine staatstheoretische Grundlegung für die Reichsreform. Man kann dem Gesamtwerk die Originalität nicht absprechen, doch faßt das Werk vorher Gesagtes zusammen. Gedanken des Marsilius von Padua und des Wilhelm von Ockham werden aufgenommen und, ähnlich wie bei Peter d'Ailly, entfaltet. Nikolaus fand bei Zabarella, was ihn immer bewegt hat: Was alle angeht, muß auch von allen gebilligt werden. (Dieser Satz geht aber ausgerechnet auf Papst Bonifaz VIII. zurück!) Papst Eugen IV. nahm die cusanische Schrift sehr ungnädig auf und ließ ihr mit der »Summa de ecclesia«, die Johannes de Torquemada verfaßte, ein ebenso klassisch gewordenes Werk entgegensetzen. Um 1450 war es fertiggestellt und betonte die Suprematie des Papstes in allen geistlichen Angelegenheiten. Inzwischen war aber Nikolaus selbst schon längst Papalist.

Hinsichtlich der Reichsreform geht es Nikolaus wohl schon um eine Stärkung des Kaisertums, aber dies bei einer durchaus ständischen Gliederung des Reiches. Er weiß, der Kaiser ist machtlos, wenn er nicht über ein ständiges Heer und über geregelte Einkünfte verfügen kann. Die Stände sollen den Kaiser beraten und kontrollieren; als Stände gelten Nikolaus bereits Adel, Klerus und Volk. Das Werk unterscheidet sich von späteren Reichsreformvorschlägen vor allem darin, daß es nicht, wie die ständig vorgebrachten Gravamina der deutschen Nation, bloß immerfort über die bestehenden Zustände jammert, sondern vielmehr mit konkreten Vorschlägen in die Zukunft weist. Nikolaus prophezeit: »Man wird das Reich in Deutschland suchen und man wird es nicht mehr finden.« Zu seinen konkreten Vorschlägen gehört, durch einen Landfrieden das Fehderecht zu überwinden. Der Reichstag soll seiner Meinung nach alle Stände repräsentieren.[91]

Predigten[92]

In Padua hat Nikolaus Predigten des berühmten Franziskanerpredigers Bernhardin von Siena gehört. Diese müssen auf ihn einen großen Eindruck gemacht haben. In einer Predigt von 1457 sagt er: »Der Prediger, der Feuer im Geist hat, kann aus toten Kohlen Feuer zünden.« Die überlieferten Predigtaufzeichnungen des Bernhardin sind freilich stilistisch trocken und schwer zugänglich, aber die gehaltenen Predigten sind von einem Tuchscherer aus Siena bis in die einzelnen Formulierungen hinein niedergeschrieben worden. »Da erst enthüllen sie sich in ihrer mitreißenden pastoralen Größe.«[93]

Dies gilt es zu bedenken, wenn man die Predigten liest, die Nikolaus hinterlassen hat. Fast 300 Predigtentwürfe sind uns überliefert.[94] Zumeist handelt es sich wohl um Dispositionsskizzen. Das intellektuelle

Niveau dieser Predigtentwürfe ist so hoch, daß man bezweifeln müßte, ob seine Hörer ihn verstanden haben. Doch ist uns überliefert, daß die Leute zu seinen Predigten strömten. Lag das am Inhalt seiner Predigten, an seiner rhetorischen Gewalt oder nur an seiner herausragenden Stellung in der kirchlichen Hierarchie? Daß er auch einfacher predigen konnte, erweist sich nun an einer Predigt, die uns in seiner Muttersprache, dem Moselfränkischen, überkommen ist. Er hat sie Anfang 1441 gehalten. Sie wird meist als »Vaterunser-Erklärung in der Volkssprache« bezeichnet.[95] Freilich, leicht ist auch sie nicht zu verstehen.

Überliefert sind uns Predigten von ihm, zumeist im Autograph, von 1430 an, obwohl er erst nach 1436 zum Priester geweiht worden sein kann. Es ist nicht sicher, daß uns alle seine Predigten überliefert sind, denn aus einigen Jahren besitzen wir keine. Andererseits ist es erstaunlich, daß Nikolaus schon die Predigten aus seinen frühen Jahren aufbewahrt hat. Er selbst muß ihnen einen hohen Stellenwert beigemessen haben. Das muß künftig die Cusanus-Forschung stärker berücksichtigen.

Man darf sicher davon ausgehen, daß er seine Predigten, die alle (mit der genannten Ausnahme) in lateinischer Sprache überliefert sind, doch zumeist in Deutsch gehalten hat. Vor den entsprechend vorgebildeten Klerikern freilich kann er sie auch lateinisch vorgetragen haben.

Seine Predigten stellen jedenfalls eine wichtige Quelle für die Entwicklung seines Denkens dar, für seine Frömmigkeit, ja für seine ganze Theologie. Sie haben bisher in der Cusanus-Forschung kaum die Beachtung gefunden, die ihnen zweifellos zukommen muß. Ihre Edition, die gegenwärtig im Gange ist, wird der Cusanus-Forschung ganz gewiß neue Aussichten eröffnen und die cusanische Gedankenwelt als vielgestaltiger erweisen. Manche Themen der Predigten hat er in seinen Schriften später ausführlich behandelt, manche Abhandlungen (wie »De aequalitate« und »De principio«) sind sogar bis vor kurzem als Predigten angesehen worden. Sie stellen sicher so etwas eine »Einleitung zu den Spätschriften« von Nikolaus dar und sind »philosophisch-theologische Untersuchung(en)«, die er »zur Übung des Geistes« niedergeschrieben hat.[96] Es muß aber bedacht werden, daß eben auch seine Predigtmanuskripte weithin solchen philosophisch-theologischen Untersuchungen gleichen.

Kleinere frühe Schriften

Nach einer hier nur zu erwähnenden astrologisch gedeuteten Weltgeschichte[97] – sie ist noch nicht ediert – muß auf seine Schrift »De correctione kalendarii« (1436) hingewiesen werden. Sie war für das Basler Konzil bestimmt. Aber man hat sich auf dem Konzil nicht dazu entschließen können, eine solche Kalenderreform zu verabschieden. Nikolaus geht es darum, den Ostertermin und die Jahresberechnung in Übereinstimmung mit theologischen Erwägungen zu bringen. Er möchte die Kalender der Juden, der Araber, der Griechen und der Lateiner »zur Einheit und zur Konkordanz zurückführen« und den Glaubensskandal ausräumen, denn die Nichtchristen müßten an den wissenschaftlichen Fähigkeiten und den Glaubenslehren der Christen zweifeln.[98]

»De usu communionis« (1433/34), das den zweiten und dritten seiner sog. Böhmen-Briefe enthält, ist »gegen den Irrtum der Hussiten« gerichtet.[99] Diese sollen auf die freie Predigt, die evangelische Armut des Klerus und die Bestrafung schwerer Sünder durch weltliche Gerichte verzichten, dafür soll ihnen aber der sog. Laienkelch zugestanden werden. Von ihren vier Forderungen wird ihnen also lediglich diese eine konzediert.

Nikolaus ist der Auffassung, daß in der einen Kirche unterschiedliche Riten in Geltung sein können, wenn nur die Einheit im Glauben gewahrt bleibt. Entscheidend ist für ihn die geistige Gemeinschaft und Einheit der Glaubenden, die nicht durch ein Schisma zerstört werden darf, sondern nur in Übereinstimmung mit der Mehrheit und mit der cathedra Petri in Rom gewahrt bleiben kann. Die Hussiten sollen durch ihren Gehorsam dem Lehramt der Kirche gegenüber die Eintracht wiederherstellen. Es sei erwähnt, daß die Hussitenfrage, die das Basler Konzil nicht klären konnte, Nikolaus noch bis 1462 beschäftigt hat. Zu seinem Legationsauftrag gehörte 1451 auch die Rückführung und Reformierung der Hussiten, wofür er 1452 ein Positionspapier vorlegte. In einem Gutachten stellt er 1462 fest, daß die sog. Kompaktaten keine Gültigkeit besäßen. Der Gedanke, daß unterschiedliche Riten die kirchliche oder religiöse Gemeinschaft nicht behindern sollen, ist dann 1453 der Grundgedanke seiner Toleranzschrift »De pace fidei«.

»De docta ignorantia« (1440)[100]

Dieses ebenfalls dreiteilige Werk ist seine grundlegende und mit Recht auch bekannteste Schrift. So sehr sie »erkenntnistheoretisch« ausgerichtet ist, so ist sie doch vor allem eine theologische Schrift. Sie als »philosophische Propädeutik« zu bezeichnen, verkennt ihren Charakter.[101] Auch in dieser Schrift ist das Konkordanzdenken die Grundlage der Ausführungen von Nikolaus. Gedanken, die er bei Heymerich von Kamp kennengelernt hat, Gedanken des Raymundus Lullus, des Pseudo-Dionysius Areopagita und die Tradition in Köln, die auf Albertus Magnus zurückgeht (sog. Albertismus), ließen ihn die Vorstellung von der »coincidentia oppositorum«, dem Ineinsfall der Gegensätze, entwikkeln. Neuplatonisches Erbe, vor allem die Auffassung von der Einung und der Einheit aller Glieder, kommt immer wieder zum Tragen. »Die Denkmethode der belehrten Unwissenheit und die Lehre vom Zusammenfall der Gegensätze setzt gegen eine Hierarchenkonzeption, die zwei Prinzipien zur gedanklichen Voraussetzung machte, eine Einheitskonzeption.«[102] Die Konzeption behandelt Nikolaus nun aus einer einheitlichen Fundierung heraus im ersten Buch so, daß er das absolut Größte (»maximitas«), also Gott, im zweiten Buch das eingeschränkt Größte, das Universum, und im dritten Buch das beide miteinander verbindende Größte, Jesus Christus, den Gottmenschen, darstellt. In ihm fallen das absolut Größte und das eingeschränkt Größte zusammen. Das ist »coincidentia oppositorum«, Ineinsfall der Gegensätze.[103]

Der Vorwurf des »Pantheismus« (das Wort fällt im 15. Jahrhundert noch nicht, doch trifft es genau das, was man Nikolaus vorwirft) wird zuerst von Johannes Wenck von Herrenberg in seiner Schrift »De ignota litteratura« (1442/43) erhoben.[104] Dagegen wendet sich Nikolaus erst 1449 mit seiner »Apologia doctae ignorantiae«,[105] wo er sich gegen Wenck u. a. auf Thomas von Aquin beruft – und das ausgerechnet hinsichtlich einer negativen Theologie!

Seit langem wird nach dem Ursprung der cusanischen Auffassungen geforscht. Es ist bekannt, daß der Einfluß von Meister Eckhart auf ihn besonders groß gewesen ist.[106] Nikolaus hat Eckhart gelesen, Schriften von ihm besessen und glossiert. Trotzdem bestehen noch zahlreiche Unklarheiten. Sicher muß das Schrifttum des Neuplatonikers Proklos (5. Jahrhundert) künftig stärker berücksichtigt werden. Erst jüngst sind die Marginalien des Nikolaus zu den Proklos-Schriften »Theologia Platonis«, »Elemenatatio theologica« und zu seinem Kommentar zu Platos »Parmenides« ediert worden.[107]

Die Gedanken über die »docta ignorantia« setzen im 1. Buch, gut neuplatonisch, bei der Frage nach dem Einen ein, auf das alles zurückgeht. Nikolaus ist sich dessen bewußt, daß unser Verlangen nach Wissen nicht sinnlos ist. Er wünscht sich darum »ein Wissen um unser Nichtwissen«. Später heißt es: »Mit Hilfe der Ähnlichkeitsbeziehung kann folglich ein endlicher Geist die Wahrheit der Dinge nicht genau erreichen. ... Je gründlicher wir in dieser Unwissenheit belehrt sind, desto näher kommen wir an die Wahrheit selbst heran.« Beide, das Größte und das Kleinste, sind jeweils ein Superlativ, so daß beide zusammenfallen. Das ist die »coincidentia oppositorum«. Um diesen Gedanken kreist nun das gesamte Denken des Nikolaus.[108] Ausdrücklich betont er zwei Jahrzehnte später, als er die Gottesbezeichnung »Der Nichtandere« begründet: »Es ist das, was ich unter dem Begriff der ›Koinzidenz der Gegensätze‹ lange Jahre hindurch gesucht habe, wie viele Bücher bezeugen, die ich über diese Spekulation geschrieben habe.«[109] In vielfachen Variationen versucht er in seinem gesamten Schrifttum, diesen Gedanken zu entwickeln, immer neu zu variieren, um damit Gott gedanklich näher zu kommen. Im Grunde geht es ihm dabei um die »Gottesschau«.

In seinem Schrifttum, gerade auch in »De docta ignorantia«, weist Nikolaus der Mathematik eine erstaunliche Fähigkeit zu, die innergöttlichen Beziehungen zwischen Gott-Vater, Gott-Sohn und Heiligem Geist zu erfassen. Mit Hilfe der Mathematik versucht er in zahlreichen seiner Schriften, theologische und philosophische Sachverhalte zu erklären.[110] Für ihn ist, um ein Beispiel anzuführen, die am wenigsten gekrümmte Linie die Gerade. Daß hier Voraussetzungen für die später entwickelte Differential- und Integralrechnung gewonnen wurden, wird der Mathematiker nur bestätigen können. »Unser begriffliches Denken kann diesen Zusammenfall der unendlichen Figuren zwar nicht erfassen, doch zwingt uns die Vernunft, ihn anzuerkennen. Damit berühren wir aber Gottes Unendlichkeit.« Gottes Unendlichkeit ist größer und zugleich kleiner als alles, sie ist »coincidentia oppositorum«![111] In diesem Zusammenhang wird, wie schon angedeutet, neben der affirmativen, bejahenden Theologie die negative Theologie bedeutungsvoll.[112] Die Unendlichkeit Gottes, sein Anderssein möchte Nikolaus damit zum Ausdruck bringen. Er weiß, »daß in theologischen Aussagen Verneinungen wahr und positive Aussagen unzureichend sind.« Durch die Theologiegeschichte zieht ein breiter Strom negativer Theologie, die man keinesfalls, wie es der Marxist Hermann Ley tut, als eine (Vor-)Form des Atheismus (ab-)qualifizieren darf. Im Gegenteil, hiermit kann das Geheimnis Gottes, seine Verborgenheit – Nikolaus beschäftigt sich, ähnlich wie fast hundert Jahre später Martin Luther, mit dem Thema der »absconditas dei«, der Verborgenheit Gottes – besonders eindringlich vor Augen geführt werden.[113]

Im 2. Buch will Nikolaus das Erkannte nun auf den Kosmos, das Weltall anwenden: »Das Universum dagegen kann, obgleich es alles umfaßt, was nicht Gott ist, nicht negativ unendlich sein, obschon es ohne Grenze ist und somit privativ unendlich.« Das All ist für Nikolaus als das eingeschränkt Größte ein Gleichnis für das absolut Größte. In diesem Zusammenhang kommt Nikolaus auf die das spätmittelalterliche Denken so beherrschende Universalienfrage zu sprechen. Unter »Universalien« versteht man die Allgemeinbegriffe. Umstritten war, wie sie zum konkreten Einzelnen stehen, ob sie überhaupt im Verhältnis zu ihnen existieren oder nicht. Die sog. Nominalisten sahen in den Allgemeinbegriffen nur bloße Namen, die sog. Realisten erkannten dagegen den Allgemeinbegriffen eine eigenständige, von den konkreten Eigenschaften des einzelnen Objekts unabhängige Existenz zu. Auch für Nikolaus ist nur das Einzelne aktuell wirklich, im einzelnen Ding ist das Allgemeine in eingeschränkter Weise es selbst. Das Allgemeine ist aber, auch wenn es außerhalb der einzelnen Dinge nicht aktuell wirklich ist, kein bloßer Gedanke. Die Vernunft gibt den einzelnen Dingen durch Abstraktion ein Sein außerhalb der konkreten Dinge. Man kann also Nikolaus nicht, wie manche es heute noch tun, als Nominalisten bezeichnen. Vielmehr hat gerade er zum Überwinden des alten Gegensatzes zwischen Realismus und Nominalismus erheblich beigetragen.

Auch im naturwissenschaftlichen Denken beginnt bei ihm ein Umschwung. Sicher, Nikolaus ist nicht, vor allem nicht im modernen Sinne, ein Naturwissenschaftler. Er hat offensichtlich nicht einmal selbst Experimente durchgeführt. Aber er hat zweifellos dazu Anregungen gegeben, vor allem zu einer neuen Meßtechnik beigetragen (vgl. seine Schrift »Idiota de staticis experimentis«). Dafür, daß die Erde nicht der Mittelpunkt des Universums sein kann, sind bei Nikolaus sowohl mathematisch-astronomische als auch theologische Gründe maßgebend. »Der Mittelpunkt der Welt liegt nicht eher innerhalb als außerhalb der Erde, noch besitzt auch die Erde oder irgendeine Sphäre einen Mittelpunkt. ... Ein genau gleicher Abstand zu verschiedenen Punkten läßt sich außer Gott nicht finden.« Gott ist also für Nikolaus »der Mittelpunkt der Welt«, auch »der Erde und aller Sphären und aller Dinge, die in der Welt sind. Er ist zugleich der unendliche Umfang von allem.« Von Gottes Unendlichkeit her denkt Nikolaus hier theologisch. Da sich aber der unendliche Gott in dem menschgewordenen Gottessohn auf Erden geoffenbart hat, ist die Erde dem Mittelpunkt am nächsten. Das sind Gedanken, die Nikolaus aufgenommen hat, die also schon vor ihm, etwa von Albert von Sachsen, vertreten worden sind.[114] Auch erkennt Nikolaus, daß die Erde nicht einfach kugelförmig ist, daß sie sich jedoch der Kugelform nähert. Weiterhin ist er davon überzeugt, daß »der Weltenbau nicht zugrunde gehen kann«.[115]

Diese Gedanken zu äußern, war im Rahmen des mittelalterlichen Denkens nicht ungefährlich. Sie konnten ja dazu führen, die Grenze zwischen Gott und Mensch, zwischen dem Schöpfer und Geschöpf, zu verwischen. Mit Hermes Trismegistos, einem nichtchristlich-religiösen Schrifttum des 2./3. nachchristlichen Jahrhunderts, das sich als Offenbarung des ägyptischen Gottes Thot (=Hermes Trismegistos) ausgibt und platonische Philosophie in religiöse Offenbarung umsetzt, kann Nikolaus vom Menschen als dem »zweiten Gott« sprechen.[116] Er »gelangte so über die Grundeinsicht von der Unzulänglichkeit jeder intellektuellen Lösung zur gesicherten Erfahrung einer metaphysischen Transzendenz.«[117] In seinem späteren Werk De visione dei hat Nikolaus dann die coincidentia oppositorum die »Mauer des Paradieses« genannt, hinter der Gott wohnt.

Er greift dann also wieder den Gedanken von der belehrten Unwissenheit auf; nur der kann Gott erreichen und erkennen, dessen Einsicht Unwissenheit ist, der Gottes unwissend ist. »Der Gegensatz der Gegensätze ist Gegensatz ohne Gegensatz. ... Du, Gott, bist also der Gegensatz der Gegensätze, weil Du unendlich bist; und weil Du unendlich bist, bist Du die Unendlichkeit selbst. In der Unendlichkeit ist der Gegensatz der Gegensatz ohne Gegensatz.«[118]

Das dritte Buch ist der Christologie gewidmet. Ausgangspunkt ist natürlich auch hier die Maximitätsspekulation, konkret die im zweiten Buch gewonnene Erkenntnis, daß der Kosmos in seiner Einheit Mängel aufweist und nur »eingeschränkt Größtes« ist. Weil aber einem Größten ohne Einheit die Vollkommenheit fehlt, muß seine Einheit außerhalb liegen. Weltimmanent ist sie nicht möglich, so muß sie also transzendent gedacht werden.

Das ist möglich, wenn man die Vollendung des Kosmos in seinem Ziel (terminus universalis) sieht, das die Eingeschränktheit aufhebt. Die Verbindung zwischen dem absolut Größten und dem eingeschränkt Größten ist nun Jesus Christus, in ihm fallen das absolute Größte und das eingeschränkt Größte zusammen und sind in der hypostatischen Union von Gott und Mensch geeint. Damit ist der Mangel des Universums aufgehoben. Nikolaus kommt in diesem dritten Buch auf die christlichen Glaubensmysterien, wie sie in der Hl. Schrift und in den Schriften der Kirchenväter begründet sind, zu sprechen. Man wird, vor allem unter Berücksichtigung von Kap. 12, feststellen müssen, daß Buch 3 das Gesamtwerk als ein theologisches qualifiziert. Sicher hat es auch philosophische Spekulationen zur Grundlage, aber schon diese haben durchaus einen Bezug zur Offenbarung. So kann man, etwas zugespitzt, sagen, daß »De docta ignorantia« so etwas wie eine Summa theologiae darstellt, freilich nicht in scholastischer Manier. Aber sie spricht fast alle theologischen Grundprobleme an, wie dies in den Summae theologiae geschah. Grundfragen des Glaubens will Nikolaus theologisch-philosophisch spekulierend in ihm darstellen – und »damit nichts dem Werke fehle«, fügt er »ein kurzes Wort« über die Kirche in Kap. 12 an.[119]

In seinem Hauptwerk behauptet Nikolaus, wie wir sahen, im gewissen Sinne die Unbegrenztheit des Kosmos und leitet damit die Überwindung des geozentrischen Weltbildes ein. Bereitet er damit auch die sog. kopernikanische Wende vor, so geht er doch im Grunde schon über Kopernikus hinaus, setzt er doch nicht ein heliozentrisches Weltbild gegen ein geozentrisches. Man wird in vielerlei Hinsicht »De docta ignorantia« als Ausdruck des Wandels vom mittelalterlichen zum humanistischen Denken ansehen können.

De coniecturis

Es stellt ein weiteres, aber stärker philosophisch ausgerichtetes Hauptwerk dar. Nikolaus weist bereits in De docta ignorantia wiederholt auf dieses Werk hin und hat es offensichtlich gleich nach Fertigstellung von De docta ignorantia begonnen. Hatte er im ersten Werk sokratisch über das Nichtwissen gehandelt, so will er nun positiv über das Vermögen des Intellekts nachdenken. Er spricht von »meinen Mutmaßungen«. »Es ist ein ganz eigener Versuch, über das menschliche Erkennen zu reflektieren.«[120] Mutmaßlich will er erforschen, wie zuverlässig unsere Aussagen sind, und das im Abbild-Urbild-Schema: Mutmaßungen – wirkliche Welt; menschlicher Geist – göttlicher Geist.

Der Einfluß des Gedankenguts des Neuplatonikers Proklos ist deutlich zu spüren. Stärker als in De docta ignorantia benutzt er hier die (neu-) platonische Einheitsmetaphysik. Er begreift, alle gewinnbare Erkenntnis des Menschen über Gott, Welt und sich selbst kommt über Mutmaßungen nicht hinaus. Numerische und geometrische Symbolik nimmt Nikolaus zuhilfe.

In seine Konzeption integriert er die Autoritäten, die er aber nicht nennt, offensichtlich deshalb, weil sie zum allgemeinen Schulwissen gehörten. Die Wahrheit des christlichen Glaubens wird auch hier vorausgesetzt. Im neuzeitlichen Sinne also handelt es sich hier noch nicht um eine Erkenntnislehre, aber es werden Denkmöglichkeiten eröffnet, denen man erst später folgen wird.

Das Werk wird 1440 bis 1444 geschrieben worden sein.

Weitere kleine Schriften[121]

Hier sind zunächst die Schriften zu nennen, die 1444/45 geschrieben sind und sich mit dem Thema der Verborgenheit Gottes befassen.

In dem kurzen Dialog De deo abscondito geht es Nikolaus um die Erkennbarkeit des der menschlichen Erkenntnis verborgenen Gottes. Es geht um das erkennende Sein des Gott und in Gott seine Vollendung suchenden Menschen. In der Stellung zum unsichtbaren, verborgenen Gott stellen sich die Seins- und Lebensfragen des Menschen.

De quaerendo deum behandelt die Suche nach der Gotterkenntnis durch den Aufstieg der Erkenntnis vom Sinnfälligen über die erkenntnisgebundene Meditation zur Vision, ausgehend von der Wortetymologie »theos« von »theorein« (schauen). Den Demütigen zieht das Licht der göttlichen Gnade zur Schau, zur Ruhe.

De filiatione dei verfaßt Nikolaus im Anschluß an Joh 1, 12. Es kommt zur Gottesschau und Gotteskindschaft durch die rationale und also nicht mystische Schau und Vergöttlichung (deificatio, theosis).

In De dato patris luminum (1445/46) betont Nikolaus in Anlehnung an Jak 1, 17–21: Der Mensch erhält, weil er erkenntnisbedürftig ist, vom Vater allen Lichtes die Gabe des Lichtes für alle Erkenntnis, durch die er sich selbst und alle Geschöpfe »in gewisser Weise als Gott« (Theophanie) erkennt.

Im Dialogus de genesi (1447) wird das Werden des Alls nicht als eine Schöpfung aus dem Nichts (creatio ex nihilo) beschrieben, sondern es wird die Frage nach dem Sein alles Seienden gestellt und von Gott her zu beantworten versucht. In ihm fallen Ursprung und Ziel der Schöpfung zusammen. Alles Seiende erhält Anteil am absoluten Sein. Gott wird hier als »idem absolutum« bezeichnet. Durch diese Anteilhabe erhält Seiendes seine ihm eigene Identität.

In Coniectura de ultimis diebus (1446) wird die Endzeitproblematik unter einem geschichtstheologischen Aspekt behandelt. Diese kleine, heute meist übersehene Schrift ist im 15. Jahrhundert und seitdem wiederholt gedruckt und auch mehrfach übersetzt worden.

Idiota

Die vier Bücher über den Laien (da der Ausdruck mißverständlich erscheint und heute anders als im 15. Jahrhundert belegt ist, rede ich lieber vom »Einfältigen«) sind wieder große theologisch-philosophische Schriften, weniger dem Umfang als doch der Bedeutung nach. Ihr Entstehungsjahr ist 1450.[122]

In Idiota de sapientia I/II, einem Dialog zwischen dem Einfältigen und einem Redner, geht es um die rechte Weisheit. Der Einfältige ist die Gestalt der Unmittelbarkeit, der Sprecher der Weisheit. Der Redner muß sich vom Einfältigen über sich selbst belehren lassen. Der Einfältige ist unmittelbarer zu Gott in seiner mystischen Erfahrung der Gegenwart Gottes. Zu dieser unmittelbaren Erkenntnis kommt man auf dem Wege der mystischen Theologie, wie sie Pseudo-Dionysius gelehrt hat. Der Einfältige ist kein »tumber Tor«, sondern eine Gestalt religiös-kritischer Haltung, der »ursprünglich denkt« (R. Steiger). Nikolaus prägt hier den Begriff einer »theologia sermocinalis«, einer an die Rede, an die Verkündigung gebundenen Theologie (II, n. 33). Die Weisheit, die der Einfältige vertritt, wird als »inneres Schmecken« (I, n. 10) bezeichnet. Das geschieht in Anlehnung an Psalm 33 (nach Luther Ps 34) und wurde von Nikolaus mit der Tradition auf die Gegenwart Christi im Abendmahl gedeutet. Der Laie, der Einfältige vermittelt dem Redner, dem Gelehrten schlichte Nachfolgefrömmigkeit. Die Schrift muß auf dem Hintergrund des Aufkommens einer Laientheologie gesehen werden und steht in Verwandtschaft zur Devotio moderna. Was die Schriften über das Thema »Allgemeines Priestertum« bedeuten könnte, ist bisher noch nicht bedacht worden, ebensowenig sind bisher Verwandtschaften zur heutigen charismatischen Bewegung bemerkt worden.

In De mente gilt der unvergängliche, unsterbliche Geist als Abbild des göttlichen Geistes. Dabei wird die Erkenntnisfunktion des Geistes betont, aber es werden auch die Themen der Leib-Seele-Problematik ebenso angesprochen wie das einer Weltseele.

In De staticis experimentis deutet sich eine beobachtende, experimentelle Naturwissenschaft an. Nikolaus ist davon überzeugt, daß der Mensch durch Wahrscheinlichkeit und Mutmaßung zu einem relativen Wissen kommen kann. Die Unmittelbarkeit des experimentellen Zugriffs und die Erarbeitung einer Methode des Messens zeichnet sich ab. Das »Messen«, das Nikolaus fordert, deutet wohl das Experimentieren an, zugleich aber gewinnt es auch die Bedeutung des »Sich-Ausmessens an die Umwelt«.[123]

Mit den Idiota-Schriften geht Nikolaus auf dem Wege weiter, die mittelalterliche Scholastik, nun vor allem auch ihre Begrifflichkeit, zu überwinden.

Gott erscheint in den Schriften als die ewige Weisheit in ständig wechselnden Gottesbezeichnungen – damit wird Nikolaus in seinen Spätschriften noch fortfahren. Der wahrhaft weise Mensch ist der Ungebildete, der Einfältige, der sich selbst demütig »idiota« nennt. Ohne Schulweisheit kann er das Tiefste an menschlicher Einsicht klar und einfach in der »Unterredungstheologie« (theologia sermocinalis) ausdrükken. Diese Unterredungstheologie ist eine Art von Verkündigung.

Manchmal wird De mente als eine erste Kritik der reinen Vernunft bezeichnet. Unsere mens erscheint als Einheit, als Gleichheit und als Verknüpfung beider, also wieder, wie so häufig bei Nikolaus, ein Ternar, eine Dreierformel. Diese Dreiheit ist analog zur Trinität zu sehen.

Nicht nur äußerlich ähneln diese Schriften den sokratischen Dialogen des Plato. Auch dadurch, wie der idiota seinen Gesprächspartner »annimmt« (R. Steiger) und dieser auf das Problem eingeht, ist er sokratisch.

De pace fidei (1453)[124]

Nikolaus hat diese Toleranzschrift unter dem Eindruck des Falls von Konstantinopel verfaßt, ihr Ziel ist die »una religio in rituum varietate«, die eine Religion in der Verschiedenheit der Riten. Vertreter aller Religionen, die besonderen Nationen zugeordnet werden, nehmen an einem himmlischen Konzil teil. Nach Nikolaus liegt allen Religionen eine wahre Religion zugrunde, an ihr haben alle – in unterschiedlichem Maße – teil. Das Christentum überragt alle Religionen durch den Besitz der vollen Wahrheit, die ihm durch Offenbarung zuteil geworden ist. Aber allen Religionen ist aufgetragen, durch frommen Glaubenseifer den Glauben zu stärken, zu reinigen und der Vollendung entgegenzuführen.

Unter den Nationen sind es die Griechen, die auf das Problem der Weisheit (Philosophie) hinweisen, die Araber auf das des Monotheismus, die Inder auf die Bilderfrage, die Perser auf die Inkarnation, die Tartaren auf die Rechtfertigung, die Armenier auf die Taufe und die Böhmen auf das Abendmahl; z.T. also werden sehr geschickt die Völker mit den Fragen, die aus ihrer Mitte besonders gestellt worden sind, am Himmelskonzil beteiligt. Diese Schrift hat auf die Frage der Toleranz in der Zeit der Aufklärung eine gewisse Rolle gespielt, doch ist der Ansatz der Schrift nicht ein aufklärerischer. Nikolaus liegt auch ein Synkretismus fern. Es geht vielmehr darum, »manuduktorisch«, also an der Hand nehmend, die Völker bzw. Religionen zur wahren und d.h. doch christlichen Religion zu führen.

Cribratio Alkorani[125]

Sie ist zwar später (1460/61) verfaßt, muß aber doch im engen Zusammenhang mit De pace fidei gesehen werden. Bei dieser »Sichtung des Korans« handelt es sich um eine religionsvergleichende Schrift. Nikolaus versucht aufzuweisen, daß die Lehre des Korans im Grunde die christliche Heilsbotschaft enthält, aber eben recht unvollkommen und undeutlich. Darum muß der Koran »gesichtet« werden, kann aber einen guten Ansatz für Gespräche liefern. Nikolaus sucht, in der Schrift die Anknüpfungspunkte für den interreligiösen Dialog hervorzuheben. Eine Vorgabe für das Werk ist zweifellos bei Raymundus Lullus gegeben.[126] Die Schrift reicht weit über anderweitige pragmatische Schriften der Zeit hinaus (vgl. Brief Pius II. an Mehmed II., in dem der Papst dem türkischen Sultan die Kaiserkrone des Ostens anbietet, wenn dieser bereit ist, das Christentum anzunehmen).

Die Themen der Schrift sind einmal Monotheismus – Trinität, dann Christologie – Soteriologie – Eschatologie.

De visione dei (1453)

Diese Schrift steht der mystisch (-charismatischen) Theologie am nächsten, sollte aber im Zusammenhang mit Idiota de sapientia gesehen werden. Nikolaus verfaßte diese Schrift auf Bitten der Tegernseer Mönche, mit denen er besonders eng verbunden war. Diese hatten ihn gefragt, ob Gott ohne Vernunfterkenntnis, ohne vorausgehendes oder begleitendes Denken »berührt« werden kann. Nikolaus geht in dieser Schrift aus von dem Gemälde Rogier van Weidens »allsehendes Auge«; von jeder Stelle im Raum scheint das göttliche Auge jeden anzublicken. Nikolaus will den Mönchen einen »leichten Zugang zum Göttlichen« ermöglichen. Hinter der »Mauer der Koinzidenz«, der »Mauer des Paradieses« glaubt er den Ort gefunden zu haben, an dem Gott unverhüllt gefunden werden kann. Er ist vom Ineinsfall der Gegensätze umgeben. Es ist die Mauer des Paradieses, in dem Gott wohnt. Seine Pforte bewacht der höchste Geist des Verstandes. Wird dieser nicht besiegt, wird der Zugang nicht offen sein. Jenseits des Ineinsfalls der Gegensätze (coincidentia oppositorum) wird Gott gesehen werden können, keineswegs diesseits (n. 37).

In der Schrift erscheint Jesus Christus als das »Selbstporträt« Gottes (E. Bohnenstädt zu n. 118). Jesus Christus hat gepredigt, »daß der Glaube für jeden notwendig ist, der an die Quelle des Lebens herantreten will. ... Zwei Dinge nun hast Du uns gelehrt, Christus, Du Retter: den Glauben und die Liebe. Durch den Glauben tritt die Einsicht zum Wort hinzu, durch die Liebe wird sie ihm geeint« (n. 113).

Die Schrift ist hymnisch verfaßt; von n. 9 bis zum Schluß ist die Schrift im Grunde ein einziges Gebet. Im Stil und im gewissen Sinne auch im Gedankengang ähnelt es den Confessiones, den Bekenntnissen Augustins.

Mathematische Schriften[128]

In vielen seiner Schriften benutzt Nikolaus mathematische Beispiele, um sein metaphysisches, theologisch-philosophisches Denken bildlich zu erläutern. An Hand eines mathematischen Sachverhalts will er ein mathematisch Endliches zur mathematischen Unendlichkeit führen und dieses dann zum absolut Unendlichen. Ein Beispiel: Der Kreis wird im Unendlichen zur Geraden.

Aus Interesse an der Mathematik entstanden 1445–1459 mehrere mathematische Schriften, durch die sich Nikolaus Zugang zu höheren Wissensgebieten versprach. Schon in Padua hatte er mathematisches Interesse gezeigt; ihn bewegten etwa die Themen: Quadratur des Kreises, Berechnung der späteren Zahl pi, Kurventheorie usw.

Von der spätmittelalterlichen Mathematik war ihm außer Thomas Bradwardines »Geometria speculativa« wahrscheinlich nichts bekannt, um so bemerkenswerter ist seine Selbständigkeit. Seine mathematischen Erkenntnisse dürfen sicher nicht überbewertet werden. Doch weisen sie in die Richtung der Infinitesimalrechnung. Als Schriften dieses Genres sind zu nennen:

- De circuli quadratura (1450)
- Quadratura circuli (auch 1450)
- Dialogus de circuli quadratura (1457)

- De caesarea circuli quadratura (ebenfalls 1457, Kaiser Friedrich III. gewidmet)
- De transmutationibus geometricis – und als Fortsetzung
- De arithmeticis complementis (um 1445, Toscanelli gewidmet)
- De mathematicis complementis I/II (1453/54, Papst Nikolaus V. gewidmet, wohl sein mathematisches Hauptwerk)
- De mathematica perfectione (1458)
- Aurea propositio in mathematicis (1459; hier werden wieder mathematische Einsichten für theologische Spekulationen verwendet)
- Declaratio rectilineationis curvae
- De una recti curvique mensura (beide können bisher nicht datiert werden)

De beryllo (1458)[129]

Nikolaus hat diese Schrift verfaßt, als er »Gefangener« auf seiner Burg Buchenstein im Bistum Brixen war. Ist der Beryll (»Brille«) zugleich konkav und konvex geschliffen, enthüllt er dem Auge Dinge, die ihm vorher verborgen waren. So möchte Nikolaus mit seiner Methode zur Erkenntnis von bisher Unerkanntem führen. Es handelt sich also wieder um eine Schrift zum Thema übernatürlicher, koinzidenteller Prinzipienerkenntnis, nämlich wie die Vielfalt des Verstandeswissens in eine alles zusammenfassende Einsicht der Vernunft einmünden kann.

De aequalitate/De principio (1459)[130]

Beide Schriften gehen von Bibelworten aus und sind teilweise unter die Predigten eingereiht worden.

De aequalitate geht von Joh 1, 4 aus: Und das Leben war das Licht der Menschen. Nikolaus will hier über die Gleichheit und Ungleichheit der Dinge und deren Ursprung schreiben.

De principio geht von Joh 8, 25 aus und wird auch nach den Anfangsworten des Vulgatatextes »Tu qui es« bezeichnet. Die Übersetzung des Bibeltextes ist hier außerordentlich schwierig; die Übersetzung der Vulgata aus dem griechischen Urtext und auch die ursprüngliche Lutherübersetzung (»... erstlich der, der ich mit euch rede«) ist heute exegetisch nicht mehr haltbar. Wichtig ist, daß Nikolaus, auch hier stark beeinflußt von Gedanken des Neuplatonikers Proklos, sich wieder dem Thema

Gotteserkenntnis zuwendet. Auf Grund des Stichwortes »principium«, das eben exegetisch nicht auf das uranfängliche Sein Christi bezogen werden kann, tut dies Nikolaus.

Reformatio generalis (1459)[131]

Unter dem Eindruck der Erfahrungen aus seiner Legatentätigkeit und als Generalvikar des Papstes für den Kirchenstaat unterbreitet hier Nikolaus Reformvorschläge, die Pius II. für die ganze Kirche in Kraft setzen sollte (und wohl auch wollte, doch starben sowohl Pius II. als auch Nikolaus vorher). Es ist die Schrift im Zusammenhang mit einer im Februar 1459 nach Rom einberufenen Reformsynode zu sehen. Der Papst lobte Nikolaus für diese Vorschläge, aber beim Klerus stieß er auf keine Gegenliebe. Nikolaus forderte z.B. ein beständiges Konzil der Kardinäle im Kleinen, das den Papst beraten soll und mit ihm verbunden ist wie das Haupt mit seinen Gliedern. Er unterwarf auch den Papst der Untersuchung der von ihm ernannten Visitatoren. Nikolaus hielt also auch jetzt noch als Kardinal, als zweithöchster Repräsentant der Kirche, an ihm früher fruchtbar erscheinenden Ideen des Konziliarismus fest.[132] Man kann Nikolaus also nicht einfach als Papalist abstempeln, setzte er sich doch für ein reformiertes Papsttum ein.

Der Papst erhoffte sich von Nikolaus gerade auch theoretisch Hilfe für sein großes Programm der abendländischen Einigung im Kampf gegen die Türken.

Trialogus de possest[133] – *Directio speculantis seu de li non aliud*[134] (1460, 1462)

Die beiden Schriften stellen die ersten Versuche der Spätschriften dar, mit neuen Gottesnamen das Wesen des Unsichtbaren (Röm 1, 20) zu erläutern. Gott ist für Nikolaus die aktuale Potenz, »Possest« (d.h. Können-Sein). Von dieser aktualen Potenz Gott ist die Welt *die* »Erscheinung«: Schöpfung erscheint so als Selbstoffenbarung Gottes. Gott, der deus absconditus, offenbart sich als »visio in tenebra«, als Erscheinung im Dunkeln. In Jesus Christus als dem Weg (Joh 14, 6) eröffnet sich uns Gott in Glaube, Liebe und Hoffnung. Die Dunkelheit wird im Eschaton, in der Ewigkeit, Licht werden.

Ähnlich ist es in der zweiten Schrift. Hier lautet der neue Gottesname der »Nichtandere«. Das Erfassen des Unerfaßbaren soll durch die »Leitung des spekulativen Betrachters« unterstützt werden.

In diesen Schriften löst sich Nikolaus von der traditionellen Begrifflichkeit. Nikolaus geht immer vom christlichen Glauben aus, verarbeitet aber Platos Anamnesislehre (vom Urbildwissen des Menschen) und das Prinzip des Aristoteles, daß die sinnlich wahrnehmbare Welt empirisch erfaßt werden kann. Er geht aber über die Philosophen seiner Zeit hinaus, die am Widerspruch zwischen Endlichem und Unendlichem scheitern. In einem Absoluten, eben in Gott, fallen alle Gegensätze zusammen.

De ludo globi I/II[135]

Anhand des von Nikolaus erfundenen Globusspiels gibt er eine Theorie über das Weltall und die Stellung des Menschen in ihm. Im Spiel kann man manches, was in der Realität kaum möglich erscheint. Er sieht im Kreis, der weder Anfang noch Ende hat, weil kein Punkt in ihm ist, der mehr Anfang oder Ende wäre, das Abbild der Ewigkeit. Der unfaßliche Gott macht unsere kleine Welt zu seinem Spielraum. Dahinein hat er seinen Sohn gegeben und damit sein Herz, ein überwältigendes Spiel seiner Gnade.

Der Mittelpunkt ist der kleinste aller Kreise und wie sie alle ohne Anfang und Ende, ein Abbild der Ewigkeit und Unendlichkeit. In diese Kreise gab Nikolaus eine Kugel, die wir vollkommen denken können; für ihn ist sie das Abbild des Geheimnisses der Vollkommenheit Gottes. Sie wirkt sich prägend in alle Erd- und Himmelskreise hinaus aus und birgt zugleich alle äußeren Kreise in sich. Nikolaus ließ um die Mitte seine Kugel rollen, der er eine kleine »Delle« als Zeichen irdischer Unvollkommenheit gab.

Compendium (1463)[136]

Nikolaus gibt hier eine kurze Zusammenfassung seiner philosophisch-theologischen Lehren. Gott wird hier vorzugsweise »posse« genannt, also Können, ein Name, den Nikolaus sonst erst 1464 gebraucht hat, so daß man heute dazu neigt, diese kleine Schrift erst in sein Todesjahr zu datieren, sie möglicherweise sogar seine letzte Schrift sein zu lassen.

Er gibt hier eine Theorie der Symbole, bezeichnet dann das »primum principium« und gibt schließlich eine psychologische Grundlage seiner Theorie. Er ist davon überzeugt, daß Erkenntnis nur mit Zeichen, Symbolen des Seins zu tun hat; er fragt, was man über Gott aussagen kann und nennt den dreieinigen Gott posse, aequale und unum. Dieser dreieinige Gott ist der Urgrund von allem. Das Können wird dem Vater in der Dreieinigkeit gleichgesetzt, er ist Gegenstand und Ziel des geistigen Sehens ebenso wie des sinnlichen. »Das Können selbst ... will, daß es geschaut werden kann, deshalb ist alles wegen ihm« (n. 47). So gipfelt alle Erkenntnis auch hier in der Gottesschau.

Auf Ähnlichkeiten mit De coniecturis wird öfters in der Literatur hingewiesen.

De venatione sapientiae (1462 *oder* 1463)[137]

Immer wieder kreist sein Denken um die »coincidentia oppositorum«, aber Nikolaus gibt sich niemals mit einmal gefundenen Antworten zufrieden. Er ist immer auf »Jagd nach Weisheit«. Ja, die ganze Philosophie (und Theologie) ist für ihn eine solche Jagd, ein Suchen nach Gott. Auf seinen Jagdzügen hat Nikolaus erkannt, daß der Mensch nie die Wesenheit Gottes wird völlig erfassen können. Aber er rechnet mit der Weiterentfaltung des Menschen bzw. seiner Erkenntnis in den ihm gesetzten geschöpflichen Grenzen.

De apice theoriae (1464)[138]

Hier handelt es sich vermutlich um seine letzte Schrift. Sie stellt einen Dialog mit seinem Schüler und Sekretär Peter von Erkelenz dar und faßt sein Lebenswerk noch einmal zusammen. Gott ist nun für ihn das »posse ipsum«, das Können-Selbst. Nikolaus glaubt, jetzt den »Gipfel der Schau« erreicht zu haben. Das erscheint geradezu prophetisch, steht doch Nikolaus jetzt vor der Schwelle zur Ewigkeit, wo er Gott wird schauen dürfen – nun aber unverhüllt von Angesicht zu Angesicht.

Alles ist zu sehen als Erscheinungsweisen der verschiedenen Seinsweisen des Können-selbst. In den letzten Schriften zitiert er häufig Albert, Aristoteles, Pseudo-Dionysius, Plato und Proklos, in De venatione sapientiae auch verhältnismäßig häufig Thomas von Aquin, dagegen die Heilige Schrift relativ selten.

Nikolaus akzentuiert noch einmal seine Lehren (und die derer, die er zitiert) in ihrer Verschiedenheit, ja Widersprüchlichkeit, »als unterschiedliche Redeweisen über verschiedenfältige Erscheinungsweisen des Letzt-Prinzips, Gott, der nur in seinen Manifestationen erkennbar ist«.[139] Alle Aussagen über Gott und Welt werden übereinstimmend. Gegensätze sollen wohl nicht verwischt, aber doch aufgehoben werden, in den Gegensätzen ist auch Konkordanz. Die verschiedenen Philosophien und Theologien gehen in Konkordanz über. Der menschliche Geist als höchstes Abbild des Können-Selbst kann sich emporstrecken, um das Urbild zu erblicken und höchstes Glück zu empfinden. So schließt sich der Kreis. Nikolaus ist seinen Prinzipien immer treu geblieben, der docta ignorantia ebenso wie der coincidentia oppositorum und seinem Konsensdenken. Sicher gab es eine Entwicklung bei Nikolaus, aber dabei eine große Kontinuität. Sein Denken ist in sich geschlossen, vielfache Anregungen aufnehmend und verarbeitend, aber dies in großer Harmonie. Außer seiner Apologia doctae ignorantiae kennen wir keine polemischen Schriften von ihm.

Weitere Schriften[139]

Nur nachtragsweise sei auf einige kleinere Schriften noch verwiesen, so auf seinen Brief an Nikolaus Albergati, den seine Herausgeberin schon mit Recht als das »Vermächtnis« des Cusaners bezeichnet hat; auf seinen Hildesheimer Katechismus, eine Tafel, die er 1451 auf seiner Legationsreise in der Hildesheimer Lamberti-Kirche hat anbringen lassen und die das Vaterunser, das Ave Maria, das Apostolische Glaubensbekenntnis und die Zehn Gebote in niederdeutscher Sprache enthält. Man kann weiter hinweisen auf das Complementum theologicum (1453), das in der Pariser Ausgabe fälschlicherweise unter den mathematischen Schriften abgedruckt ist, aber in dem »es um den transzendierenden Aufstieg zu konjekturaler Gotteserkenntnis geht«.[140]

Senger weist auch auf das Memoriale hin, das möglicherweise noch nach De apice theoriae verfaßt ist und lediglich in einer Handschrift vorhanden ist.[141]

Lehre

Gotteslehre[142]

Nikolaus hat stets in einem (neu-) platonischen Zusammenhang gestanden und mit Plato und seinen Schülern aller Jahrhunderte das »Eine« betont. Er behauptet einmal, Plato habe nicht nur gewußt, daß es einen einzigen Gott gibt, sondern er habe auch vom göttlichen Logos gesprochen und so fast das ganze Evangelium entdeckt.[143] Vor allem ist ihm das Werk des Neuplatonikers Proklos wichtig geworden, dabei vor allem sein Kommentar zu Platos Parmenides. Von Proklos hat er dies: Gott ist das allem menschlichen Denken vorgeordnete Sein-selbst (ipsum esse).[144] Er weiß, Gott ist im Grunde mit keinem oder mit jedem Namen zu benennen. Wenn auch Nikolaus zunächst das »Eine« als vorzüglichen Gottesnamen ansieht,[145] so hat er später doch immer wieder neue Gottesnamen gesucht: Non aliud, Possest, Posse, Posse ipsum. Er hat Gott vor allem als »aktuale Potenz« gesehen, der sich in seiner Schöpfung offenbart. So wird aus dem »Ipsum esse« das »Possest«, er trennt sich allmählich von der (neu-) platonischen Einheitsmetaphysik. Sie reicht ihm schließlich doch nicht aus, Gott zu erkennen.[146] An sich ist ihm Gott der »deus absconditus«, der verborgene Gott, der sich als »Schau in der Finsternis« offenbart und als Glaube, Liebe und Hoffnung eröffnet. Gott ist nicht begreifbar – im Gegensatz zu Anselm von Canterbury (»Gott ist das Größte, was gedacht werden kann«). Gott ist bei Nikolaus nicht mehr Objekt, nicht mehr vorhandenes Sein. Er betont einerseits, daß Gott jenseits aller Gegensätze ist, daß er »unfaßbar« ist, der oder das »Absolute«, das »Nicht-andere«, aber andererseits, daß er sich zugleich in Jesus Christus offenbart, der das »Selbstporträt« Gottes ist·[147] Gott gibt sich dem Menschen mittels menschlicher Begriffe zu erkennen. Mit Hilfe des Symboldenkens will er den unendlichen Abstand, der uns als endliche Wesen von Gott trennt, überwinden.[148]

In Gott selbst besteht kein Widerspruch, in ihm ist alles eins. Er steht über den Gegensätzen, aber sie fallen auch in ihm zusammen.

Im 1. Buch von De docta ignorantia lehrt Nikolaus erstmals und grundlegend den Zusammenfall der Gegensätze in Gott selbst[149]: »Niemals gab es ein Volk, das Gott nicht anbetete und nicht an ihn als das absolut Größte glaubte.«[150] Aber dieses absolut Größte, Gott (maximum absolutum, absoluta maximitas) ist zugleich das Kleinste (minimum); beides fällt ineinander zusammen: coincidentia oppositorum! »So ist das Größte das absolut Eine, welches alles ist.«[151]

Gott zeugt die Einheit aus der Einheit, die eine einzige Wiederholung der Einheit ist. Von dieser Einheit geht die Gleichheit aus und beide sind miteinander verbunden.[152] Auf Augustin zurückgehend benennt Nikolaus die Einheit Vater, die Gleichheit Sohn, die Verbindung beider Heiliger Geist. Die Dreiheit ist Einheit, Trinität.[153] Dafür nun hat Nikolaus mathematische Zeichen gebraucht, um dies zu veranschaulichen. R. Haubst spricht von der »Mathematisierung des Denkens« bei Nikolaus.[154] Die unendliche Einheit erläutert er am unendlichen Dreieck oder dem Kreis.[155] »Gäbe es eine unendliche Linie, so wäre sie Gerade, Dreieck, Kreis und Kugel«, das Kleinste fällt mit dem Größten zusammen. Der größte Kreis ist am kleinsten, am geringsten gekrümmt. Ähnlich verhält es sich mit dem Dreieck oder mit der Kugel. Eine endliche Linie ist teilbar, eine unendliche Linie nicht. Wie sie unteilbar und unveränderlich ist, so auch Gott. Ausdrücklich bezieht sich Nikolaus hier auf Pseudo-Dionysius und den »göttlichen« Plato![156] Wir finden Gott nur, wenn wir die Teilhabe an den endlichen Dingen wegstreichen. Alles Seiende hat Anteil am Sein = Seiendheit (entitas). Diese Seinsmetaphysik hier ist platonisch-scholastisches Erbe. Streichen wir den Teilhabecharakter, so bleibt die einfache entitas. Sie ist das Wesen von allem. Und die entitas können wir nur in der belehrten Unwissenheit (docta ignorantia) schauen. Streiche ich die Teilhabe, scheint nichts zu bleiben. Hier bezieht sich Nikolaus wieder ausdrücklich auf Pseudo-Dionysius: »Die Gotteserkenntnis führe mehr ›auf das Nichts hin als auf ein Etwas‹«.[157] Was aber der Vernunft als Nichts erscheint, ist für die belehrte Unwissenheit »das unbegreiflich Größte«.

Hier begegnet uns die sog. »Negative Theologie«, d.h. man meint, man könne über Gott nur sagen, was er nicht ist. Dies als materialistischen Ansatz zu bezeichnen, wie dies H. Ley tut, wird weder Nikolaus noch den anderen Denkern, die die negative Theologie vertreten, gerecht.[158] Es wird vielmehr die Transzendenz Gottes betont.

Die Trinität versucht Nikolaus im folgenden vom Dreieck aus zu »veranschaulichen«: Seine Seiten sind unendlich, so auch seine Winkel; neben einem unendlichen Winkel kann es keinen weiteren geben. »Alle Drei (Winkel) sind das eine Größte.«[159] »Das Größte ist also dreiheitliche (trina) Wesenheit, die eine wirkliche Einheit bildet.« Nur in der belehrten Unwissenheit kann der Mensch an die Trinität denkerisch heranreichen. Bei Gott muß man das anscheinend sich Widersprechende zusammenfassen in einen einfachen Begriff: »Dann begreift man besser, daß Dreiheit und Einheit dasselbe sind.«[160]

Er kommt dann auf die göttliche Vorsehung zu sprechen. Sie ist unwandelbar; keiner und nichts kann sich ihr entziehen. An dieser Stelle benutzt nun Nikolaus ein neues Begriffspaar von eminent großer Bedeutung: Einfaltung – Ausfaltung, complicatio – explicatio. Er hat es möglicherweise unter dem Einfluß von Meister Eckhart aus der Schule von Chartres kennengelernt. In Gott als der Einfaltung all dessen, was geschaffen ist und sich in der Schöpfung ausfaltet, ist noch nicht die Notwendigkeit der Schöpfung an sich gegeben. Aber es gibt nichts Geschaffenes, in der Schöpfungswelt Ausgefaltetes, das nicht Ausfaltung dessen wäre, was in Gott eingefaltet ist.[161] Die Kugel sieht Nikolaus als die letztmögliche, größte Vollendung aller Figuren, eine Figur unendlicher Vollkommenheit. So ist Gott. Alles, was im Universum existiert, hat ein einziges, absolutes Maß. In ihm ist das Ganze nicht größer als ein Teil, die Kugel nicht größer als die unendliche Linie. So ist Gott »der einzige absolut einfache Seinsgrund des gesamten Universums«. Alles Seiende kommt von ihm und strebt zu ihm.[162]

Aus dem hermetischen Schrifttum entnimmt er den Gedanken, daß Gott die Gesamtheit aller Dinge ist und es deshalb keinen Namen für ihn gibt.[163] Gott umgreift alles in allem. Sein Name (das Tetragramm JHWH) kann am besten mit Einer und Alles, Alles in Eins, Einheit wiedergegeben werden. Hier kommt also wieder (neu-) platonisches Erbe zum Vorschein. Aber das Eine steht in unmittelbarer Beziehung zum Grundbekenntnis Israels (Dtn 6, 4): Gott ist einer. Eine positive Bezeichnung für Gott ist nur möglich unter Bezugnahme auf seine Geschöpfe: Schöpfer, oder trinitarisch: Vater, Sohn, Heiliger Geist, bzw. Erzeuger, Gezeugter, Verbindung beider. Gott wird geschaut im Spiegel seiner Werke. Darum wird auch Gott von seinen Werken her benannt. Die Betrachtung führt im Gebrauch der Namen zum Lobe Gottes in seinen Werken. Hier besteht ein Anklang an mystische Gedankengänge, man will Gottes Nähe in der Schau seiner Werke erfahren. Nach Pseudo-Dionysius aber sind die eigentlich positiven Gottesnamen ohne Inhalt, sie können keine Unterscheidung an sich aussagen, Gott ist ja nicht anders als ... Selbst die scholastischen Namen treffen nicht, was und wer Gott ist: Tugend (da steht ihm das Laster gegenüber), Substanz (da steht die Akzidenz gegenüber). Alle positiven Namen streichen etwas von Gottes Größe, seiner maximitas, ab.[164]

Aber jeder will Gott benennen, um ihn zu verehren: »Unzugängliches Licht«, Leben, Wahrheit usw. Ohne die Aussage, was Gott nicht ist, würde er ins Endliche gezogen, würde Götzendienst. Gott ist aber der Unendliche. Nikolaus bezieht sich hier auch auf Hilarius von Poitiers: Im Ewigen Unendlichkeit, Idee im Bild, Ausübung in der Gabe. Was das für die Christologie bedeutet, wird uns noch beschäftigen.[165]

Nur in der Ewigkeit gibt es Unendlichkeit, Ursprung ohne Ursprung. Unter dem Gesichtspunkt der Unendlichkeit ist Gott weder Eines noch Vieles. Als Unendlicher ist er nur sich selbst bekannt. Verneinungen sind bei theologischen Aussagen wahr, positive Aussagen unzureichend. Nikolaus schließt: Die genaue Wirklichkeit leuchtet im Dunkel unserer Unwissenheit in der Weise des Nichterfassens auf. »Das ist die belehrte Unwissenheit, die wir suchen.« Nur so können wir dem Dreieinigen Gott in seiner unendlichen Güte nahekommen und ihn preisen, »daß er uns sich selbst als unfaßbar gezeigt hat.«[166]

Schon in einer seiner ersten uns erhaltenen Predigt von 1431 beginnt Nikolaus: Das ist der katholische Glaube, daß wir den Einen Gott in der Trinität und die Trinität in der Einheit verehren.[167] Diese Formel, aus dem Athanasium, einem altkirchlichen Bekenntnis, stammend, kehrt bei Nikolaus oft wieder. »Wo Unterscheidung Ununterschiedenheit ist, da ist Dreiheit (= Dreieinigkeit) Einheit und umgekehrt, wo Ununterschiedenheit Unterscheidung ist, da ist Einheit Dreiheit.« So sind »Drei(einig)keit und Einheit dasselbe«. Dieser »katholische Glaube« erscheint Nikolaus als Licht von oben, »als Mittel, die Größe Gottes zu berühren«. Wir können hier nur die Fußspuren Gottes in der sinnenfälligen, eben von Gott geschaffenen Welt begreifen.[168]

Überall sieht Nikolaus die »triadische Gliederung des Kosmos«, »der Ähnlichkeit zur Trinität ist Cusanus (also) in den triadischen Gliederungen des Seins sorgfältig nachgegangen.«[169] Er erblickt jedesmal einen Hinweis auf die Trinität in jeder Entfaltung der Einheit zur Dreiheit. In De venatione sapientiae sagt er, daß wir durch göttliche Offenbarung gelernt haben, die Erstursache (prima causa), die nach allgemeiner philosophischer Lehre dreiursächlich ist (wirkend, gestaltend, zielbestimmend – efficiens, formalis, finalis), sei in sich so eine, daß sie dreieinig, und so dreieinig, daß sie eine ist.[170]

Die in De docta ignorantia konzipierte Gotteslehre hat Nikolaus in seinen späteren Schriften ausgeführt und präzisiert. Was er, z.B. in De coniecturis, über die Dreieinigkeit des Universums sagt, ist geleitet durch den Blick auf die Trinität Gottes. Immer wieder kommt bei ihm die auf Augustin letztlich zurückgehende Dreierformel (Ternar) unitas –

aequalitas – conexio vor. Bei seinen Spekulationen über das unendliche Dreieck wird die Trinität Urbild. Damit überwindet er die Schwierigkeit, den Ternar materia – forma – conexio in Einklang mit dem genannten Ternar unitas – aequalitas – conexio zu bringen. Nikolaus weiß um die Grenzen des verstandesmäßig Erfaßbaren.[171] In seiner Schrift De visione dei spricht er in diesem Zusammenhang von der »Mauer der Konzidenz«: »Solange ich den Schöpfer als erschaffend begreife, bin ich noch diesseits der Mauer des Paradieses. So bin ich (auch), wenn ich den Schöpfer als erschaffbar begreife, noch nicht eingetreten, aber an der Mauer. ... Doch wenn ich Dich als absolute Unendlichkeit sehe, ..., beginne ich, Dich unverhüllt zu schauen und in den Garten der Wonne einzutreten.« Er weiß: »Ich muß, also, Herr, jene Mauer des unsichtbaren Sehens dorthin überspringen, wo Du gefunden werden wirst.«[172] Damit will Nikolaus zum Ausdruck bringen, Gott ist unendlich mehr als der Schöpfer.[173]

In De possest stellt er die Schöpfung als die Selbstoffenbarung Gottes dar. Das absolute Möglichsein (potestas absoluta) fällt mit dem Wirklichsein zusammen. Wie Gott die potestas absoluta ist, so ist er die potestas creativa, die schaffende Möglichkeit.[174] In diesem Zusammenhang kann er den Menschen als Gottesbild bezeichnen, er erschuf ihn als Vervollständigung und Vollendung der Schöpfung, auf Gott hin. Im Menschen strebt die Schöpfung zum Schöpfer hin. Nicht der Mensch, sondern die Hinwendung zum Schöpfer ist also das Ziel der Schöpfung. Der Mensch ist zugleich Bild des Universums und Bild Gottes.[175] An sich weiß Nikolaus: »Ein anderes Beispiel als sich selbst hat (der Schöpfer) nicht.«[176] Unsere Gotteserkenntnis geht für Nikolaus von der Erkenntnis der sinnlichen Welt aus, doch stellt das keinen Versuch eines Gottesbeweises dar.

Allein der Sohn Gottes selbst ist (innerhalb der Trinität Gottes) »die ebenbildliche Figur des Wesens des Vaters«. Unser Geist kommt nicht zur Ruhe, bis wir an das Wissen heranreichen: »Und dieses Wissen ist die Kenntnis des Wortes Gottes, weil das Wort Gottes Begriff seiner selbst und des Universums ist.« Und weil »Gleiches nur von Gleichem erkannt« werden kann, heißt Gott, Christus erkennen, ihm gleichförmig werden in der Schau (»Christiformis«).[177]

In diesem Buch kommt Nikolaus nun zum Gottesnamen »Possest«, Können-Ist, in De apice theoriae schließlich zum »Posse ipsum«, Können-Selbst. Hier sieht er dann schließlich in diesem Gottesnamen den »Gipfel der Schau«.[178]

Nikolaus kehrt den logischen Schluß: »Was nicht ist, kann nicht sein«

um: Das Nichtsein wird gerade zur notwendigen Voraussetzung des Seins, weil Gott das schöpferische Können ist. Das ergibt sich aus der »creatio ex nihilo«, der Schöpfung aus dem Nichts heraus. »Wunderbarer Gott, in dem Nichtsein die Notwendigkeit des Seins ist!« Kein Geschöpf, nur der Schöpfer ist »possest«.[179]

In De non aliud ist Gott das Nicht-andere. Gott faßt alles in sich zusammen, ohne in sich anders zu sein. Das Anderssein (alteritas) ist die Welt. Beides sind keine Gegensätze, denn Gott ist alles in allem, ist ohne Gegensatz.[180]

Hatte Nikolaus in De possest die Offenbarung des verborgenen Gottes als Schau in der Finsternis bezeichnet,[181] so setzt das seine Schriften voraus, in denen er die Verborgenheit Gottes thematisiert. In der Cribratio Alkorani wird er später die Negation besonders betonen, »daß Gott vor den Augen aller Weisen verborgen bliebe, und keiner Kreatur, sondern nur sich selbst bekannt ist«.[182]

In den drei Schriften vom verborgenen Gott (De deo abscondito, De quaerendo deum, De filiatione dei) geht es um das Heimfinden des Menschen zu Gott, dem Ausgang und das Endziel allen Seins. Der Mensch weiß, daß er Gott nicht erkennen kann, aber »die Stellungnahme zu dem verborgenen Gott (ist) für den Menschen die Seins- und Lebensfrage«, er sucht in Gott seine Vollendung.[183] Wir können nur vom Erfahrbaren ausgehen und uns in Analogien vortasten und nur so Gott Namen geben. Deshalb sucht ja Nikolaus immer neue, tastende Namen, die seinen Erkenntnisstand widerspiegeln. Der Mensch muß Gott und in ihm die Wahrheit suchen, weil er selbst und alles Seiende in ihm angelegt ist. So steht er vor dem unbekannten Gott, von dem er eigentlich nur sagen kann, wie er nicht ist, also wieder auf dem Wege der negativen Theologie. In der Einleitungsfrage des Heiden an den Christen im kurzen Dialog De deo abscondito liegt schon das ganze Problem: »Wer ist der Gott, den du anbetest?« und in der Antwort des Christen darauf: »Ich weiß es nicht.« »Weil ich kein Wissen habe, bete ich an.« Der Christ weiß, daß nur der sich unwissend Wissende für wissend halten kann. Das ist also noch einmal ganz knapp die »docta ignorantia«. Der Dialog hebt das Paradoxe klar heraus; Heide: »Wenn Gott nicht das Nichts ist, dann ist er also irgendetwas?«; Christ: »Auch das nicht, denn ›irgend etwas‹ ist abgehoben gegen ›alles‹; Gott aber ist nicht eher irgend etwas als alles.« Gott fällt nicht unter das, was ist, er ist »Urquell und Quellgrund aller Ursprünge von Sein und Nichtsein«. Dem (Papier-) Heiden wird einsichtig, »daß im ganzen geschöpflichen Bereiche weder Gott noch sein Name zu finden ist«, er stimmt mit ein in den Lobpreis dieses »vor den

Augen aller Weltweisen verborgene(n) Gott(es).[184] Diesen Gedanken, den wir bereits in der Cribratio Alkorani fanden, ist noch an einigen anderen Stellen des cusanischen Schrifttums zu lesen.

Während Luther etwa 60 Jahre später die Frage nach dem »verborgenen Gott« aufnehmen und in Jesus Christus als gelöst sehen konnte, denn ihm ging es »um Gottes Heilswirken an uns Menschen«,[185] deutet Nikolaus in De quaerendo deum die Botschaft vom verborgenen Gott als »frohe Botschaft« in Gottes Schöpfung; in und von ihr allein aus können wir Gott erkennen. Einsicht ist die »höchste geschöpfliche Lebens- und Begründensweise«.[186] Nikolaus leitet hier, wie an anderen Stellen, das griechische Wort für Gott (theos) von »schauen« (theoreo) ab: »Der Suchende muß also mittels des Sehens laufen, daß er zum alles-sehenden Theos herankomme«.[187] In De filiatione dei geht es ihm um die »Gottförmigkeit« (deificatio, theosis) des Menschen, »jene äußerst mögliche Vollendung, die auch als Kenntnis Gottes und des Wortes oder als inneres Schauen bezeichnet wird«, ein Gedanke, der bei der Lehre vom Menschen neu aufzugreifen ist.[188]

In seiner – möglicherweise – letzten Schrift Compendium ist Gott das »primum principium«, der Dreieinige Gott als posse, aequale und unum Urgrund von allem. Nur die Gleichheit (aequale, das ist Christus, was aber so nicht gesagt wird, jedoch aus dem gesamten cusanischen Schrifttum erschlossen werden kann) ist »Gegenstand der sinnlichen wie auch der vorstellenden und der vernunfthaften Erkenntnis«. Und der »menschliche Geist ist nichts anderes als das Zeichen jener Gleichheit, gleichsam die erste Erscheinung der Erkenntnis, welche der Prophet das Licht des Antlitzes Gottes, das über uns gezeichnet ist, nennt.« Ähnlich wie in De apice theoriae sieht Nikolaus im Compendium in Gottesnamen die höchste Einigung.[189]

Nach K. Flasch hat Nikolaus den Anspruch erhoben, daß nur durch Überwindung des Widerspruchssatzes, nur durch seine Koinzidenzlehre »Gott in seiner Absolutheit gedacht werden« könne. Nach J. Stallmach ist Gott nicht die coincidentia oppositorum, sie ist nur das Letzte, was unsere Vernunft im Hindenken zu Gott gerade noch zu erreichen vermag.[190] Dafür sprechen die Äußerungen in De visione dei von der Mauer der Koinzidenz. Allein »Christus vereint in sich die Sinnenfälligkeit mit der Unbegreiflichkeit«.[191] Nikolaus versucht mehrfach, besonders in De pace fidei, auch die Heiden »manuduktorisch« zur »impliziten Anerkennung des einen Gottes« zu führen.[192] Bei den Juden knüpft er am Alten Testament an, bei den Muslimen am Koran. Als Schöpfer ist Gott dreieinig und einer. Er anerkennt, daß Juden und Muslime im gewissen Sinne sogar Recht haben, daß nämlich in dem Sinne, wie sie die Trinität Gottes ablehnen, »muß sie gewiß von allen abgelehnt werden«, doch so, wie Nikolaus sie lehrt, »muß sie von allen angenommen werden«.[193]

Er versucht, den Vorwurf beider, die christliche Trinitätslehre wäre eine Dreigötterlehre, zu entkräften. Wären es drei Götter, an die wir Christen glauben, wären sie verschieden; sie sind aber eins und gleich. Man vermutet heute, daß Muhammed tritheistische Auffassungen christlicher Randgruppen kritisierte. Es ist eine Tragik, daß Muhammed diese (und eine nestorianische Christologie) kennengelernt hat. Muhammed lehnte also letztlich nur eine häretische Trinitätslehre ab.[194]

Nikolaus ist die Trinitätslehre kein Anhängsel der Gotteslehre, sondern in Gott selbst begründet. Sie ist von Gott und nicht vom Menschen her zu denken.[195]

Nikolaus ist bis zu seinem Lebensende auf der »Jagd nach Weisheit«, auf der Suche, Gott recht zu erkennen und vor allem recht zu benennen. Aus dem »possest« wird in De venatione sapientiae das »posse fieri«, das Werden-können, das er aber als »Geschöpf unter seinem Schöpfer«, als Voraussetzung alles anderen Geschaffenen sieht, als »das innerhalb des Geschöpflichen Letzt-Erreichbare«.[196] Das Gott-Welt-Verhältnis sieht er als Gott-Werden-Können – Gewordenes. Erst aber in De apice theoriae glaubt Nikolaus, im »posse ipsum«, dem Können-selbst, den »unüberbietbaren Gottesnamen gefunden« zu haben, »ein letztgültig Aussagbares, insoweit über Gott überhaupt Aussagen gemacht werden können«.[197] War Nikolaus in De possest vom Gegensatz von posse und esse, vom Können und Sein, ausgegangen, der aber in Gott als zusammenfallend und aufgehoben gedacht wird, so ist nun der Geist in De apice theoriae zur Ruhe und Erfüllung gekommen, »da sie den erblickt, von dem sie sich selbst zu diesem Sehen ermöglicht weiß«. Das Können-selbst liegt über allem Begreifen. Hier scheint nun für ihn der menschliche Geist sich über die »Mauer der Koinzidenz« zu schwingen und zu seinem Ursprung zurückkehren zu können. Man wird an Augustins Bekenntnis erinnert: »Mein Herz ist unruhig, bis daß es seine Ruhe findet, Herr, in Dir.« Die Nähe zur Mystik ist mit Händen zu greifen.

Oft ist Nikolaus der Vorwurf des Pantheismus gemacht worden. Mag sein, manche seiner Gedankengänge, für sich genommen, könnten den Vorwurf bestätigen, das Ganze seiner Theologie widerspricht dem. Er selbst widerspricht gleich eingangs von De docta ignorantia: »Das Unendliche als Unendliches ist deshalb unerkennbar, da es sich aller Vergleichbarkeit entzieht.«[198]

Die marxistische Philosophie hebt einhellig den Pantheismus bei Nikolaus hervor, doch muß S. Wollgast zugeben: »Kues geht in seiner Philosophie von Gott aus« und Sandor, daß seine Philosophie »die Priorität Gottes der Natur gegenüber anerkennt«. Das ist nun alles andere als »pantheistisch«![199] Der Pantheismus versteht das Universum als Gott, Nikolaus versteht das Universum aus Gott. Für ihn gilt wie für Pseudo-Dionysius: Gott ist wohl alles in allem, aber Gott ist keines der uns bekannten Dinge, er ist eben der Nicht-andere. »Das Endliche steht zum Unendlichen in keinem Verhältnis«.[200]

Kosmologie

Diesem Thema ist vor allem Buch II von De docta ignorantia gewidmet. Man hat es als wesentlich für die Überwindung des mittelalterlichen Weltbildes bezeichnet. Während die einen Nikolaus als »Pförtner einer neuen Zeit« bezeichnen, bestreiten das andere und verweisen Nikolaus ganz ins Mittelalter. Vor allem K. Jaspers äußert sich in dieser Hinsicht sehr kritisch; für ihn »hat er keinen Ort in der Geschichte irgend einer Wissenschaft«, aber auch er weiß, Nikolaus hat »den Mittelpunkt (der Welt – K.) viel radikaler in Frage gestellt« als etwa Kopernikus.[201]

Zunächst wieder von De docta ignorantia ausgehend, sollten wir uns selbst ein Bild zu machen versuchen. Einleitend nimmt Nikolaus in Buch II darauf Bezug, daß er in Buch I »mit Hilfe symbolhafter Zeichen die Lehre von der Unwissenheit über die Natur des absolut Größten entfaltet«, »nun wollen wir weiterhin mit Hilfe dieser Natur, die uns ein wenig in schattenhaften Abbildern aufleutet, auf demselben Weg das erforschen, was durch das absolut Größte alles ist, was es ist.« »Das absolut Größte ist (also in) negativ(er Weise) unendlich«, »das Universum dagegen kann, obgleich es alles umfaßt, was nicht Gott ist, nicht negativ unendlich sein, obschon es ohne Grenze ist und somit privativ unendlich«, weil es nichts gibt, was das Universum erweitern oder begrenzen könnte.[202]

»Das Sein des Geschöpfes hängt in unerkennbarer Weise vom Sein des Ersten ab«, das Geschöpf ist abhängig von seinem Schöpfer, es ist der Zeit unterworfen, ist nicht ewig, aber es ruht in seiner Vollkommenheit (perfectio), die es vom göttlichen Sein her hat. Darum: »Nimm Gott von der Schöpfung, und es bleibt nichts.« Die Schöpfung ist Entfaltung (explicatio) des Schöpfers.[203]

Im Universum sieht Nikolaus das nun eingeschränkt Größte, das zugleich Gleichheit des absolut Größten ist. Das Universum als eingeschränkt Größtes ist »Einschränkung zu etwas, d.h., um das oder jenes zu sein«, es ist nicht für sich selbst, sondern zweckbestimmt. Aber das Universum ist das Vollendetste alles Geschaffenen, es ist in jedem Geschöpf. Weil es nur einen Gott gibt, kann es auch nur eine Welt geben. Auch dieser Gedankengang ist natürlich neuplatonisch gefärbt.[204]

Wieder verwendet Nikolaus mathematische Bilder: Jede endliche Linie hat ihren Sinn von der unendlichen Linie, in ihr sind Dreieck, Kreis usw. Das hat seine Bedeutung für die das Denken des Mittelalters bestimmende Frage nach den Universalien. Nikolaus läßt sich nicht einfach als Nominalist bezeichnen, wie das noch oft geschieht. Nach ihm hat das Allgemeine außer den Einzeldingen nur Wirklichkeit als Gedachtes (universale post rem), es existiert nach der Ordnung der Natur in gewisser Weise vor den Einzeldingen. Da aber nach der Ordnung der Natur die Einzeldinge die Konkretion des Universums sind, sind die Universalien auch in gewisser Weise in den Einzeldingen. Das Allgemeine ist »nur in eingeschränkter Weise wirklich« (»universalia non sunt nisi contracte actu«), es hat aber ein gewisses allgemeines Sein.[205]

Nikolaus gebraucht wieder Analogien. Weil die (göttliche) Einheit Trinität ist und eben nicht die eine göttliche Person die andere, sondern alle drei in ihrer Einheit in Wechselbeziehung zueinander stehen, so spricht Nikolaus – in eingeschränkter Weise – von der Dreiheit der Seinsweisen Möglichkeit – Wirklichkeit – Verknüpfung (und als vierte nennt er noch die Notwendigkeit). Er erläutert dies an der Rose: Als Möglichkeit befindet sie sich im Winter im Rosenstock, als Wirklichkeit blüht sie im Sommer; sie sind aber beide miteinander verbunden, dasselbe. Interessant ist es schon, daß Nikolaus das Universum in seiner trinitarischen Wirklichkeit reflektiert, ein Gedanke, den die heutige Theologie unbedingt aufnehmen sollte.[206] Von hier aus können Engführungen, Überbetonungen einmal der Theo-Logie, einmal der Christologie, einmal der Pneumatologie usw. besser vermieden werden.

Nikolaus kommt dann auf die »Weltseele oder Weltform« zu sprechen; die Spekulation darüber geht auf Plato (»Timaios«) zurück. In der mittelalterlichen Theologie wurde die Weltseele meist mit dem Heiligen Geist ineins gesetzt. Auch Nikolaus sagt: »Die Weltseele sollte die Ausfaltung des göttlichen Geistes sein, so daß alles, was in Gott ein einziges Urbild ist, in der Weltseele in sich unterschiedene Vielheit ist«. Wir können die Welt erkennbar nennen durch ihre Seinsweise in der Weltseele. Nikolaus sieht im göttlichen Geist den Mittelpunkt und die Weltseele als den den Mittelpunkt entfaltenden Kreis; Nikolaus geht also über die platonische Auffassung von einer hypostasierten Weltseele hinaus. In der Dialektik Einfaltung – Ausfaltung (complicatio – explicatio) wird also der Heilige Geist mit der Weltseele nicht ineins gesetzt, aber diese als Entfaltung des Heiligen Geistes gesehen. Ihr Sein ist nicht wie das des Heiligen Geistes, auch nicht loslösbar von ihm. Sie ist für Nikolaus auch nichts Mittleres zwischen dem Absoluten und dem Eingeschränkten, zwischen Schöpfer und Geschöpf. Nikolaus versteht sie »als eine Art universaler Form ..., die sich in alle Formen entfaltet«. Jedes Geschöpf ist nur »eingeschränkt« »in unendlichem Abstand zum göttlichen Werk«: »Nur Gott ist absolut, alles andere ist eingeschränkt.«[207]

Die Bewegung der Planeten sieht Nikolaus als eine Weiterentwicklung der ersten Bewegung, die dann wiederum weiter entwickelt wird in der Bewegung der zeitlichen und irdischen Dinge. Die Bewegung ist Geist, der vom göttlichen Geist herabsteigt, geschaffener Geist. In diesem Zusammenhang endlich kommt Nikolaus auf den Mittelpunkt der Welt zu sprechen. Man kommt in der Bewegung nicht zum schlechthin Kleinsten, da es mit dem Größten zusammenfallen muß. So fällt der Mittelpunkt der Welt, das Kleinste, mit dem Größten, ihrem Umfang, zusammen. Die Welt hat also weder Mittelpunkt noch Umfang, weder Anfang noch Ende. Darum ist die Erde nicht der Mittelpunkt der Welt. Das ist ein Gedanke, der vor ihm bereits von Albert von Sachsen geäußert worden war. Auf spekulativem Wege hatte er den Gedanken einer Erdbewegung und der Erdrotation gewonnen.[208] Da sie nicht der Mittelpunkt ist, ist sie nicht ohne Bewegung. Es gibt auch keine festen Pole des Himmels. Als Mittelpunkt und unendlicher Umfang der Welt bezeichnet Nikolaus Gott, in dem ja alle Gegensätze zusammenfallen.[209] Angesichts der Frage nach der Bewegung der Erde stehen durchaus nicht nur philosophische Spekulationen im Hintergrund, sondern auch Beobachtungen und Erfahrungen. Hat auch, hier hat K. Jaspers recht, Nikolaus selbst »keine empirische Untersuchung methodisch durchgeführt« und allein in De staticis experimentis Methoden des Wägens gefordert, so hat er doch Erfahrungen, Beobachtungen, Phänomene denkerisch verarbeitet. Er gibt keine (naturwissenschaftlichen) Beweise, kann aber Gegenargumente stichhaltig entkräften.

Es ist erstaunlich, wie weit Nikolaus auch auf spekulativem Wege kommt: »Der Bau der Welt ist deshalb so, als hätte sie überall ihren Mittelpunkt und nirgends ihre Peripherie, da ihre Peripherie und ihr Mittelpunkt Gott ist, der überall und nirgends ist. Auch ist diese Erde nicht kugelförmig ..., wenn sie sich auch der Kugelform nähert«. Die Gestalt der Erde »könnte jedoch vollkommener sein«. Aus Beobachtungen (Verfinsterungen) weiß er, daß die Sonne größer ist als die Erde und die Erde größer als der Mond.[210]

»Gott hat bei der Erschaffung der Welt sich der Arithmetik, der Geometrie, der Musik und der Astronomie bedient, Künste, die auch wir anwenden.« Gott hat »in bewunderungswürdiger Ordnung« alles gegründet. Wer »wollte diesen Künstler nicht bewundern« – und so schließt auch das 2. Buch von De docta ignorantia mit einem Lobpreis des Schöpfers; ein Lobpreis, der an die Hymnen Gellerts erinnert.[211]

Nikolaus ging es um eine neue Methodologie der Naturbeobachtung. Er akzeptiert nicht mehr die aristotelische Zweiteilung der Natur zwischen Himmel und Erde; beide koinzidieren.[212]

Gerade die mathematischen und astronomischen Gedanken des Nikolaus haben am Beginn des 19. Jahrhunderts die Aufmerksamkeit auf sich gelenkt. Man sah bei ihm einen neuen Weltbegriff, der zu einem neuen Erkenntnisbegriff führt. »Der Mensch verwirklicht in der schöpferischen Kraft seines Geistes seine Gottebenbildlichkeit« und nähert sich schrittweise der nie erreichbaren Genauigkeit der Wissenschaft. Nikolaus hat den Menschen zur Erforschung auch der Natur herangeführt. Im Entwurf seiner »neuen Meßgesinnung« hat er sich selbst ansatzweise dieser Aufgabe gestellt. Seine mathematischen Schriften sind in diesen Zusammenhang einzuordnen, seine Gedanken über die Quadratur des Kreises (in immerhin elf Schriften, so sehr hat ihn das Problem bewegt!), die sicher noch zaghaften Ansätze zur Infinitesimalrechnung. Wenn er seine Lehre von der coincidentia oppositorum für den Entwurf einer neuen mathematischen Methode nutzbar machen will, so ist das alles darauf gegründet, daß für ihn die Welt Entfaltung Gottes, ja Gott als Vielfalt ist. In der Welt aktualisiert sich der Schöpfer, der Kosmos ist Lob Gottes.[213] Im Bereich der Welt gibt es keine Grenze, innerweltlich ist sie unendlich. Des Menschen Wissen ist und bleibt begrenzt, bleibt »ignorantia«; er ist auf »Mutmaßungen« angewiesen (De coniecturis), aber sein Wissen kann belehrt werden. Der Mensch ist auf Gott angewiesen, aber von ihm mit schöpferischer Kraft ausgestattet und so ein zweiter, geschaffener Gott. Die Welt ist als Schöpfung Abbild Gottes, Abbild des Schöpfers. Gott kann aus ihr erkannt werden. Dazu aber müssen wir sie erst recht erkennen.[214]

Die schrittweise Annäherung an die nie ganz erreichbare absolute Genauigkeit äußert sich bei ihm in der Forderung nach dem Messen. In De staticis experimentis liegt »ein erster Versuch vor, Mathematik und Naturbeobachtung als Instrumente der Naturerkenntnis methodisch zu vereinigen«. Um Körper miteinander vergleichen zu können, fragt er nach ihrem spezifischen Gewicht.[215] Kein Himmelskörper kann, weil er geschaffen ist, eine genaue Kreisbahn beschreiben, also auch die Erde nicht. Der Mensch muß sich aber um ein Meßsystem bemühen, um die Dinge in ihrer Ungenauigkeit annähernd auszumessen. Er spricht von einer »scientia experimentalis«.[216] Er ist der Meinung, der Mensch verfüge in der Mathematik über ein sicheres Wissen, sie wird ihm zum Mittel zur Gottes-, zur Selbst- und zur Welterkenntnis. Die mathematischen Gegenstände haben daher kein selbständiges Sein unabhängig vom menschlichen Geist, sondern sie werden erst von ihm hervorgebracht. Er verhält sich zu ihnen wie ein (der »zweite«) Gott zu seinem Geschöpf. Mathematik ist für ihn ein Instrument des menschlichen Geistes zur Erfassung der Weltstruktur; hier erweist sich seine Schöpferkraft, hier findet er sich selbst. Wenn auch Nikolaus sein Ziel, »aus der Koinzidenz der Gegensätze die Vollendung der Mathematik zu gewinnen«, nicht erreicht, so lernt er doch, »daß die Lösbarkeit eines mathematischen Problems von den zugrundegelegten, selbstgesetzten Prämissen abhängt«.[217]

Sicher, das bleibt festzuhalten, zunächst ist für Nikolaus die Mathematik eine »Dienerin der Theologie«, aber »da uns als Weg zu den göttlichen Dingen nur der Zugang durch Symbole offensteht, ist es recht passend, wenn wir uns wegen ihrer unverrückbaren Sicherheit mathematischer Symbole bedienen.«[218] So wird die Unendlichkeitsmathematik schon bei ihm verwendet. F. Nagel nennt darum als seine »revolutionäre Tat« »die Übertragung des Unendlichkeitsbegriffs von Gott auf das Universum«.[219] Die Welt ist für ihn ein unendliches Beziehungsgefüge, woraus sich für Nikolaus ergibt, daß kein Ding in der Welt einem anderen genau gleichen kann. Daß er die Erde aus dem Mittelpunkt der Welt heraushebt, erschüttert seinen (und überhaupt den christlichen) Glauben nicht. Längst vor Kopernikus hat Nikolaus die Frage nach dem Mittelpunkt der Welt, wie wir schon sahen, radikal gestellt, radikaler als Kopernikus fast einhundert Jahre später. Nikolaus hat die endliche Welt durchbrochen – aus dem Glauben an den unendlichen Gott heraus. Die geschaffene Welt ist Abbild der Unendlichkeit Gottes und darum selbst unendlich. Die Auflösung des geozentrischen, ptolemäischen Weltbildes war nicht die Folge seiner naturwissenschaftlichen Einsicht, sondern seines theologischen Denkens. Er wollte das ptolemäische Weltbild nicht sprengen, sondern vollenden – und trug so gerade zu seiner Überwindung bei. Man wird zusammenfassen können: »Nicolaus Cusanus war kein moderner Naturwissenschaftler, aber sein Denken machte die moderne Naturwissenschaft möglich.« Für ihn stellte »eine auf Einsichtigkeit und Nützlichkeit aufgebaute Naturkunde lebenslang ein Hauptproblem« dar, das darum bei der Behandlung seines Werkes nicht zu kurz kommen darf.[219a]

Anthropologie[220]

De docta ignorantia kommt expressis verbis kaum auf den Menschen zu sprechen. Nur im zweiten Buch, Kapitel 2 (n. 98–104) wird »Das Sein des Geschöpfes hängt in unerkennbarer Weise vom Sein des Ersten ab« behandelt, und im dritten Buch, Kapitel 2 (n. 190–194) und Kapitel 3 (n. 195–202), »Das eingeschränkt Größte ist zugleich das absolut Größte, Schöpfer und Geschöpf« und »Nur in der Natur der Menschheit ist ein Größtes dieser Art am ehesten möglich«. Doch bleibt zu bedenken, daß dabei nur indirekt Aussagen über den Menschen gemacht werden, denn im zweiten Buch geht es ja um die Kosmologie, wie wir sahen, im dritten Buch aber vornehmlich um die Christologie. Trotzdem soll aus dem Text erhoben werden, was Nikolaus über den Menschen sagt.

Das Geschöpf – und das gilt auch vom Menschen – hat Sein, aber abgeleitetes, von seinem Schöpfer abhängiges Sein (ab-esse). Von seinem Schöpfer hat es »seine Einheit, seine abgesonderte Bestimmtheit, seine Verbindung mit dem Universum und seine nach dem Maß seiner Einheit jeweils größere Ähnlichkeit mit Gott.« Aber dem setzt Nikolaus gegenüber: »Die Tatsache dagegen, daß seine Einheit in Vielheit besteht, seine Bestimmtheit in Vermischung, sein Verbundensein mit dem All in Disharmonie, hat es nicht von Gott ...« Nikolaus begreift die Schöpfung als »weder Gott noch Nichts«, als »zwischen Gott und dem Nichts«. Die Schöpfung als Sein Gottes ist Ewigkeit, »insofern sie (also) der Zeit unterworfen ist, ist sie nicht von Gott, der ewig ist.« Bedeutet das nicht aber, daß das Geschöpf etwas nicht von Gott hat? Aber das Sein des Geschöpfes ist nichts anderes als Widerspiegelung des Seins des Schöpfers, die unendliche Form nur in endlicher Weise aufgenommen, »so daß jedes Geschöpf gleichsam eine endliche Unendlichkeit oder ein geschaffener Gott ist, um so auf bestmögliche Weise zu sein«.[221] Weil bei der Schöpfung »kein Gott entstehen konnte, der die Ewigkeit selbst ist, so entstand ein Gott möglichst Ähnliches«. Darum ist »jedes Geschöpf als solches vollkommen«. Der Mensch ist das von Gott gesetzte Ziel der Schöpfung und als Herr eingesetzt, er ist der zweite, geschaffene Gott.

Den zunächst ungeheuerlich klingenden Namen »geschaffener Gott« hat Nikolaus aus dem hermetischen Schrifttum. Als biblische Grundlage wird Psalm 82, 6f. genannt, wo freilich von Gottheiten gesprochen wird, die gerade ihres göttlichen Charakters von dem einen wahren Gott entkleidet werden. Doch sogar Luther hat mit Anlehnung an diese Psalmstelle von den Menschen als Göttern sprechen können.[222]

Nikolaus entfaltet den Gedanken in De coniecturis und bezieht ihn vor allem auf den Menschen als den »zweiten Gott«. Hier wird sicher äußerst gewagt gesprochen, aber Nikolaus verwischt nie den Unterschied von Schöpfung und Geschöpf. Doch wird die Beziehung zwischen Schöpfer und Geschöpf von ihm nicht als coincidentia oppositorum dargestellt.[223] Der Unterschied ist unaufhebbar, auch ein geschaffener Gott ist abhängig, abgeleitet, eben von Gott geschaffen; er ist ein »Mikrokosmos«.

Das Problem des Falls, des Abfalls von seinem Schöpfer, des Aufbegehrens gegen ihn kommt dabei freilich überhaupt nicht in den Blick.

Im dritten Buch geht Nikolaus insoweit über die Aussagen des zweiten Buches in unserem Zusammenhang, also hinsichtlich der Anthropologie, hinaus, als er hier heilsgeschichtliches Denken aufnimmt, das das platonische Einheitsdenken hinsichtlich des Menschen durchbricht und ausdrücklich »die menschliche Natur ... (als) über alle Werke Gottes erhoben« bezeichnet. Wie vielfach auch sonst erscheint hier der Mensch als Mikrokosmos, als kleine Welt (»parvus mundus«).[224] Der Mensch vollendet den Kosmos. In Jesus Christus wird das Ursprüngliche, wozu der Mensch geschaffen war, wiederhergestellt. Die Folgerungen, die Nikolaus hier zieht, werden uns noch im nächsten Kapitel beschäftigen.

Er geht hier über ähnlich klingende Aussagen mittelalterlicher Denker hinaus, als er die Welt des Menschen als seine eigene Welt begreift; er repräsentiert das All des Seienden in seinem Mikrokosmos und ist Modell für das Verständnis der Inkarnation, der Menschwerdung Gottes in Jesus Christus.[225]

Stärker als in De docta ignorantia kommt Nikolaus in anderen Schriften auf den Menschen zu sprechen, vor allem in seinen Predigten. Durch den Menschen ist jedes Geschöpf auf Gott hingeordnet. Der Mensch ist daraufhin geschaffen, daß er Gott erkenne; sein höchstes Gut besteht in der Erkenntnis des Schöpfers, ja, daß er zur Herrlichkeit Gottes gelange und ihn verherrliche. »Naturgemäß lobt alles Geschaffene Gott.« Der Mensch ist ihm ein für Gott empfängliches Bild (»imago capax, capax dei«). In De coniecturis nennt Nikolaus den menschlichen Geist »das hohe Abbild Gottes«, er hat teil »an der Fruchtbarkeit der Schöpferin

Natur«; er ist »die Form der mutmaßlichen Welt, wie die göttliche die Form der realen« Welt ist. »Die Mutmaßungen (gehen) aus unserem Geist hervor.«[226]

»Durch die Rückbindung der menschlichen Selbstvervollkommnung an das göttliche Schöpfungshandeln erfährt jenes eine Erhöhung und Würde, die sonst keinem anderen Geschöpf zuteil wird.«[227] Der Mensch hat teil an der göttlichen Schöpfungskunst.

Besonders in Idiota de mente betont Nikolaus die »höhere Gottähnlichkeit des Menschengeistes unter den Schöpferwerken«, im Menschen existiert das lebendige und einsichtige (intellectualis) Bild Gottes, er ist empfänglich für Gottes Gnade:[228] »Empfänglich für das ewige Leben sind die, die Christus in einem geformten Glauben und durch Werke aufnehmen«, heißt es in der Reformatio generalis, aber mitteilen muß ihnen das ewige Leben Christus.[229]

Gott schenkt dem Menschen ein Einsichtsvermögen, die Vernunft, die sich im Zeitlichen nicht sättigen läßt. »Um Gott zu suchen, bist du in die Welt gekommen.« Menschlich kann man als »Jäger nach der Weisheit« zur Weisheit kommen, zur Erkenntnis seines Wesens. Von Natur aus kann der Mensch Gott in seinem Licht nicht sehen.[230] In Gen 2, 8 sieht Nikolaus in der Einhauchung des Lebensodems die Erschaffung der Geistseele; das geistige Leben stammt nicht aus der Fortpflanzung, sondern wird von Gottes Geist eingegossen.[231]

Wenn vom Ineinsfall von Seele und Leib gesprochen wird, ist keine Identität von Leib und Seele unter sich, sondern an ihre Identität im lebendigen Menschen gedacht – und das ist für Nikolaus ein Gotteswunder, denn der Mensch kann sich in dieser Einheit rational nicht verstehen, ebenso die Tatsache seiner Individualität, daß er von sich »ich« sagen kann.[232]

Es liegt in der Macht seines vernünftigen Geistes, daß der Mensch das Geschenk der Unschuld behalten oder verlieren kann: »Dazu wurde der Mensch mit der Gabe der Unschuld ins Paradies gesetzt, daß er im Gehorsam gegen Gott in Unschuld lebe und schließlich durch die Gnade Gottes zur Schau der göttlichen Herrlichkeit gelange.« Nikolaus sah den ersten Menschen gleich einem Kind in seiner Unschuld.[233]

Das Problem, das Nikolaus beschäftigt, ist weniger die Schuld des Menschen als vielmehr dessen Endlichkeit. Er betont mehrfach, daß der Mensch, ja daß er selbst Sünder ist, aber was diese Sünde ist, worin sie besteht, das sagt er nicht. Sie treibt ihn nicht zum Kreuz Christi.[234]

Nach Haubst kommt Nikolaus etwa dreißigmal, vor allem in seinen Predigten, auf den Sündenfall zu sprechen. Schon in der vierten Predigt heißt es gleich zu Beginn: »Der Mensch ist durch die Sünde der Ureltern aus dem Stande der Unschuld herausgefallen. Und es erhoben sich Dunkelheit im Verstandesvermögen, Habsucht und Begierlichkeit im Wollen.«[235] Im übrigen Schrifttum dagegen kommt Nikolaus kaum auf die Sünde des Menschen zu sprechen, so daß leicht der Anschein entsteht, daß Nikolaus die Sünde des Menschen nicht ernst (genug) genommen habe. Vielmehr glaubt man ein großes Vertrauen auf das erkennen zu können, was in der dem Menschen gegebenen Natur liegt. Nikolaus bejaht den Satz des Protagoras, der Mensch sei das Maß aller Dinge; er ermißt mit seinen Sinnen das Sinnenfällige, Erkennbare. Das hat der Mensch aber nicht von sich selbst, das hat ihm Gott gegeben. Nikolaus betont die schöpferische Selbstentfaltung des Menschen. So braucht der Mensch nach keiner anderen, sondern nur nach der Vollendung der eigenen Natur zu streben.[236] Im Brief an Nikolaus Albergati spricht Nikolaus freilich davon, daß der Mensch wissen und nicht glauben wollte, damit den Gehorsam austrieb, die Unschuld verriet und so durch Anmaßung den Weg des ewigen Lebens verloren hat. Er wollte nicht Gott, er wollte vielmehr sich selbst das Lob geben. Die Anmaßung, aus der Kraft seiner Vernunft emporzusteigen, ist die Sünde, die heute in der Welt regiert.[237] Aber solche Aussagen sind bei Nikolaus nur wenige zu finden.

Nikolaus hat freilich bei allem Optimismus, der sein Denken auszeichnet, »starke Worte gefunden für das peccatum originale, für die verletzte Natur des Menschen«[238]. Er hat, wie oben schon gesagt, das Menschenbild zwar vom platonischen Einheitsdenken her entworfen (es ist insofern »optimistisch«), aber in De docta ignorantia bricht im dritten Buch, im 6. Kapitel, heilsgeschichtliches Denken durch. Hier ist von der Erlösung durch Jesus Christus die Rede. Von uns aus war kein Mensch »in der Lage, sich über sich selbst und über seine ursprunghaft so den Sünden fleischlicher Begierde unterworfene Natur und über seine ursprüngliche Herkunft hinaus zum Ewigen und Himmlischen erheben zu können ...« Und in einer Predigt von 1444 fragt Nikolaus nach der Ursache für den Fall des Menschen in seine Verkrümmung (»Curvitas«). Er beantwortet die Frage so: Der Mensch »suchte durch sein Wissen zu erfahren, um so nicht in Gott, sondern in sich selbst zu ruhen und um wissend zu sein wie Gott. Das ist, daß er in sich eingefaltet den Sabbat habe. Da fiel er usw.« ... »Der Mensch also kann nicht jenes in sich erreichen, was er, wie er verlangt, geistig (unvernünftig) sieht. Und das ist seine Unvollkommenheit und Verkrümmung.«[239] Erinnert das nicht stark an Luthers Ausdruck vom »incurvatus in se«?[240] Nikolaus hat durchaus die Folgen der Erbsünde für die menschliche Natur gesehen, vor allem in seinen Predigten. Gott gewährte dem Menschen die ursprüngliche Gerechtigkeit, aber die ersten Menschen achteten sie gering, verkehrten die anerschaffene Hinordnung auf Gott und trennten sich von ihm, als sie sein Gebot übertraten. Wir wurden durch die Urschuld beschmutzt – und nun zählt Nikolaus unsere Sünden auf. Der Mensch geriet sehr fern von Gott und konnte nicht zu ihm zurückkehren. Das ist nicht pelagianisch gedacht! In Anlehnung an Joh 1, 3 sagt er in seiner ersten Predigt: »So ist ohne das Wort nichts geworden, das ist Sünde.« Das Nichts ist Sünde, hat kein Sein, sonst trüge sie das Bild der Dreieinigkeit.[241] Der junge Nikolaus hat in zwei Weihnachtspredigten das Motiv vom »heiligen Streit«, dem »Rechtsstreit einer frommen Zwietracht« gebracht. Zusammenfassend sei zitiert: »Der Mensch hat gesündigt, der Mensch leiste Sühne. Der Mensch wollte Gott sein; seine Sünde ist also so groß wie Gott; daher sühne der Mensch, der zugleich Gott ist.« Haubst vermutet, daß Nikolaus diese Gedanken von Hugo von St. Viktor hat oder auch (m.E. näherliegend) von Raymundus Lullus.[242] Klingt hier nicht etwas von Luthers »fröhlichem Wechsel und Streit« an? Auf jeden Fall weiß Nikolaus um die Erlösungsbedürftigkeit des Menschen. Und er hütet sich, die Beziehung zwischen dem vergebenden Gott und dem vergebungsbedürftigen Menschen bzw. die Versöhnung selbst als coincidentia oppositorum zu bezeichnen.

Christologie – Soteriologie[243]

Im dritten Buch von De docta ignorantia wird nun Christus als das absolut Größte (Gott) und eingeschränkt Größte (Universum/Mensch) zugleich dargestellt. Auf dem Hintergrund der Spekulation über Gott als den Größten weist die Welt als eingeschränkt Größtes ein Defizit an Einheit auf. In Jesus Christus fallen Gott und Welt, absolut und eingeschränkt Größtes, zusammen in der hypostatischen Union, in den zwei Naturen, der göttlichen und der menschlichen, in der einen Person des Gottmenschen. Grundlage der Darstellung im dritten Buch sind die »Glaubensmysterien«, die Nikolaus aber immer wieder ins Philosophisch-Allgemeine wendet. Man hat, nicht zu Unrecht, De docta ignorantia als »christozentrischen Entwurf« überhaupt bezeichnet.[244]

Die Welt schöpft die Größe Gottes nicht aus (n. 185), aber in Jesus Christus fallen wie das Kleinste und Größte, so Gott und Mensch zusammen: »Man müßte nämlich dieses So-Beschaffene in der Weise als

Gott denken, daß es auch Geschöpf ist, in der Weise als Geschöpf, daß es auch Schöpfer ist, als Schöpfer und Geschöpf also ohne Vermischung und ohne Zusammensetzung.«[245]

In De visione dei freilich verwahrt sich Nikolaus davor, Jesus sei ein »Ineinsfall von Geschöpf und Schöpfer auf eine Weise, in der der Ineinsfall das eine zum anderen macht. Denn die menschliche Natur ist nicht göttlich, noch ist es umgekehrt.«[246] In Jesus Christus nimmt Gott als der Schöpfer das geschaffene Menschsein in sich auf und so ist in größtmöglichem Maße Gott und Mensch vereint.[247]

Jetzt beginnt Nikolaus, die neutestamentliche Offenbarung aufzunehmen. An sich ist seine Theologie durchaus mit Bibelzitaten getränkt, aber sie stellen »dicta probantia« dar, Belegstellen für etwas, was oftmals nicht aus der Heiligen Schrift genommen und entwickelt worden ist. Man könnte seine Theologie schon eine »Philosophische Theologie« weithin nennen. Hier nun aber geht Nikolaus von der Heiligen Schrift aus. In Jesus Christus ruht die Menschheit in der Gottheit als Grundlage und gewinnt so die vollkommenste Menschheit, denn Ähnliches wird von Ähnlichem gezeugt. Er, als der größte Mensch, kann nicht auf natürlichem Wege gezeugt worden sein, aber auch »nicht völlig des Ursprungs der Art entbehren, deren höchste Vollendung er ist«; er ist also z.T. auf menschliche Weise hervorgegangen, weil er Mensch ist. In ihm hat sich der Schöpfer mit dem Geschöpf vereint »ohne Zweifel notwendig aus dem Heiligen Geist, der absolut Liebe ist«.[248] Ganz ähnlich heißt es in De visione dei: »Die menschliche Sohnschaft ist in dir, Jesus, weil du der Menschensohn bist, der göttlichen Sohnschaft aufs innigste geeint.«[249]

Geboren werden mußte er durch eine jungfräuliche Geburt, seine jungfräuliche Geburt mußte frei sein von allem, »was sowohl der Reinheit als auch der Auszeichnung und zugleich der Einmaligkeit einer so ausgezeichneten Geburt im Wege stehen konnte«. Nikolaus preist Marias »unbefleckte Jungfräulichkeit vor der Geburt, in der Geburt und nach der Geburt«,[250] ohne daß er – und hier ist er wieder ganz Kind seiner Zeit, ihrer Theologie und ihrer Frömmigkeit – merken würde, daß gerade durch solche Prämissen das Gegensätzliche, das in Jesus Christus zusammenfällt, Gottheit und Menschheit, entschärft wird. Das Bild der jungfräulichen Mutter Maria hat Nikolaus in vielen Predigten entfaltet. In der Cribratio Alkorani betont er: »Die Art und Weise der Menschwerdung des Wortes übersteigt den menschlichen Verstand. Aber das Evangelium sagt: ›Das Wort ward Fleisch‹, so mußt du das glauben, wenn du dem Evangelium glaubst; und das genügt: Ich glaube, daß Maria die

Mutter Christi ist und daß Christus das in der Jungfrau fleischgewordene Wort Gottes ist; auf diese Weise hat Gott gewirkt.«[251]

Als Mensch konnte er seitens der jungfräulichen Mutter nur zeitlich, vom göttlichen Vater her nur ewig sein. Wie schon oben angedeutet, bricht nun, wo Nikolaus vom »Geheimnis des Todes Jesu Christi« spricht (»jenes unaussprechliche Geheimnis des Kreuzes unserer Erlösung«),[252] heilsgeschichtliches Denken durch. Keiner war aus eigener Kraft in der Lage, sich über sich selbst und über seine den Sünden unterworfene Natur zu erheben – als eben allein der vom Himmel herabgestiegene Jesus Christus. In ihm wird »die menschliche Natur durch die Einheit mit der göttlichen zur höchsten Möglichkeit erhoben«.

Man könnte an dieser Stelle vermuten, daß Nikolaus nicht von einer »Communicatio idiomatum« spricht, also davon, daß die göttliche Natur der menschlichen Anteil gibt an ihren Eigenschaften und umgekehrt. Denn er betont ja, daß Jesus Christus seiner Göttlichkeit zufolge überall ist. Erst Luther spricht dann von der Allgegenwart der mit der göttlichen Natur vereinigten menschlichen Natur Christi. Aber in Predigt 17 ist deutlich von der »communicatio idiomatum« die Rede, freilich auch hier nicht ausdrücklich von einer Ubiquität der menschlichen Natur Christi. In De visione dei wiederum scheint er die »communicatio idiomatum« abzulehnen: »Du bist (auch) kein Ineinsfall vom Geschöpf und Schöpfer auf eine Weise, in der der Ineinsfall das eine zum anderen macht. Denn die menschliche Natur ist nicht göttlich, noch ist es umgekehrt. Die göttliche Natur kann nämlich nicht in eine andere Natur verwandelt oder verändert werden ...« Aber in der Auffassung von der »communicatio idiomatum« geht es nicht um Verwandlung, sondern um Anteilgabe. Davon ist hier aber deutlich die Rede: »An der göttlichen Natur kann nichts teilhaben ...« Eine wechselseitige »communicatio idiomatum« lehrt Nikolaus also nicht.[253]

»Um unsertwegen« (propter nos) nahm Christus den schimpflichen und grausamen Kreuzestod auf sich, »damit alle Menschen ... in ihm die Reinigung von allen ihren Sünden erführen«, sein Menschsein hat »die gesamten Mängel aller Menschen behoben«. »Unsere Rechtfertigung besteht also nicht aus uns, sondern aus Christus. ... Da wir ihn in diesem Leben durch einen geformten Glauben erreichen, können wir nicht anders, als durch diesen Glauben gerechtfertigt werden.«[254] Und dann heißt es wieder typisch spätmittelalterlich: Wie in Jesus Christus die Tugenden in höchstem Maße wohnten, kann nun der erlöste Mensch in ihnen aufsteigen; je mehr er in ihnen aufsteigt, desto ähnlicher wird er Christus (»Christo similior«).

Dann kommt Nikolaus auf die Auferstehung zu sprechen. Der Mensch Christus (so!) war leidensfähig und sterblich und konnte als solcher nur zur Herrlichkeit des unsterblich-vollkommenen Vaters kommen, indem das Sterbliche Unsterblichkeit annahm. Das konnte nur durch den Tod geschehen, in ihm legte er seine Sterblichkeit ab. So brachte er »viel Frucht« (Joh 12, 24). Es war schon ein Theologumenon der alten Kirche, daß Gott nicht leiden könne.

Das zeitlich Geborene war dem Tode ausgesetzt, so daß die jenseits der Zeit liegende Wahrheit des Menschseins nicht mehr dem Tode unterworfen ist. Vor ihm konnte keiner auferstehen, aber da in ihm die menschliche Natur Unsterblichkeit anzog, »werden alle Menschen, wenn das gesamte zeitlicher Vergänglichkeit unterliegende Geschehen aufhört, durch ihn auferstehen, um in Ewigkeit unvergänglich zu sein«.[255]

Nikolaus bekennt hier, daß er die Muslime und Juden nicht versteht, die »an eine künftige allgemeine Auferstehung glauben, aber die Ermöglichung durch den Menschen, der auch Gott ist, nicht zulassen«. Er hält alle für verblendet, die an die Auferstehung glauben, aber »Christus als Mittler ihrer Möglichkeit leugnen«.[256]

Als der, der die Gerechtigkeit selbst ist, ist Jesus Christus ein gerechter Richter. Aber den Richterspruch wird der Sterbliche nicht verstehen, da ihm Vergleiche fehlen. Interessant ist in diesem Zusammenhang der Satz: »Zwischen Spruch und Vollstreckung gibt es auch kein zeitliches Auseinanderfallen, vielmehr geschieht dies in einem Augenblick ...« Ist das nur ein erneutes Abweisen der dem Laktanz (frühes 4. Jahrhundert) zugeschriebenen und sowohl von Augustin als auch von Thomas von Aquin bereits abgewiesenen Meinung, der Gerichtstag dauere tausend Jahre, oder wird hier, was für das Spätmittelalter doch recht verwunderlich wäre (denn hier war 1274 der Glaube an das Fegefeuer dogmatisch festgelegt worden), der Gedanke an ein Fegefeuer überhaupt abgewiesen? Jedenfalls wird es in diesem Zusammenhang nicht erwähnt. In seinen Predigten ist freilich die traditionelle Fegefeuerlehre nachzuweisen.[257]

Das Gericht hat einen doppelten Ausgang. Für die einen bedeutet es ewiges Leben, um »das ersehnte unveränderliche Ewige zu erfassen«, für die anderen den ewigen Tod, d.h., sie sind »von jenem unveränderlichen Ersehntem getrennt und in das Chaos der Verwirrung gestürzt«. Hier fallen bei Nikolaus wieder platonische und christliche Gedanken zusammen, aber auch solche von einem protologischen (vorzeitlichen) und eschatologischen (endzeitlichen) Chaos, dem Ungeformten vor der

Schöpfung und nach dem Gericht, in das die Verdammten geworfen werden. Es fällt in diesem Zusammenhang auf, daß Nikolaus weder die Strafen der Verdammten noch das ewige Leben der Seligen in der Herrlichkeit bei Gott ausmalt, was doch sonst, zumindest in der Verkündigung des Spätmittelalters, gang und gäbe war. Der Gedanke, die Verdammnis bestehe darin, nicht zur Gottesschau zu gelangen, hält Nikolaus zeitlebens durch. In De docta ignorantia ist die ewige Strafe »ein Leben, das Tod ist; es ist ein Sein, das Nichtsein ist; es ist ein Erkennen, das Nichtwissen ist«.[258]

Der seit Anselm von Canterbury (11./12. Jahrhundert) immer wieder vorherrschende Gedanke, das Geheimnis Gottes verständlich machen zu wollen (»Warum Gott Mensch wurde«), liegt Nikolaus fern. Es ist Gottes Wille, der unser Heil will. Die Notwendigkeit dazu ist unserem Verstand entzogen. Er betont, es wäre töricht, weiter danach zu forschen. Er fragt darum auch nicht, warum Gott ist, sondern warum die Welt ist.

Ich kann darum Senger nicht ganz folgen, der »die Wissenschaftlichkeit von Buch III eingeschränkt« sieht, weil »seine Aussagen nur auf der Grundlage der Inspiration möglich sind«.[259] Damit ist zwar nichts über und gar gegen die Bedeutsamkeit von De docta ignorantia III gesagt, aber Senger urteilt doch vom Standpunkt des Philosophen. Freilich weist er selbst darauf hin, man würde Buch III verkennen, würde man es lediglich als »theologischen Annex ansehen«. Genau das tut Ley; nach seiner Meinung »befriedigt (Nikolaus) in einigen Kapiteln das Bedürfnis des Glaubens nach seinen gewohnten Gestalten«. Das kann nur sagen, wer nicht im Glauben steht.[260] Mir scheint dagegen Buch III gerade das Ziel aller Überlegungen, Gipfel der Gedanken um die coincidentia oppositorum zu sein. Es ist »keineswegs nur erbaulicher Abschluß des Werkes. Es erweist sich vielmehr als der Schlüssel für das Gesamtverständnis.«[261] Der Vergleich mit seinen Predigten, die Haubst so ausführlich dazu ausgewertet hat, läßt m.E. gar keinen anderen Gedanken zu. Nikolaus hebt doch hervor, daß der Mensch Ziel und Krone der Schöpfung ist, insofern seine Vollendung und das Ziel des Menschen in Gott liegen. Da der Mensch gefallen ist, kam ihm »der Heiland voller Erbarmen zu Hilfe«. Die Beziehung zwischen dem verzeihenden Gott und dem versöhnten Menschen wird bei ihm nirgends als coincidentia oppositorum hingestellt. Das wäre zu rational gedacht. Denn auf die Frage, ob Christus auch Mensch geworden wäre, wenn Adam nicht gesündigt hätte, gibt er, wohl bewußt, keine Antwort. Nikolaus hält sich an den Grundsatz der belehrten Unwissenheit; die Unwissenheit wird nicht über alles belehrt. Wenn er in seinen späteren Schriften nach immer neuen, passenderen Gottesnamen sucht, so entspricht das nicht nur philosophischem Spekulieren, sondern ist zugleich christologisch bedingt. Nikolaus sehnt sich nach der Gottesschau und weiß, daß er nur bis zur »Mauer der Koinzidenz« gelangen kann. Jenseits der coincidentia oppositorum, jenseits dieser Mauer erst kann Gott gesehen werden, jenseits der Mauer erst ist er unverhüllt zu finden. Aber dahin gelangt der Mensch, der die Verbindung mit Jesus Christus eingeht; diese Verbindung ist so innig, daß sie Kindschaft (filiatio) genannt werden kann. Jesus Christus ist der höchste Sohn, der uns die Sohnschaft (filiatio) und darin höchste Glückseligkeit und Vollendung gibt. Gott hat seinen Sohn in die Welt gesandt, um den Menschen zu sich zu ziehen. Für Nikolaus ist Jesus Christus als der menschgewordene Gottessohn »Erfüllung des göttlichen Schöpfungsplanes«.[262]

Ihn, Gott Vater und Sohn, zu sehen, bedeutet, im Paradies, jenseits also der Mauer, zu sein. Es fällt auf, daß Nikolaus in vielen seiner Schriften hymnisch redet; in De docta ignorantia beendet er alle Teile mit je einem hymnischen Gebet, De visione dei ist nach einer Einleitung ein einziges hymnisches Gebet, von da an nämlich, wo der betrachtende Bruder zum Anblick der Christus-Ikone aufgefordert wird.

Angesichts der Christologie des Nikolaus bewahrheitet sich: »Die Koinzidenzlehre aber ist nicht eine Folge der cusanischen Erkenntnistheorie, sondern umgekehrt, weil Gott so ist, darum ist nur diese Form des Erkennens möglich.«[263] Die Christologie des Nikolaus kann nicht als nur (neu-) platonisch bezeichnet werden; trotz nicht zu leugnender Einflüsse von daher ist sie christlich. »Gott offenbart sich im menschgewordenen Sohn nicht mehr nur in Andersheit, sondern als er selbst; das Absolute als solches ist konkret geworden, ... in ihm (wird) das wahre Sein des Geschaffenen offenbar.«[264]

Was das für den Menschen bedeutet, soll im nächsten Kapitel deutlich werden, wobei wir die soteriologischen Gedankengänge weiterführen.

Rechtfertigung

In diesem und dem nächsten Kapitel soll zwei Gedankengängen Aufmerksamkeit geschenkt werden, die durchaus auch heute besondere Beachtung verdienen und die bisher weithin zu wenig aufgegriffen worden sind – einmal die Rechtfertigung des Sünders, einmal die Gotteskindschaft und Gottesschau.

Natürlich finden wir bei Nikolaus keine entfaltete Rechtfertigungslehre, wie etwa seine Gotteslehre oder seine Christologie entfaltet ist. Aber er kommt erstaunlich oft in seinen Schriften auf dieses Thema ausdrücklich zu sprechen. »Unsere Rechtfertigung besteht also nicht aus uns, sondern aus Christus. Da er alle Fülle ist, erreichen wir in ihm alles, wenn wir ihn haben. Da wir ihn in diesem Leben durch einen geformten Glauben erreichen, können wir nicht anders als durch den Glauben selbst gerechtfertigt werden.«[265] Dieser Glaube muß »über, jenseits des Verstandes« (supra rationem) durch den geformten Glauben dem Mittler anhängen, um zu Gott-Vater zu kommen. Der Glaube muß durch die einende Liebe vollendet sein, nur in der Liebe kann er der größte sein. Diese Liebe ist hier Liebe zu Jesus Christus: Weil er das ewige Leben ist, kann er nicht ungeliebt bleiben. »Denn ein Glaube ohne Liebe ist kein lebendiger Glaube, sondern ein toter, ja eigentlich gar kein Glaube.« Die Liebe als Form des Glaubens gibt ihm wahres Sein, ist Kennzeichen wahren Glaubens. Wenn ich hier richtig sehe, ist damit nicht (oder nur indirekt) die Nächstenliebe, die sich in guten Werken äußert, gemeint. Von guten Werken ist hier überhaupt nicht die Rede. Es ist vielmehr die Liebe zu Christus gemeint, die Liebe, die ihm antwortet, die ihn über alles im Leben setzt: »Wenn also um Christi willen alles hintangesetzt wird, wenn Leib und Seele im Vergleich zu ihm für nichts erachtet werden, so ist das Kennzeichen des größten Glaubens.« Und dieser Glaube macht den Menschen christusförmig (»vis, quae hominem Christiformem efficit«).[266] Die Liebe ist also gestaltgewordener Glaube.

In De venatione sapientiae sagt Nikolaus: »Wir selbst werden unserem Mittler gleichgestaltet (conformes), das geschieht durch Glaube und Liebe.«[267] Weiterhin finden wir in seinem Schrifttum ähnliche Aussagen, vor allem auch schon in seinen früheren Predigten. Der Glaube verherrlicht Jesus Christus: »Es verherrlichen ihn jene, die mit geformten Glauben an seinen Namen glauben.« In seiner vierten Predigt ist von den »Werken des Glaubens« die Rede, die »unsere Sache« sind. In dieser Predigt ist die typische Lehre von der »fides caritate formata« zu greifen: »Aus diesem Grunde wird dazu, daß jemand aus dem Glauben leben könne, gefordert, daß es durch Liebe geformter Glaube sei und kein toter, da Glaube ohne Werke tot ist wie der Leib ohne den Geist. Das Werk des Glaubens geschieht nämlich durch die Liebe.« Diese Predigt des jungen Nikolaus ist ganz traditionell.[268]

Gegenüber dem Koran betont Nikolaus: »Christi Kreuzigung ist die

Erhöhung und Verherrlichung desselben Christus und die Rechtfertigung der Christen und das Leben und die Auferstehung aller Menschen.« Und im Zusammenhang mit Aussagen über Abraham als Vater des Glaubens sagt er: »Denn er glaubte ›Gott und das wurde ihm zur Gerechtigkeit angerechnet‹. Ebenso werden alle, die an Gott glauben, auf gleiche Weise wie der Vater Abraham, durch den Glauben gerechtfertigt.«[269]

Diese Aussagen über die Christusförmigkeit und die Rechtfertigung aus dem Glauben in der Cribratio Alkorani muß nun gesehen werden auf dem Hintergrund der Aussagen von De pace fidei. Ist in den Kapiteln 13–15 davon die Rede, daß der Mensch nur durch Christus die Auferstehung und das ewige Leben erlangen kann, so geht es in Kapitel 16 um die Rechtfertigung durch den Glauben. Nikolaus spricht darüber im Zusammenhang mit der Frage nach der Möglichkeit verschiedener Riten in der einen Religion. Interessanterweise ist der Gesprächspartner des fragenden Tartaren Paulus. Der Gedankengang des Dialogs ist nun folgender: Die verschiedenen Riten sollen nicht verwirren, sie sind »sinnliche Zeichen« der Glaubenswahrheiten. Die Zeichen können verändert werden, aber nicht das, was sie bezeichnen. »Das Heil der Seele wird nicht auf Grund der Werke, sondern aus dem Glauben gewährt. Abraham, der Vater des Glaubens aller Glaubenden – seien sie Christen, Araber oder Juden –, glaubte Gott und dieser Glaube wurde ihm als Gerechtigkeit angerechnet. Die Seele des Gerechten aber wird das ewige Leben erben.« Da Gott aus seiner Freigebigkeit und Gnade etwas verspricht, muß man doch ihn, der mächtig ist, alles zu geben, und der wahrhaftig ist, glauben. Glaubte man nicht, wäre man unwürdig, irgendeine Gnade zu erlangen. So rechtfertigen nicht Verdienste, denn sonst wäre das Gegebene nicht Gnade, sondern etwas Geschuldetes. Im Angesicht Gottes wird keiner auf Grund seiner Werke gerechtfertigt, sondern durch Gnade. Notwendig ist der Glaube, um das Verheißene zu erlangen. Gott versprach Abraham einen Sohn. Und weil er glaubte, bekam er den Sohn. Und als er ihn töten sollte, gehorchte Abraham, er glaubte aber nicht weniger, daß die Verheißung auch am toten Sohn, der dazu auferweckt werden müßte, sich erfüllen werde. Daraus erkannte Gott Abrahams großen Glauben. Daraufhin wurde er gerechtfertigt und die Verheißung in dem einen Nachkommen, der durch Isaak von ihm abstammte, erfüllt. Dieser Nachkomme ist Christus. In ihm erlangen alle Völker den göttlichen Segen, das Höchste, was man ersehnen kann, das ewige Leben. Uns hat Gott in Jesus Christus diesen Segen der ewigen Glückseligkeit verheißen. Darum ist es nötig, daß wir ebenso wie Abraham an Gott glauben, damit wir so wie Abraham gerechtfertigt werden, die Verheißung in Jesus Christus erlangen. Nur dieser Glaube rechtfertigt zur Erlangung des ewigen Lebens. ... Dieser Glaube ist für das Heil notwendig. Ohne ihn wird niemand gerettet. Auf die Frage, ob dieser Glaube genügt, antwortet »Paulus«: Ohne Glaube ist es unmöglich, Gott zu gefallen. Es muß jedoch ein gestalteter, geformter Glaube sein (fides formata), denn ohne Werke ist er tot. Paulus weist auf die Gebote: Wenn man Gott glaubt, hält man seine Gebote. Und die Liebe ist des Gesetzes Erfüllung und alle Gesetze werden auf sie zurückgeführt.[270]

In seinem Brief an Nikolaus Albergati, seinem »Vermächtnis«, führt er aus: »Wer nicht Christus, den wahren Sohn der Jungfrau Maria, bekennt als Gottes eingeborenen Sohn, und wer ihn nicht als solchen in ganz festem Glauben empfängt, der hat nicht den geformten Glauben (fidem formatam), daß der sterbliche Mensch zu der Unsterblichkeit gelangen kann, die Gott allein von Natur zukommt.«[271]

Wenn man das liest, versteht man schon, daß Johannes Kymeus, der in der Reformationszeit u.a. diese Schrift De pace fidei ins Deutsche übersetzte, 1538 dazu sagt: »Das in Sachen, unser Iustification belangen, der Cardinal Cusanus dem Babst zu wider und an vielen örten unserm Evangelio gemes« geschrieben hat bzw. als Randglossen »sola fides iustificet«, »Cusa ist auch hie ein Lutheraner« oder »... wo des Babsts Cardinal mit uns die warheit bekennet.«[272] Sicher interpretiert Kymeus die Aussagen des Nikolaus auf die lutherische Rechtfertigungslehre hin, aber Klibansky ist zu widersprechen, wenn er sagt, daß Kymeus »die eigentliche Botschaft des Cusanus völlig aus den Augen gelassen, im Gegenteil, sie verworfen« hat, denn Nikolaus hat, nicht nur in De pace fidei, eindeutige Aussagen über die Rechtfertigung geschrieben. Freilich hat Klibansky recht, daß es sich bei Nikolaus um den geformten, gestalteten Glauben handelt. Es fällt jedoch auf, daß Nikolaus zumeist von der »fides formata«, nicht aber von der »fides caritate formata« spricht. Das kann natürlich Abkürzung sein, denn es kann auch nicht bestritten werden, daß Nikolaus diesen durch die Liebe geformten Glauben zumeist meint, doch scheint mir dies deutlich zu werden, daß die Werke von ihm als Folge und nicht als Bedingung des Glaubens gesehen werden: »Ohne Glaube ist es unmöglich, Gott zu gefallen. Es muß jedoch ein geformter Glaube sein; denn ohne Werke ist er tot.«[273] Bei Nikolaus stehen da, wo er von der Rechtfertigung spricht, der Glaube und nicht die Werke im Mittelpunkt, aber der Glaube ist ein geformter Glaube. Das ist gewiß keine lutherische Rechtfertigungslehre (gegen Kymeus), aber das Abrahambeispiel in De pace fidei, die Hervorhebung des Sinns und der Heilsfrucht des Kreuzestodes Christi sprechen eine Sprache, die m.E. nicht mehr einfach als rein traditionell-spätmittelalterlich angesehen werden kann. Ich finde auch die Kritik von A. Peters an Nikolaus, daß »der Evangeliumscharakter der Christusbotschaft sowie die Heilsdimension des lebendigen Christenglaubens« in De pace fidei nicht klar heraustreten, nicht ganz gerecht.[274] Sicher, wie Luther spricht Nikolaus nicht, aber im Dialog zwischen dem Tartaren und Paulus treten doch der Heilscharakter des rechtfertigenden Glaubens klar zutage: »Nur dieser Glaube rechtfertigt zur Erlangung des eigenen Lebens.« Das ist doch der Glaube an Jesus Christus. Was Peters in De pace fidei vermißt, wird an anderer Stelle, vor allem in seinen Predigten, gesagt.

Weiter als in De pace fidei geht Nikolaus in seiner Reformatio generalis sechs Jahre später.[275] Es sei das einzige Gebot des Vaters, an seinen Sohn zu glauben. Dieser Glaube schenkt alle Heiligkeit, Gerechtigkeit, Seligkeit; »keiner ist gerechtfertigt, außer er hat ihn gerechtfertigt im Verdienst seines Todes« (»... quod nemo iustificatur nisi quem ipse in merito mortis suae iustificaverit«); »der kann mit dem Apostel sagen, er wisse nichts als Christus, und zwar den Gekreuzigten, indem er das höchste und vollkommenste Wissen erreicht, nämlich den Glauben, durch den der Gerechte lebt. ... Aus Gnade sind wir berufen zur Erbschaft. Diese können wir nur durch die Gerechtigkeit auf Grund der Verdienste Christi erlangen.« In einer Predigt von 1445 sagt Nikolaus: »Christus ist der Glaube, der selig macht.« Ist das die fides formata, also ein von Christus geformter Glaube? Der römisch-katholische Theologe E. Iserloh jedenfalls resümiert: »Klarer kann man wohl die Rechtfertigung aus dem Glauben und schärfer die Absage an die Werkgerechtigkeit nicht formulieren!«[276] Aber das darf wiederum nicht verabsolutiert werden. In einer Predigt kann er wiederum 1451 (zu Matth 22, 14) sagen: »Berufung also erwählt (noch) nicht aus. Zwischen Berufung und Erwählung steht ein Zeitraum. Gott, der alles zugleich sieht, wählt aus auf Grund der dazwischen liegenden Werke.«[277]

In diesem Zusammenhang ist auch an die Mariologie des Nikolaus zu erinnern. Wo er auf Maria zu sprechen kommt, wird sie wegen ihres Sohnes gepriesen. »Alle Marienfeste sind christologisch und theozentrisch.« Wird Maria gepriesen, wird sie um ihres Sohnes willen gepriesen.[278] Haubst spricht geradezu vom »mariologischen Prinzip«.[279] Es ist Gnade, wenn sich Gott dem Menschen zuwendet. Das gilt auch Maria gegenüber: »Sie ist die Konkretisierung der den Menschen von Gott angebotenen und gegebenen Gnade.« Das hätte Luther so auch sagen können, man denke an seine Magnificat-Auslegung von der Wartburg 1521.

Maria ist für Nikolaus »Wegweiserin zu Christus«, er nennt sie betont »mater humilis« (niedrige Mutter), »die Mutter aller, die sich selbst erkennen«. Sie ist nur deshalb »virgo gloriosa«, weil sie »mater humilis« ist. Nikolaus läßt in einer Predigt von 1446 Maria sagen: »Wem seine Sünden ekelhafter Schmutz sind, der ist gesund.« Weier nennt diese Worte »katholische Formulierung des ›simul iustus et peccator‹«. Von Maria liest Nikolaus ab, was für jeden Christen gilt: »Das ist unsere Gerechtigkeit, die wir aus uns nicht gerechtfertigt werden können, nämlich daß wir Gott glauben.« Und er folgert daraus: Jesus ist Sohn eines jeden Glaubenden! »In ihm werden wir gerechtfertigt, in ihm werden wir heil, in ihm leben und bewegen wir uns.«[280]

Taufe und Abendmahl sind für Nikolaus heilsnotwendig; »die Taufe ist das Sakrament des Glaubens. Wer nämlich glaubt, in Christus Jesus eine gewisse (aliquam) Rechtfertigung erlangen zu können, glaubt damit die Vergebung der Sünden durch ihn«; sie ist »das Bekenntnis des Glaubens im sakramentalen Zeichen«, von Christus eingesetzt.[281] (Daß die Äußerung »Bekenntnis dieses Glaubens« nicht im Sinne von Karl Barth oder als »Pflichtzeichen« im Sinne von Zwingli zu sehen ist, wird aus dem Folgenden deutlich werden.) Der Armenier, Gesprächspartner des Paulus im 17. Kapitel von De pace fidei, sagt: »Es scheint nötig, dieses Sakrament anzunehmen, da es zum Heilsnotwendigen gehört.« Und Paulus fährt fort: »Der Glaube ist für die Erwachsenen (heils-) notwendig, ohne das Sakrament können sie nur gerettet werden, wenn sie es nicht empfangen können. Wo sie es aber empfangen können, kann man die nicht als Gläubige bezeichnen, die sich nicht durch das Sakrament der Wiedergeburt als solche zeigen wollen ...« Nikolaus erwartet, daß Juden und Muslime ihm zustimmen, daß auch die Kinder getauft werden, da sie ja selbst die Beschneidung üben.

In Kapitel 18 disputiert – bezeichnenderweise – Paulus mit den Böhmen über das Abendmahl. Die Sakramente kommen in den Schriften des Nikolaus verhältnismäßig selten vor – und dann zumeist recht traditionell. Mit den Böhmen hat sich Nikolaus mehrfach wegen des Laienkelchs auseinandergesetzt, so daß dazu mehrere Schriften von ihm vorliegen.

In De usu communionis betont er, daß die geistige Gemeinschaft mit Christus heilsentscheidend sei. Die Heilsnotwendigkeit des Lebens in Christus »geht der aller Sakramente voraus«. Nicht entscheidend sei darum, ob das Erlangen der Christusgemeinschaft als Glauben, als Eingliederung in seinen Leib oder als geistliche Erquickung bezeichnet wird. Das klingt »protestantisch«, ist aber auf dem Hintergrund der (durch die Scholastik geprägten) augustinischen Lehre von der geistlichen Kommunion zu sehen. Nur bei ihr schenkt sich Christus als Brot des Lebens. Ausgeführt hat dies Nikolaus in einer Auslegung von Joh 6, 26–72. Statt der realistischen Aussagen, die Humbert 1059 Berengar beschwören ließ (»... dentibus atteri«, mit den Zähnen zerbeißen), spricht Nikolaus davon, daß die geistige Speise mit den »geistigen Zähnen intellectus, memoria und affectus« aufgenommen und geistig inkorporiert wird. Grundsätzlicher über die eucharistische Speise spricht Nikolaus in einer Predigt. Da bezeichnet er Jesus Christus als »unser Brot«, »um unseres Heiles willen« uns gegeben. Dieses »Brot« ist uns ins Herz zur Speise des Lebens gegeben. Nikolaus nennt nicht nur das Abendmahlsbrot als »Brot«, sondern auch die Worte Christi; er spricht von der »Speise des göttlichen Wortes«. Christusbegegnung ereignet sich sowohl im Wort als auch im Sakrament.[282]

In De pace fidei spricht Nikolaus davon, daß »die Christen die Darbringung von Brot und Wein als Sakrament der Eucharistie nicht aufgeben können, da dieses Sakrament von Christus eingesetzt ist«. Er spricht im Zusammenhang der Eucharistie auch von dem Brauch der Opfer bei anderen Nationen bzw. Religionen. Die Eucharistie ist also für ihn ein Opfer, aber welches es ist, führt er nicht aus. Er spricht von der Umwandlung (conversio; das Wort transsubstantiatio fällt im gleichen Kapitel) des Brotes in das Fleisch Christi und des Weines in sein Blut: »Dieses Sakrament stellt nichts anderes dar, als daß wir aus Gnade in Christus Jesus, ähnlich wie wir in dieser Welt durch Brot und Wein erquickt werden, die Erquickung des ewigen Lebens erlangen.« Christus ist »die Speise des Geistes«; wir empfangen ihn unter den Gestalten, die den Leib speisen. »Durch den Glauben« möchten alle gläubigen Menschen (schon) »in dieser Welt jene Speise kosten ..., die in Wahrheit die Speise unseres Lebens in der anderen Welt sein wird.« Das Wort Gottes führt uns aus dem Elend dieser Welt zur Kindschaft Gottes, und es wandelt nach Christi Anordnung Brot in Fleisch um. Die Glaubensnotwendigkeit (fidei necessitas; Haubst übersetzt: Glaubens-Logik) verlangt, dies zu glauben. Durch den Geist ist die Umwandlung leicht erfaßbar, der allein auf das »Daß« der Substanz, nicht auf ihr »Was« schaut. Die Verwandlung ist »spiritualis«, geistig, nicht sinnlich erfaßbar; das Sakrament wird uns bildlich dargestellt. Zum Heil unbedingt nötig ist es nicht: »Zum Heil genügt es, zu glauben und so die Speise des Lebens zu essen.« Also das geistliche, nicht unbedingt das mündliche Essen ist heilsnotwendig. Wenn ein Glaubender sich für unwürdig hält, zum Abendmahl zu gehen, »ist diese Demut eher zu loben«. Dies ist im Sinne der

Abstinenz von der Kommunion im Spätmittelalter zu sehen, wo Laien immer häufiger der Kommunion selbst aus Sorge um ihre Unwürdigkeit fernblieben. Die Riten können in einer jeden Region angeordnet werden, aber bei unterschiedlichen Riten muß der Friede im Glauben unversehrt fortbestehen. Das ist eine deutliche Anspielung auf die Frage des Kelchentzugs bei den Hussiten, genauer bei den Utraquisten. Hier hatte ja Nikolaus den Laienkelch ihnen konzidieren wollen.[283]

In einer Predigt zum Passionssonntag 1454[284] führt Nikolaus aus, daß das priesterliche Wort kraft des Glaubens das sinnenfällige Wort in das dem Wort des Lebens geeinte Fleisch wandelt; so wandelt Christi Wort, wenn es geistig aufgenommen und bewahrt wird, ein Geschöpf zur Einigung mit dem Wort des Lebens. Was der Priester am Altar sakramental wirkt, tut der Prediger in Wahrheit. Die Materie des Brotes gehorcht ohne weiteres dem Priester (»conficiens«), die Materie des Wortes, die vernunftbegabte Seele, dem Prediger (»evangelisans«) aber nicht. Ein Priester konsekriert so gut wie der andere, aber nur bewährte Männer dürfen das Evangelium verkündigen; der eine wirkt fruchtbarer als der andere, die Predigt verlangt einen höheren Einsatz! Solche »protestantischen« Sätze überraschen denn doch im 15. Jahrhundert, sind freilich auf dem Hintergrund der mangelhaften Bildung vieler Priester damals und der oft höheren etwa mancher Bettelmönche verständlich. Das in der Schrift und in der viva vox evangelii, im verkündigten Evangelium, dargereichte Brot des Wortes Gottes wird im Hörenden heilswirksam, wenn er sich ihm zuwendet und es geistig ißt. Genau dasselbe gilt vom Abendmahl: In ihm ist Christi Leib und Blut nicht nur symbolisiert (significatur), sondern wahrhaft enthalten unter zweierlei Gestalten kraft der priesterlichen Konsekration. Sie geschieht durch die Verlängerung der gesprochenen Form, vom Herrn eingesetzt, über Brot und Wein. Darin wird Christus uns zur Speise angeboten. Wer sie würdig und nicht nur sakramental (d.h. hier äußerlich mit dem Munde) empfängt, sondern im Glauben und in der Liebe geistig in sich aufnimmt, wird dem mystischen Leib Christi (der Kirche) mehr und mehr einverleibt, in sich selbst erquicket und gereinigt. Im Brief an Nikolaus Albergati definiert Nikolaus das Abendmahl so: »Die Eucharistie ... ist das Sakrament der Einverleibung mit Christus, dem Sohne Gottes.« (»Eucharistia ... est incorporationis cum Christo dei filio sacramentum.«)[285] Formal gesehen, haben wir hier eine »orthodoxe« Abendmahlslehre der spätmittelalterlichen Kirche vor uns, aber wie es gewertet wird und wie vor allem über die Predigt gesprochen wird, war so doch nicht Allgemeingut des Spätmittelalters.

Eine ausgeführte Lehre von Taufe und Abendmahl ist das nicht – und kann es dem Anlaß der Schrift De pace fidei nach auch nicht sein. Aber verschiedene Hinweise in anderen Schriften werden hier doch systematisch zusammengefaßt. Die Tiefe der in der Reformationszeit siebzig, achtzig Jahre später in den Auseinandersetzungen um die Taufe (Kindertaufe, Wiedertaufe) und das Abendmahl (sakramentale Einung von Brot und Wein mit Christi Leib und Blut, Essen der Ungläubigen usw.) gewonnene Erkenntnisse bei Nikolaus suchen zu wollen, wäre anachronistisch. Sicher stehen die Gnadenmittel (über die übrigen Sakramente mit Ausnahme des Bußsakraments handelt er im 19. Kapitel von De pace fidei sehr kurz) nicht im Mittelpunkt seiner Lehren. Wo er aber auf die Gnadenmittel zu sprechen kommt, betont er zweifellos besonders das Wort in seiner doppelten Bedeutung, als das in Jesus Christus fleischgewordene Wort und als das gepredigte Wort. Hier schlug sein Herz. Nur wenige Theologen des 15. Jahrhunderts, vor allem wenige auch nur annähernd so gebildete Theologen wie er, haben sich so leidenschaftlich der Predigt verschrieben gehabt wie er. Es wurde schon erwähnt, daß etwa 300 Predigtmanuskripte von ihm erhalten sind, wobei sie sicher kaum dann so auch vorgetragen worden sein können. Zweifellos war er aber einer der großen Prediger seiner Zeit!

Interessant bleibt auch, daß Nikolaus immer wieder den Glauben betont und – typisch für das Spätmittelalter – dazu rät, aus Demut lieber das Abendmahl zu entbehren, lieber die Gabe zu glauben, als sie mit dem Munde zu empfangen.

Gotteskindschaft, Gottesschau[286]

Man kann Nikolaus kaum einen »Mystiker« im strengen Sinne des Wortes nennen, von eigenen Visionen weiß er nichts zu berichten, doch haben ihn mystische Themen immer beschäftigt. Das gilt im ganzen positiven Sinne. Man wird also Nikolaus nicht gerecht, wenn man diese Komponente seines Denkens und Glaubens übergeht. Ja, »Mystische Theologie« ist für ihn die Vollendung der »docta ignorantia«; sie »führt zur Leere und zum Schweigen, wo die uns gewährte Schau des unschaubaren Gottes ist.«[287]

Außer an seine Predigten ist hier vor allem an folgende Schriften zu denken: De quaerendo deum, Idiota de sapientia, De visione dei – und im gewissen Sinne auch an De apice theoriae. Allen diesen Schriften gemeinsam ist dies, daß sie keinen Bruch zum sonstigen cusanischen Schrifttum darstellen, darum fällt es auch schwer anzugeben, wo mystische Gedankengänge vorkommen und wo nicht. Wenn wir von »seinem Prinzip« der »regula doctae ignorantiae« ausgehen, die der »coincidentia oppositorum« nachgeht, sind wir da nicht schon mehr oder weniger bei mystischen Gedankengängen, jedenfalls eher als bei rein erkenntnistheoretischen? Schon in der sog. Deutschen Mystik wird die Erkenntnis Gottes, die visio beatifica, mystisch gesucht (Dietrich von Freiberg, Meister Eckhart). Stellen diese Gedanken nicht eine Erkenntniskritik der menschlichen Vernunft dar?[288]

Gottes Unendlichkeit ist die coincidentia oppositorum, in ihr fällt alles zusammen. Sicher, die Gefahr besteht, daß hier die Grenze zwischen Schöpfer und Geschöpf aufgehoben wird (das gerade ist »mystisch«). Aber Nikolaus weiß um die »Mauer der Koinzidenz«, die der Mensch von sich aus nicht überschreiten kann. In seinem De docta ignorantia III abschließenden Schreiben an Kardinal Julian Cesarini spricht Nikolaus davon, daß man in den tiefen Geheimnissen alles Bemühens unseres menschlichen Geistes verweilen muß, um sich zu jener Einfachheit zu erheben, in der die Gegensätze zusammenfallen.[289] »In wachsendem Glauben wurde mir Jesus der Herr immer erhabener im Denken und in der Zuneigung. Kein Christgläubiger kann ja bestreiten, daß er auf diesem Wege in seinem Verlangen nicht mehr entflammt würde, so daß er nach langen Meditationen und nach langem Aufstieg den süßesten Jesus als den allein liebenswerten erschaut, freudig alles aufgibt und ihn umfängt als das wahre Leben und die ewige Freude. Wer so auf Jesus zugeht, dem gelingt alles, und keinerlei Schriften können ihm Schwierigkeiten bereiten noch diese Welt, weil er in Jesus umgewandelt wird kraft des Geistes Christi, der in dem wohnt, der das Ziel geistigen Verlangens ist.« Die Einigung von Gott und Mensch ist in Christus so innig, daß sie inniger nicht gedacht werden kann.[290] Nikolaus sieht – typisch mystischer Gedanke! – die höchste Glückseligkeit in der fruitio dei, im »Genuß Gottes« bzw. im »Genuß Jesu«, das Verlangen nach ihm läßt nie nach. Ihn ewig genießen zu können ist des Christen höchstes Glück![291]

An sich verstehen wir unter Mystik das Streben, sich mit Gott zu vereinigen. Dieses Streben kennt viele sehr unterschiedliche Wege. Es kann sich in Visionen, ja Ekstasen äußern. Oft erscheint die Mystik als ein Weg »von unten«, als ein Streben des Menschen, Gott zu schauen. Umgekehrt lehrt später etwa die altlutherische Orthodoxie die »unio mystica« als Werk des Heiligen Geistes, wodurch der Mensch gerechtfertigt in innigster Liebe mit Gott, mit Jesus Christus, mit dem Dreieinigen Gott vereinigt wird, etwa im hl. Abendmahl als Gabe Christi an den Menschen, als Einwohnung Christi im Menschen, als Wiederherstellung des göttlichen Ebenbildes im Menschen durch die Gnadenmittel.

Nikolaus redet nicht von Visionen, die ihm zuteil geworden wären, auch zeigt er nirgends Wege dorthin. Man könnte, wie gesagt – und hier hat er von der Deutschen Mystik, indirekt vielleicht von Dietrich von Freiberg, sicher aber von Meister Eckhart gelernt -[292], seine Mystik eine erkenntnistheoretische Mystik nennen. In De visione dei gibt er eingangs so etwas wie eine Definition seines Verständnisses von Mystik: »Dabei bete ich vor allem anderen, daß sich mir das Wort von oben und die allmächtige Rede schenke, die allein sich selbst eröffnen kann, damit ich entsprechend eurer Fassungskraft das Wunderbare darlegen kann, das sich über jedes sinnliche, verstandesmäßige und einsichthafte Sehen hinaus offenbart. Näherhin werde ich versuchen, euch auf die einfachste und allgemein verständlichste Weise auf dem Wege der Erfahrung (experimentaliter) in die allerheiligste Dunkelheit hineinzugeleiten. Wenn ihr dort seid und die Gegenwart des unzugänglichen Lichtes fühlt, möge jeder von sich aus versuchen, sich auf die Weise, die ihm von Gott gewährt wird, immer mehr zu nähern und dabei wie in einer ganz köstlichen Probe jenes Mahl der ewigen Glückseligkeit vorauszukosten, zu dem wir berufen sind im ›Wort des Lebens‹ durch das Evangelium Christi, der allezeit gepriesen sei.«[293] De visione dei ist den Tegernseer Mönchen gewidmet, die sich an ihn gewandt hatten mit der Bitte, sie über strittige Fragen hinsichtlich der mystischen Theologie zu belehren. Seit längerem verband Nikolaus mit den Mönchen eine enge Freundschaft.

Nikolaus will seine Meinung auf Grund von Pseudo-Dionysius darlegen, nichtwissend zur mystischen Theologie emporzusteigen: »Der docta ignorantia zeigt sich der Gott, der wirklich die vorausgehende Wahrheit jeder coincidentia oppositorum und der Unendliche ist.«[294] Er bringt »sein ureigenstes philosophisches Denken mit dem Prinzip der docta ignorantia und der coincidentia oppositorum für Fragen einer Theologie der Mystik mit ein.«[295]

Der Blick auf den unendlichen Gott hat letztlich in Gott selbst seinen Urheber. Das wird daran deutlich, daß Nikolaus in seiner Schrift von der Ikone »Allwissendes Auge« ausgeht. Eine Kopie dieses Bildes schenkt er den Tegernseer Mönchen. Der, der sie betrachtet, muß annehmen, nur er werde allein von ihm angeschaut, denn von jedem Ort der Betrachtung hat man diesen Eindruck.[296] Gott wird »theos« genannt, weil er alles sieht.[297] Er blickt mich an, und »weil das Auge dort ruht, wo die Liebe ist, erfahre ich mithin, daß du mich liebst, weil deine Augen mit größter

Aufmerksamkeit auf mir ... ruhen. Dein Sehen ist Lieben ...« Jetzt schaue ich im Spiegel, in der Ikone das ewige Leben, denn dieses ist nichts anders als selige Schau.[298] Gott, der »unsichtbare Gott«, kann nur gesehen werden, wo er es gewährt, daß er gesehen wird. Und er ist bereit, sich allen zu zeigen, die ihn suchen. Sein Angesicht ist das wahrste Urbild aller Angesichte, die absolute Schönheit. (Mir fällt hier die Nähe zur östlichen Orthodoxie auf, die Gottes Schönheit vielfach preist.)[299]

In väterlicher Liebe umfaßt Gott alle seine Kinder und jedes einzelne. Sein Vatersein ist sein Schauen. Seine Vaterliebe zu uns kommt unserer Sohnesliebe zu ihm voraus. Nur bei ihm sind wir Kinder, ohne ihn leben wir nicht in eigener Machtvollkommenheit, sondern in unheilvoller Knechtschaft. Aber als seine Kinder entläßt er uns in die geschenkte Freiheit, in der wir aber nicht von ihm gelöst, sondern vielmehr mit ihm verbunden sind. Er ruft uns zurück, damit wir zurückkehren. Nikolaus erinnert hier an Jesu Gleichnis vom verlorenen Sohn, Lk 15, 11–32, ohne aber die »Sünde« der Trennung näher in den Blick zu nehmen.[300]

In seinem Blick ist Gottes Wesen; Gott eröffnet mir den Weg des Zugangs zu ihm. Ich muß die Wahrheit dort suchen, wo Unmöglichkeit begegnet, die coincidentia oppositorum jenseits des Fassungsvermögens meines Verstandes. Da habe ich »den Ort gefunden, an dem Du unverhüllt gefunden werden kannst. Er ist vom Ineinsfall der Gegensätze umgeben. Er ist die Mauer des Paradieses, in dem Du wohnst. Seine Pforte bewacht der höchste Geist des Verstandes. Wird dieser nicht besiegt, wird der Zugang nicht offen sein. Jenseits also des Ineinsfalls der Gegensätze wirst Du gesehen werden können, keineswegs diesseits.«[301] Das ist die Schlüsselstelle für De visione dei, für die mystische Theologie des Nikolaus. Vorausgesetzt werden muß aber, was aus dem Eingang der Schrift zitiert wurde. Mystik ist für ihn »Enthüllung von Wunderbarem jenseits des sinnlichen, verstandesmäßigen und vernunftmäßigen Sehens, eine Enthüllung, die sich in heiligster Dunkelheit vollziehe und zu der er experimentaliter hinzuführen beabsichtige« (Haug nach De visione dei).[302] Sein Philosophieren bzw. Theologisieren ist das Medium dieser Hinführung; das Wort ist der Weg. Gottes Zuwendung zum Menschen geht immer unserer Zuwendung zu ihm voraus. Die mystische Sprache des Menschen ist Antwort auf Gottes Ansprache des Menschen. Die Antwort des Menschen auf die Zuwendung Gottes ist die Fähigkeit zum Ähnlichwerden (similitudo). Dabei muß die ratio überwunden werden. Nikolaus nennt sie den »höchsten Geist des Verstandes«. »Wird dieser nicht besiegt, wird der Zugang nicht offen sein.«[303] Die ratio ist also das Tor in der Mauer der Koinzidenz.

Flasch hat sich stark gegen den Gebrauch des Wortes »Mystik« auch an dieser Stelle gewehrt. Er meint, was Nikolaus als mystische Theologie bezeichne, sei weder »Mystik« noch »Theologie«, seine Koinzidenzlehre sei vielmehr »Einheitsmetaphysik«. Mit ihr versuche Nikolaus zu verdeutlichen, was er mit seiner Koinzidenzlehre wolle, nicht um die Abschaffung des Widerspruchsprinzips ginge es ihm, sondern um eine Metaphysik, »die sich als Einsicht in die Möglichkeitsbedingungen des Verstandes, also transzendental versteht«[304]. Aber so rein erkenntnistheoretisch kann ich Nikolaus nicht verstehen. Gott ist immer nur verhüllt zu erkennen. Der Mensch kann aber von Gott dazu geführt werden, ihn zu erkennen und ihm ähnlich zu werden, ihn zu fassen (»capacitas«). Sicher ist der Mensch, der denkt, für Gott ein Lobgesang, wie Nikolaus in De venatione sapientiae sehr schön sagt, aber die Mauer der Koinzidenz als coincidentia contrariororum im menschlichen Geist selbst liegend zu sehen, dem vermag ich nicht ganz zu folgen.[305]

»Die Mauer ist aber jener Ineinsfall, wo das Spätere mit dem Früheren ineinsfällt, wo das Ende mit dem Anfang ineinsfällt, wo Alpha und Omega dasselbe sind.«[306] Immer wieder bittet er Gott um seinen Beistand, »damit ich Dich jenseits des Ineinsfalls von Einfaltung und Ausfaltung finde«[307].

Der unsichtbare Gott wird nicht sichtbar, wie er an sich ist, sondern in seiner Schöpfung; aber auch dort nicht an sich, sondern »insoweit, als sie Dich sieht«.[308] Er weiß, keiner kann von sich aus die Mauer der Koinzidenz übersteigen, kein »ingenium« kann sie mit eigener Kraft ersteigen.

Der Mensch, der Gott als »aufnehmbaren Gott« aufnimmt, also Jesus Christus, geht eine Verbindung mit ihm ein, die »wegen ihrer Innigkeit den Namen der Kindschaft erhalten kann«. Diese Sohnschaft in Jesus Christus ist vollkommen, durch sie »können alle Kinder höchste Glückseligkeit und Vollendung erlangen«. Wer Gott, die liebenswerte Liebe, also Jesus Christus, in sich aufnimmt, erlangt mit Gott eine Einung, wie der Sohn mit dem Vater geeint ist.[309] »Gott, den Vater, und Dich, Jesus, seinen Sohn, zu sehen, bedeutet also, im Paradies zu sein und in immerwährender Herrlichkeit.« In Jesus Christus wird der unsichtbare Gott dem sichtbar, der durch Jesus Christus gewürdigt wird, ihn zu sehen. Jesus Christus bringt jeden Seligen zur Einung mit Gott.[310] Da es vom Endlichen zum Unendlichen kein Verhältnis gibt, ist Jesus Christus keine coincidentia oppositorum in dem Sinne, daß das eine zum anderen wird. Die menschliche Natur ist nicht göttlich und umgekehrt. Jesus Christus vermittelt nicht zwischen beiden. Sicher ist Jesus Christus »nicht zusammengesetzt aus Gott und Mensch«, aber er ist beides, »das menschgewordene Wort Gottes und der gottgewordene Mensch«, was kritisch gegen Nikolaus vorzubringen ist aus der Sicht der Lehre von der »communicatio idiomatum«, der Gemeinschaft der Eigenschaften.[311]

Einsicht muß sich im Glauben Gottes Wort unterwerfen und ganz darauf hören. Fast möchte man wieder annehmen, an der Schwelle zur Reformation zu stehen, aber auch vor Luther wurde sogar das »sola scriptura« gelehrt (und ist erst – antireformatorisch – durch das Tridentinum abgewiesen worden).[312] Nikolaus jedenfalls hebt hervor, Jesus habe gepredigt, »daß der Glaube für jeden notwendig ist, der an die Quelle des Lebens herantreten will«. Nur Glaube und Liebe hat er gelehrt; »durch den Glauben tritt die Einsicht zum Wort hinzu, durch die Liebe wird sie ihm geeint.« Der Glaube wird durch das Wort vermehrt. Und so kann Nikolaus bekennen: »Dir, Jesus, sage ich Dank dafür, daß ich in Deinem Licht soweit gelangt bin ..., wie Du, das Wort, allen Glaubenden das Leben eingibst, und alle, die Dich lieben, vollendest.« »Du leitest zu nichts als zum Glauben an, und Du gebietest nichts, außer zu lieben. Was ist leichter, als Gott zu glauben? Was ist beglückender, als Ihn zu lieben?« Solche Sätze machen m.E. deutlich, daß es Nikolaus zuletzt doch nicht darum geht, daß die Mauer der Koinzidenz als coincidentia contrariororum im menschlichen Geist liegt.[313]

Abschließend – und das dürfte für das Verständnis der Aussage vom Menschen als dem »zweiten Gott« wichtig sein – betont Nikolaus die Einmaligkeit Jesu als »das äußerste und vollkommenste Ähnlich-Bild (similitudo) des nichtmultiplizierbaren Gottes. Nur *ein* solches höchstes Bild könne es geben. Alle anderen einsichthaften Geister aber sind nur durch die Vermittlung dieses Geistes Ähnlich-Bilder; und je vollkommener sie sind, desto ähnlicher sind sie ihm. E. Bohnenstaedt trifft das gut, was Nikolaus meint, wenn sie zu dieser Stelle sagt, Christus sei nach Nikolaus »das wirkliche Bild Gottes, sein Selbstporträt«.[314]

Fast wieder mit augustinischen Worten endet Nikolaus seine Schrift: »Ziehe mich, Herr – denn niemand kann zu Dir kommen, wenn er nicht von Dir gezogen wird –, damit ich, von Dir herangezogen, von dieser Welt befreit und Dir, dem absoluten Gott, in der Ewigkeit des Lebens in Herrlichkeit verbunden werde.«[315]

Mit Alois M. Haas wird man resümieren dürfen: »›Mystische Theologie‹ ist für Cusanus ein allgemein zugängliches menschliches Phänomen, das über sehr konkrete Denk- und Erfahrungsmodelle aufzuweisen ist«; allgemein zugänglich insofern, als mystische Erfahrungen keine Voraussetzung für sie darstellen.[316] Man wird auch sagen können: »Die cusanische Erkenntnislehre trägt von vornherein mystischen Charakter«, aber das trifft auch schon auf Meister Eckhart oder Dietrich von Freiberg mit seiner Schrift »De visione beatifica« zu.[317] De visione Dei meint zunächst das Sehen, das von Gott ausgeht, der Titel ist also in erster Linie ein Genetivus subjectivus: »Ich sehe Gott nur, weil er mich immer und je schon im Auge hat.«[318] Im Grunde ist für Nikolaus Glauben schon ein Schauen und eine Befriedigung des Verstandes.

In den vier Idiota-Büchern ist der »Laie«, der Einfältige, Figur der Unmittelbarkeit, der eigentlichen Weisheit, der docta ignorantia, »kritische Idealgestalt der neuen Frömmigkeit«, Sprecher der »Nachfolgefrömmigkeit«, nur verstehbar auf dem Hintergrund der »Devotio moderna« als Ausdruck einer Laientheologie. Der Laie, der Einfältige belehrt den Gelehrten, den Scholasticus, den Rhetor in der Unmittelbarkeit der mystischen Erfahrung. Diese Theologie, die der Einfältige vermittelt, ist die eigentliche Theologie. Die höchste Erkenntnis, die docta ignorantia, ist im Grunde jedem Gläubigen zugänglich. Nicht das ist Weisheit, was durch den Verstand zu begreifen ist, sondern »die nicht ausgehende Speise des Lebens, von der unser Geist ewig lebt« und die »helle Weisheit kostet«.[319] Diese Laientheologie ist belehrt vom Heiligen Geist und denkt ursprünglich (im wahrsten Sinne des Wortes); sie hinterfragt die Erscheinungen des Lebens. Der Einfältige liest aus Gottes Büchern, die überall zu finden sind. Er erkennt, Gott ist *vor* allem und *hinter* allem, protologisch und eschatologisch. Der Einfältige nennt seine Theologie »sermocinalis«, also eine an die Rede gebundene Theologie, in der Gott sich im Logos, im Wort, mitteilt; eine Theologie, die durch die Wortbedeutung zu Gott führen will. Das ist »manuduktorisch« und zugleich »mystische« Sprache, von Nikolaus in seinem Prinzip der »docta ignorantia« zur Methode gemacht. Weisheit ist »inneres Schmecken«, ein Schmecken der Gegenwart, der Vereinigung mit Gott, ist Ausdruck des sonst auch »frui deo« (Gott genießen) genannten Phänomens (»gloriosa fruitio veritatis«).[320]

Die Verbindung zum Abendmahl ist, schon von dem auf das Abendmahl gedeuteten Psalms 33 her, deutlich. Mystik kann durchaus kirchliche Frömmigkeit sein, gebunden an den Gottesdienst, vor allem eben an das Abendmahl. Mystik ist an das Mysterium und an die Erfahrung Gottes gebunden. Die unio mystica, die Einung des Gläubigen mit Christus im Abendmahl, hat später die altlutherische Abendmahlslehre geprägt und ist in den seinerzeitigen Abendmahlsliedern ebenso wie in Kantaten J.S. Bachs deutlich zu spüren. R. Steiger weist auf die Kantaten BWV 162 und 180 hin.[321] Christus eint sich mit mir, wenn ich unter Brot und Wein seinen Leib und sein Blut empfange. Uns erscheint die »barokke« Sprache der Mystik oft fremd, aber sie ist Ausdruck des glaubenden Erkennens, glaubenden Erfahrens. Es würde sich darüber hinaus sicher lohnen, über die Idiota-Schriften im Hinblick auf das »Priestertum aller Gläubigen« nachzudenken. Es bleibt schon erstaunlich, daß ein eben zum Kardinal erhobener Kirchenfürst und hochspekulativer Theologe ausgerechnet diese Bücher schreibt.

Ekklesiologie

Im dritten Buch De docta ignorantia ist die Lehre über die Kirche der Lehre über Christus angefügt, »damit nichts dem Werke fehle«.[322] Es fällt zweierlei auf: Hier ist gar nicht so sehr von der Kirche als vielmehr von Glaube und Liebe die Rede, und es geht hier erstaunlich wenig von seiner ersten großen Schrift De concordantia catholica ein.

Wichtig ist und bleibt Nikolaus schon in De docta ignorantia, daß Jesus Christus der Mittler zwischen Gott und Menschen ist.[323] Deshalb gehört die Ekklesiologie zur Christologie, weil Menschen in der Kirche die Mittlerschaft Jesu Christi erfahren. Ebenso wichtig ist aber für Nikolaus – und dies hält er in seinem Konsensdenken allezeit durch –, daß Kirche »Einung« (unio) ist – als Kirche in der Welt (ecclesia militans), als Kirche in der Welt Gottes (ecclesia triumphans). Als solche ist sie unio omnium unionum, Einung der gottförmig gewordenen Menschen und der Engel mit dem Gottmenschen Jesus Christus. In ihr koinzidieren die Gottheit und Menschheit Jesu Christi ebenso wie die ecclesia triumphans mit Christus.[324] In ihr wird auch das Universum vollendet, das in seiner vornehmsten Natur, im Menschen, vergöttlicht wird (Christiformis, Christo similior, deus secundus).[325] Kirche ist für Nikolaus in Christus eingebunden und zugleich Entfaltung seiner Gnade, sie ist »Gemeinschaft der vielen im Einen (congregatio multorum in uno), gleichwie die vielen Glieder an dem einen Körper sind, aber ein jedes an seiner Stelle ist.«[326] Ganz deutlich steht hier die paulinische Leib-Christi-Typologie im Hintergrund. Auf Erden ist die Kirche wandernde Kirche (»peregrinamur«) mit der Rangordnung der Gläubigen (»remanente ordine credentium«). Bei der Auferstehung in Christus werden wir aus der streitenden, wandernden Kirche entlassen in die Kirche der Triumphierenden und auch dort unseren Rang einnehmen (»in ordine suo«, vgl. 1 Kor 15, 23). In der Ewigkeit können wir die Wahrheit erfassen, erkennen. Dann gehören wir zur triumphierenden Kirche, wo Gott gepriesen wird. In der triumphierenden Kirche findet sich »die Einheit von Gottheit und Menschheit in Jesus und die Einung der Gottheit Jesu mit den Seligen«. Durch die Einheit der (koinzidierten) Naturen Christi »ist die Einung der Kirche das, was sie ist«. Beide koinzidieren: die Kirche mit der hypostatischen Union der Naturen in Christus, und die Einung der Naturen mit Gott und so ist sie die absolute Einung, Gott bzw. Heiliger Geist. In ihm ist die Kirche in ewiger Ruhe vollkommen.[327] Daß der Heilige Geist unio absoluta ist, findet sich im cusanischen Schrifttum nur an dieser Stelle.

War ihm auch erst auf der Rückfahrt von Konstantinopel die Erleuchtung der docta ignorantia zuteil geworden, so war schon fünf Jahre vorher in De concordantia catholica der Grundgedanke des consensus zum Ausdruck gekommen. Von hier aus ist auch, wie schon bemerkt, sein kirchenpolitischer Wechsel vom Konziliaristen zum Kurialisten zu verstehen. Der Spottname »Herkules der Eugenianer«, den er sich dabei eingehandelt hat, trifft insofern Nikolaus zu Recht, als er von seiner Erkenntnis des »consensus omnium«, der Übereinstimmung aller, versucht, zur »concordantia catholica«, zur allumfassenden Zustimmung zu kommen. Zuerst hatte er gemeint, sie sei durch das Konzil zu erreichen. Da es sich zerredete, sah er schließlich die concordantia catholica nicht mehr durch das Konzil, sondern nur durch den Papst erreichbar. Auch durch diesen Frontenwechsel blieb seine Grundüberzeugung dieselbe.

In De concordantia catholica will Nikolaus zwei an sich sich widersprechende Positionen in Übereinstimmung bringen. Die irdische Gesellschaft besteht aus Kirche und Reich und ist Teil der kosmischen Ordnung. Ihre hierarchische Dreierstruktur kommt symbolhaft auch in der irdischen Ordnung vor – anthropologisch: Geist – Seele – Leib, ekklesiologisch: Kirchenvolk – Priestertum – Sakramente – und ist irdischer Ausdruck der göttlichen Trinität. Die Dreierstruktur befruchtet sich gegenseitig. Nikolaus verknüpft damit die kanonistisch entwickelte Lehre vom consensus omnium, derzufolge der Willensentscheid aller für die Gesellschaft konstitutiv ist. Wohl muß dieser sich durch das Mehrheitsprinzip ausdrücken, aber doch den Konsensus in hierarchischen Strukturen organisch, zusammenhängend, aufeinander bezogen verwirklichen.[328]

Der Papst – kein universaler Bischof, der über anderen steht – ist eingebunden und kann nicht über das die Kirche repräsentierende Konzil hinweg regieren. Aber die Kirche wiederum und das sie repräsentierende Konzil kann nur unter Einschluß der päpstlichen Autorität in hierarchischer Abstufung handeln. Nikolaus erstrebt also durchaus eine Konkordanz zwischen Konzil und Papst. Ähnlich übrigens drängt er (im dritten Buch) auf eine kaiserliche Exekutive, die aber ebenso von den Ständen und den sie Repräsentierenden abgedeckt sein muß, also nicht Kaiser über den Ständen oder umgekehrt, sondern »consensus omnium«! Da das Konzil zu Basel immer weniger Teilnehmer aufwies und damit den consensus omnium nicht mehr repräsentierte, wechselte Nikolaus die Seiten und wurde zum Kurialisten oder Papalisten. Seiner Meinung nach war dessen Anspruch, die Kirche zu vertreten (wie dies das Konstanzer Konzil mit seinem Dekret »Haec sancta« festgelegt hatte) zunehmend unglaubwürdig geworden. Da sich das Basler Konzil gegen den Papst stellte (in Wahrheit freilich hatte der ursprünglich konzilsfreudige Gabriele Condulmaro als Papst Eugen IV. sich durch Aufforderung zur Verlegung und gar Auflösung gegen das Konzil gestellt!), habe es seine Daseinsberechtigung verloren. Nikolaus erkennt die Irrtumslosigkeit der Konzile an, »die die Zustimmung der Gesamtkirche in heilsnotwendigen Fragen gefunden haben«, aber nicht nur das Konzil, auch der Papst muß seine Zustimmung gegeben haben.[329] Nikolaus sah aber im Basler Konzil, das sich gegen den Papst stellte, eine »destructio ecclesiae«, während der Papst dadurch, daß er 1438/39 die Union mit den Griechen habe herbeiführen können, seine »einheitsstiftende Kraft«, seine »potestas in aedificationem« (Kraft zur Auferbauung) bewiesen habe. Seiner Meinung nach ging es dem Basler Konzil nicht mehr um die Reform der Kirche, sondern um die Unterwerfung des Papstes unter die Autorität des Konzils, also nicht mehr um den consensus omnium, den er nach wie vor konsequent verfocht.[330]

Für seine Konsenslehre maßgeblich war der Satz, der in der 29. regula iuris des Papstes Bonifaz VIII. stand: »Was alle angeht, muß von allen gebilligt werden« (quod omnes tangit, ab omnibus comprobari debet). Darum ging es ihm eben auch in den Unionsverhandlungen mit den Griechen oder in den Verhandlungen mit den Hussiten.

Als päpstlicher Legat hat sich Nikolaus aktiv um die Gewinnung der sich lange Zeit im Streit zwischen dem Basler Konzil und dem Papst neutral verhaltenden deutschen Nation bemüht, die Anerkennung Papst Eugens IV. auf dem Reichstag zu Aschaffenburg 1447 erreicht und zum Abschluß des Wiener Konkordats von 1448 entscheidend beigetragen.[331] Dafür bekam er bekanntlich den Kardinalshut.

Seine spätere Legationsreise nach Deutschland (1451) zur Verkündung des päpstlichen Jubiläumsablasses sah er als Versöhnungswerk, nicht bloß als äußerliche Geste, um alle Gläubigen unter der päpstlichen Autorität wieder zu vereinigen, sondern auch durch geistliche, innere Umkehr zu Gott zu vereinen. Dem waren vor allem seine Predigten gewidmet.

Auch bei seinem kirchenpolitischen Seitenwechsel blieb Nikolaus seinem Konsensdenken insofern treu, als er noch in seiner Reformatio generalis konziliare Elemente, etwa ein beständiges Konzil der Kardinäle im kleinen, das den Papst beraten soll und mit ihm verbunden ist wie ein Haupt mit seinen Gliedern, aufnahm. Schon 1433 hatte er sich in De maioritate auctoritatis sacrorum conciliorum supra auctoritatem papae für ein Patriarchalkonzil aller Patriarchate unter dem römischen Patriarchat ausgesprochen. Konsequenterweise waren für ihn die Konzile des Mittelalters römische Patriarchalkonzile, aber keine ökumenischen Konzile! Nur dies aber repräsentiert die ganze Kirche und empfängt seine Gewalt von Christus.

Nikolaus versteht also die Kirche als göttliche Institution in hierarchischer Abstufung. Sie spiegelt die Ordnung eines gestuften Weges von Gott zum Geschöpf und zurück zu Gott wider. Papst und Bischöfe bzw. das Konzil stehen gemeinsam an der Spitze der Kirche, sind aber hinsichtlich ihrer Leitungsgewalt unterschieden. Seit 1438 erkannte er im Papst das sichtbare Haupt der Kirche.[332]

Er sieht in der Verbreitung des Glaubens das Kriterium für die wahre katholische Kirche; die Verbindung mit Rom ist Kriterium ihrer Orthodoxie.[333]

Nikolaus hat seinen Kirchenbegriff auch in aktuellen Situationen angewandt.[334] So hat er zunächst vergeblich versucht, die Hussiten wieder mit der Kirche Roms zu vereinen unter dem Zugeständnis des Laienkelchs, zugleich aber unter der Forderung, sich um der Einheit im Glauben willen Rom zu unterstellen. Schon hier hält er die »una religio in varietatem rituum« für möglich. Diese Gedanken entwickelt er ja dann ausführlich 1453 in De pace fidei. Unter dem Eindruck der (letztlich gescheiterten) Union mit den Griechen 1438/39 und dem Fall von Konstantinopel 1453 wurde er zum »Künder eines auf Konkordanz beruhenden ›Friedens im Glauben‹«,[335] den er in der Lehre von der Einheit in der Vielfalt für verwirklichbar hielt: »... im Namen aller den einen Glauben annehmen und auf diesem einen ewigen Frieden aufbauen, damit in Frieden der Schöpfer aller gepriesen werde.«[336] Hinter dieser Friedensschrift stehen sicher auch die kirchenpolitischen Erfahrungen des Nikolaus, vor allem aber doch wohl seine Frömmigkeit, seine Sehnsucht. Er sieht in der varietas rituum, der Verschiedenheit der Riten, die göttliche

Ordnung unterstrichen insofern, als sie nur eine Entfaltung der una religio darstellt. Er sieht einen Wesenskern, einen Grundbestandteil in allen Religionen, der sich nicht nur irdisch in der Verschiedenheit der Riten entfaltet, sondern auch in der Einheit eschatologisch einfaltend vollendet.[337]

Wie überhaupt sein Konsensdenken von Raymundus Lullus geprägt oder doch zumindest beeinflußt ist, so auch seine Gedanken über den Frieden im Glauben.[338] Beiden gemeinsam ist die Bemühung um den Islam. Sowohl die Muslime als auch die Juden möchte er von der Vernünftigkeit des trinitarischen Gottesglaubens und der Inkarnation des Gottessohnes überzeugen. Er glaubt, der Dreieine Gott sei auch im Koran implizit bekannt, ebenso die Gottheit Jesu.[339]

Nikolaus kann die »una religio« nicht in einem Synkretismus verwirklicht sehen, sondern er geht eindeutig vom christlichen Glauben aus. Zu ihm möchte er alle Religionen hinführen.

Wie das Konkordanzdenken Nikolaus überhaupt bestimmt, so auch in seiner Ekklesiologie und – darüber hinaus, aber doch mit ihr in engem Zusammenhang stehend – in der Frage der Reichsreform. »Reform ist das politische Anliegen des Cusanus.«[340] In De concordantia catholica weist er auf die Mißstände in der Ordnung des Reiches hin und formuliert anschließend Vorschläge für eine Reform des Reiches. Die Gedanken zur Reichsreform gingen ursprünglich von Kaiser Sigismund aus, weshalb ja später die Flugschrift unter seinem Namen die Reformation des Reiches an Haupt und Gliedern erwartete (wohl 1439 oder 1440 verfaßt).[341] Ein erstes umfassendes Programm legte der Kaiser auf dem Frankfurter Reichstag 1434 vor. Zeitgleich verfaßte Nikolaus sein Programm. Er steht damit in einer Reihe mit anderen Reformwilligen, denen es auch um eine Stärkung der kaiserlichen Gewalt und der inneren Ordnung im Reich ging. Aber Nikolaus gilt als der erste, der »ein umfassendes, in sich geschlossenes und ausführlich begründetes Reichsreformprogramm erarbeitet hat«,[342] doch auch er hat es – wie andere – eingebettet in Ausführungen über die Kirchenreform. Ja, sie stellen bei Nikolaus nur einen Anhang zu ihr dar. Es geht ihm bei seinen Vorschlägen um die Ordnung der Christenheit gemäß der Hierarchie, um die Bewältigung der Krise der Christenheit im geistlichen und im weltlichen Bereich.[343]

Das Aufkommen der Reichsreformvorschläge muß – wohl mehr als bisher geschehen – im engen Zusammenhang mit der konziliaren Bewegung gesehen werden. Nikolaus knüpft an die ideal gesehenen Verhältnisse unter Kaiser Otto I. an, die es wiederherzustellen gälte – also eben im Sinne einer »reformatio«. In der egoistischen fürstlichen Machtpolitik sieht Nikolaus den eigentlichen Schaden.[344] Den Bischöfen wirft er vor, sie kümmerten sich um ihre weltliche Macht, aber nicht um ihre geistlichen Aufgaben, sie würden Geistliches und Weltliches miteinander vermischen.[345] Den Fürsten wirft er die Zerstörung der hierarchischen Ordnung vor. Er spricht von einer »destructio imperii« und »... desinet hierarchicus ordo«.[346] Das Imperium Germanicum ist von einer tödlichen Krankheit befallen. Würden nicht sofort Heilmittel angewandt, werde der Tod unzweifelhaft folgen. Man werde das Reich in Deutschland suchen, aber dort nicht finden.[347]

Als Heilmittel empfiehlt er die Einführung einer jährlichen Reichsversammlung. Hier sollen alle »facta imperii ... tractentur et reformentur reformanda » (alle Reichsangelegenheiten behandelt und die reformbedürftigen reformiert werden). Er billigt damit also den Fürsten durchaus maßgeblichen Einfluß auf die Reichspolitik zu. Die Einteilung des Reichs in 12 Gerichtsbezirke soll ebenso zur Unterdrückung der Fehden dienen wie die Aufstellung eines stehenden Söldnerheeres, das durch kirchliche (!) Steuern finanziert werden soll.[348] Auch an eine Reformierung der Königswahl denkt er, ebenso an die Besetzung kirchlicher Ämter und an den Geldabfluß an die römische Kurie. Entsprechend seiner konziliaren Vorstellung liegt die Zentralgewalt mehr bei der Reichsversammlung als beim Kaiser. Dem Kaiser sollten vor allem legitimierende und kontrollierende Funktionen verbleiben. Ein Wahlkönigtum zieht er einer Erbmonarchie vor und variiert damit die mittelalterliche Lehre von der Volkssouveränität: Jede Gewalt muß begründet sein in der Wahl und Zustimmung der Betroffenen.[349] Diese ist aber nicht demokratisch zu verstehen, sondern ständisch – hierarchisch.[350] Gerade in dieser »konservativen« Grundhaltung schien eher eine Möglichkeit zur Realisierung zu liegen als etwa in der Anschauung des Marsilius von Padua oder in der bereits erwähnten »Reformatio Sigismundi«, die voller sozialer Utopien waren.[351] Von allen gleichzeitigen Reformvorschlägen hat die des Nikolaus die gesamte irdische Ordnung im Blick und geht von einer großen, absoluten Idee aus, eben von der concordantia catholica.[352]

Weithin übersehen (so etwa auch bei Töpfer und Angermeier) bleibt noch immer seine sowohl der Kirchen- als auch (aber eben erst in zweiter Linie) der Reichsreform dienende Tätigkeit als päpstlicher Legat, auch wenn diese Tätigkeit natürlich erst viel später liegt als das Verfassen der Programmschrift. Wie bereits erwähnt, war Nikolaus am Zustandekommen des Wiener Konkordats von 1448 maßgeblich beteiligt. In ihm werden die wechselseitigen Ansprüche und Vorstellungen ebenso wie die verfassungspolitischen Verhältnisse zwischen Kirche und Reich auf eine dauerhafte Grundlage gestellt. Zunächst für fünf Jahre geplant, hat es über 350 Jahre hinweg bis 1806 die Verhältnisse zwischen Papst und Reich bestimmt, die Staatsgewalt weithin von der kirchlichen Gewalt unabhängig gemacht und die Inkompetenz des Reiches für die Kirchenreform festgeschrieben, was freilich im 16. Jahrhundert Kaiser Karl V. einerseits und Luther und die lutherischen Stände andererseits nicht hinderte, die kaiserliche Gewalt für bzw. gegen die Reformation der Kirche in Anspruch nehmen zu wollen. Jedenfalls hat das Konkordanzdenken des Nikolaus – das sich freilich nur sehr bedingt im Konkordatstext selbst niederschlug, das ihn aber immer wieder neu motivierte – auch seine realpolitisch-historische Auswirkung über Jahrhunderte hinweg gehabt. Das sollte nicht vergessen werden![353]

Wirkungen

Wirkungen auf seine Zeitgenossen

Die Wirkungen der Gedanken des Nikolaus auf seine Zeitgenossen war gewiß nicht so groß, wie man dies bei dem Gewicht seiner Gedanken ebenso wie bei der kirchenpolitischen Bedeutung des Kardinals wohl hätte erwarten können. Er blieb, wie Jaspers zutreffend sagt,[354] »eine Nebenfigur in den Ereignissen der Zeit«. Jedoch ist es stark untertrieben, wenn Jaspers fortfährt: Er »wirkte auch nicht durch den Gehalt seiner Philosophie, außer auf einige Mönche. Auf den Wegen des Abendlandes, der Reformation, des neuen Katholizismus, des Absolutismus, der Aufklärung, der modernen Wissenschaften, – nirgends war Cusanus dabei.«

Er hat schon, wenn auch in bescheidenem Maße, zu seinen Lebzeiten zur Auseinandersetzung herausgefordert. Er hat auch – ebenso nur in bescheidenem Maße – auf spätere Generationen, von ihnen gewußt oder ungewußt, weitergewirkt.

Als erster trat Johannes Wenck von Herrenberg gegen Nikolaus an. Er war Rektor der Heidelberger Universität. 1442/43 veröffentlichte er seine Schrift »Ignota litteratura«. Schon der Titel ist ironisch gemeint. Er glaubt, zu seinen Lebzeiten keinen Schriftsteller gesehen zu haben, der solche für die Gotteslehre und für die Trinitätslehre, für die Lehre von der Inkarnation Christi, für die Tugend- und Kirchenlehre so verhängnisvolle Irrtümer geschrieben habe wie Nikolaus. Er greift 37 Sätze heraus, von denen er überzeugt ist, daß sie dem Glauben widersprechen, fromme Geister verletzen und von der rechten Gottesverehrung nur wegführen. Wenck tritt als Aristoteliker, als Vertreter der ›via antiqua‹, Nikolaus gegenüber. Im Grunde wirft Wenck Nikolaus »Pantheismus« vor, doch ist dieser Begriff erst im 17. Jahrhundert aufgekommen. Wenck will Nikolaus »mit den Waffen des Geistes« bekämpfen, doch sind seine Angriffe in manchem unflätig. Vor allem beschimpft er Nikolaus als »Pseudoapostel«.[355] Der Vorwurf des Pantheismus gegenüber Nikolaus ist im Verlauf der weiteren Geistesgeschichte immer einmal wiederholt worden, doch trifft er so verallgemeinernd nicht zu, denn Nikolaus setzt Gott und Welt nicht gleich, sondern lehrt eindeutig, daß die Welt aus Gott ist.

Nikolaus ließ sich reichlich Zeit zur Antwort. Erst 1449, als er ein anerkannter Mann war und eben zum Kardinal ernannt, konnte er mit dieser neuen Würde und Autorität Wenck gebührend antworten. Hinter der Kontroverse stand nicht nur der Unterschied, daß Wenck das natürliche Erkennen des Menschen an sinnliche Wahrnehmungen binden will, auch nicht nur sein Festhalten an der via antiqua, sondern vielmehr dies, daß er ein Verfechter des Basler Konzils war und blieb und darum Nikolaus seinen Seitenwechsel verargte. Nikolaus ließ die Vorwürfe dieses »gewissen, nicht nur dummen, sondern auch überaus anmaßenden Mannes, eines Menschen, der sich Magister der Theologie nennt«, nicht auf sich sitzen.[356] Er wirft seinem Gegner vor, daß seine Darstellung lügnerisch sei und den Zusammenhang nicht erkenne, seine Interpretationen seien böswillig.[357]

Nikolaus hatte sein Hauptwerk Freunden übermittelt. Eine – heute verschollene – Kopie hat er seinem Lehrer und Freund Heymerich von Kamp übermittelt. Dieser weist in seinem Centheologicon dann bewundernd auf De docta ignorantia hin.

Wichtig für die Verbreitung cusanischen Gedankengutes ist die Benediktinerabtei St. Quirin in Tegernsee geworden. Hierher kam Nikolaus zum ersten Male 1450 und blieb mit dem Konvent in der Folgezeit befreundet und eng verbunden. Dort erhielt er aus Rom ein Schreiben von Johannes Keck, zeitweise Bibliothekar und Prior der Tegernseer Abteil, der die Schrift De docta ignorantia als »weit und breit gerühmt« bezeichnet. Er möchte auch von Nikolaus belehrt werden.[358] Keiner habe so wie er »alle Gegensätze in den über Gott möglichen Aussagen zu versöhnen« verstanden. Auch er preist die mystische Theologie als wahre, göttliche Philosophie. Wer in ihr erfahren ist, kann auch ohne wissenschaftliche Bildung als »Philosoph« bezeichnet werden.[359] Der Prior der Abtei, Bernhard von Waging, bezeugt, daß die Schrift auf ihn einen großen Eindruck gemacht habe und er die Lösung des ihn bedrängenden Problems der Bedeutung der Erkenntnis und der Hingabe in den Beziehungen des Menschen zu Gott bei Nikolaus gefunden habe. Von ihm stammt eine kurze Schrift, in der er das Werk begeistert rühmt.[360] Die Mönche haben ihn später um weitere Belehrung gebeten. So hat er ihnen die stark mystisch geprägte Schrift De visione dei geschrieben (1453), 1458 De beryllo als »Brille« zur Gotteserkenntnis.

Freundeskreise in Magdeburg, in Nürnberg um Regiomontanus und in Erfurt werden genannt, doch wird nicht erkenntlich, daß von ihnen eine namhafte Wirkung auf Zeitgenossen oder gar kommende Generationen ausgegangen wäre.

Sein Schüler und Sekretär Peter von Erkelenz veranlaßte 1488 die zweibändige Straßburger Ausgabe der »Opuscula«. Von ihr ging eine erhebliche Wirkung aus, die u.a. bei Trithemius, Gregor Reisch, Reuchlin, Celtis, Beatus Rhenanus, Johannes Eck, Ulrich Pinder, Faber Stapulensis und später noch bei Amos Comenius und Carolus Bovillus (Charles de Bouelles) greifbar wird. Auch bei Marsilio Ficino und Leonardo da Vinci ist sein Einfluß nachweisbar. Pico della Mirandolas Conclusionen (in 71 Thesen) lassen vermuten, daß mindestens seine These 14 von Nikolaus abhängig ist.

Während Nikolaus jedoch noch ganz im Glauben an Christus wurzelt, erleben die italienischen Renaissancehumanisten die Trennung von Glauben und Denken und stellen den Menschen ins Zentrum ihres Denkens. Aber bei Pico ist Jesus Christus die Vollendung des Menschen.[361]

In seinem Speculum intellectuale felicitatis humanae (gedruckt Nürnberg 1510) hat Ulrich Pinder besonders ausführlich auf Nikolaus hingewiesen.

Wirkungen in den folgenden Jahrhunderten

Faber Stapulensis war so von Nikolaus fasziniert, daß er – schon damals in geradezu internationaler Zusammenarbeit von Gelehrten – die Pariser Werkausgabe (1514) besorgte.[362] Vor allem die Tatsache, daß Nikolaus seine mathematischen Erkenntnisse als »Handleitungen« (manuductiones) für die Erkenntnis des Göttlichen benutzt, hat ihn geradezu begeistert. Er sieht in ihm den besten Führer zum Gipfel menschlichen Wissens.[363] Bei Nikolaus lernte er »die Klärung des Verhältnisses der beiden Bereiche des menschlichen Wissens: der ratio und des intellectus. ... Was im rationalen Bereich als Wissen erscheint, erweist sich im intellektualen Bereich als Ansicht und das Gegenteil von Wissen.«[364] Das Wissen um das eigene Nichtwissen führt ihn so zum Philosophieren, womit er deutlich auf De docta ignorantia fußt.

Weier stellt die interessante und anregende These auf, daß durch Faber Stapulensis Luther – zumindest indirekt durch Fabers Psalterium quincuplex (1509) – zur Kenntnis cusanischer Gedanken gekommen ist. Luther hatte das Psalterium quincuplex bald nach seinem Erscheinen erworben und sorgfältig studiert, wie Randglossen ausweisen. Er hat es zur Ausarbeitung schon seiner ersten Psalmenvorlesung benutzen können.[365] Freilich hat Faber erst der 2. Auflage (1513) eine Untersuchung über ein exegetisch-christologisches Problem des Nikolaus beigefügt. Trotzdem verrät auch die 1. Auflage schon Kenntnis cusanischer Gedanken.[366]

Am auffälligsten berührt eine berühmte Stelle aus »Vom Abendmahl Christi Bekenntnis« (1528) sich mit der coincidentia oppositorum: »Nichts ist so klein/ Gott ist noch kleiner/ Nichts ist so gros/ Gott ist noch groesser/ Nichts ist so kurtz/ Gott ist noch kuertzer/ Nichts ist so lang/ Gott ist noch lenger/ Nichts ist so breit/ Gott ist noch breiter/ Nichts ist so schmal/ Gott ist noch schmeler/ und so fort an/ Ists ein vnaussprechlich wesen vber vnd ausser allem das man nennen odder dencken kan.«[367]

Auch auf andere Gedanken, die Luther über Faber indirekt von Nikolaus vermittelt bekommen haben kann, macht Weier aufmerksam. So hat Luther in seinen Dictata super Psalterium vom stufenweisen Vorausschreiten in der Erkenntnis des Wortes Gottes gesprochen und diesen Gedanken entfaltet.[368] Auffälliger ist noch, wie Nikolaus und Luther das – augustinische – Thema vom »verborgenen Gott« aufnehmen und explizieren. Freilich ist Nikolaus davon überzeugt, Gott wolle, daß er gesucht wird; er muß sich darum auch finden lassen. Alle Gotteserkenntnis geht von Gott aus: »Dadurch, daß Du mich siehst, gewährst Du, daß Du von mir gesehen wirst, der Du der verborgene Gott bist. Niemand kann Dich sehen. Nur insofern kannst Du gesehen werden, als Du es gewährst, daß Du gesehen wirst. Und Dich sehen ist nichts anderes, als daß Du den siehst, der Dich sieht.«[369] Luther dagegen spricht – schon in der ersten Psalmenvorlesung – vom Wirken Gottes »sub contrario«, im Gegensatz. Es geht ihm nicht um Gotteserkenntnis im erkenntnistheoretischen Sinne (darum geht es m.E. auch Nikolaus letztlich nicht), sondern um Heilserkenntnis. Gott wirkt sub contrario das Heil an uns. Er ist überzeugt, daß Gott uns in seiner Majestät verborgen bleibt. Freilich kennt auch Nikolaus ein »ex contrario contrarium« (Predigt 61). Dieser Gedanke ist wiederum auch bei Faber nachweisbar – und das eben in dem Psalterium quincuplex, den Luther kannte.[370] Bei Luther steht aber der Gedanke unter dem Vorzeichen der Anfechtung.

Bei Nikolaus und Faber finden sich ebenso wie bei Luther der Gedanke der Offenbarung in der Verhüllung, doch Luther akzentuiert ihn anders, ganz stark nämlich von der Menschwerdung und Kreuzigung Christi her. Gott will nur in Christus erkannt werden. Zur Tiefe der lutherischen theologia crucis, zur Kreuzestheologie, stoßen weder Nikolaus noch Faber, aber immerhin kann Nikolaus doch sagen: »Es fällt ja das Kleinste mit dem Größten zusammen, wie z.B. die größte Erniedrigung mit der Erhöhung, der schimpfliche Tod des Tugendhaften mit dem verherrlichten Leben usw., wie uns dies alles Christi Leben, Leiden und Kreuzigung offenbar machen.« Ja: »Alle göttlichen Geheimnisse sind im Kreuze des unschuldigen Christus zusammengefaßt enthalten.«[371] Aber davon, daß sich unter Gottes Zorn seine Liebe verbirgt, sein Heilshandeln, das finden wir bei Nikolaus so nicht. Er hat schließlich nicht so um sein Heil gebangt wie Luther und wohl auch eine Prädestinationsangst nicht gekannt. Andererseits finden sich Anklänge an Luthers bekannten Gedanken von Gottes eigentlichem und fremdem Werk auch schon bei Faber: »In Gott fallen Wollen und Nicht-Wollen absolut zusammen. Daher auch Erwählung und Nicht-Erwählung, Wissen und Nichtwissen«, also coincidentia oppositorum![372] Hier kann m.E. wirklich von einer Wirkungsgeschichte gesprochen werden.

Nur an zwei Stellen hat, soweit bekannt, Luther Nikolaus wirklich genannt. Als er sich angesichts der Bedrohung Deutschlands durch die Türken 1529 im Jahr darauf mit dem Islam beschäftigte, hat er die Cribratio Alkorani gelesen und in seiner »Vorrede zum Libellus de ritu et moribus turcorum« erwähnt.[373] Dazu kommt noch eine Erwähnung in den Tischreden, wo sich Luther doch etwas abfällig über die mathematischen Spekulationen des Nikolaus äußert, und eine in seinen kleinen Schriften über die Psalmen von 1531/32, wo das Zitat aber noch nicht nachweisbar ist.[374] Das ist angesichts des genannten Sachverhalts ebenso erstaunlich wie angesichts der Tatsache, daß Nikolaus von dem lutherischen Superintendent Johannes Kymeus als Wahrheitszeuge in Sachen Rechtfertigung benannt wird. Im Kapitel Rechtfertigung wurde darauf ausführlicher eingegangen. Daß Luther diese Schrift des Kymeus »Des Babsts Hercules wider die Deudschen« gelesen hat, kann höchstens vermutet werden. Verarbeitet hat er sie nicht.[375]

Das Grundbekenntnis der (lutherischen) Reformation, das Augsburger Bekenntnis, erwähnt Nikolaus in Artikel XXII als Zeuge dafür, daß der Kelchentzug auf das IV. Laterankonzil von 1215 zurückgeht.[376] In Artikel IV (Rechtfertigung), vor allem in Melanchthons Apologie zum Augsburger Bekenntnis ist Nikolaus ebensowenig erwähnt wie in dem dem Konkordienbuch von 1580 beigegebenen Catalogus testium veritatis.

Anders bei M. Flacius Illyricus. In dessen Catalogus testium veritatis gilt Nikolaus als kluger Mann, der zunächst die Irrtümer und Verbrechen des Papsttums getadelt, dann aber als Kardinal es beschützt habe. In De concordantia catholica sei durch ihn die Unrichtigkeit der Konstantinischen Schenkung aufgedeckt worden. In De pace fidei habe er erkannt, »daß wir allein durch den Glauben gerechtfertigt werden, nicht aus dem Verdienst der Werke und um vieles weniger durch menschliche Traditionen, die er auch vehement abschwächt«. Auch auf seine Legatentätigkeit kommt er zu sprechen, geht jedoch nicht weiter auf seine Theologie ein.[377]

Bei Martin Chemnitz habe ich Nikolaus in seinem Examen Concilii Tridentini nicht erwähnt gefunden, bei Johann Gerhard in dessen Loci theologici nur im Zusammenhang mit dem Problem des Kelchentzugs.[378]

Wenn auch Kymeus mit erstmaligen (Teil-) Übersetzungen cusanischer Texte ins Deutsche sich verdient gemacht hat, kann doch nur von einer Kenntnis, aber kaum von einer Wirkungsgeschichte des Nikolaus im Luthertum gesprochen werden.

Anders bei spiritualistisch geprägten Theologen. Cusanische Einflüsse lassen sich bei Sebastian Franck, Johann Baptist van Helmont, Johannes Kepler und Valentin Weigel nachweisen.[379] Sicher trifft zu, was Wollgast sagt: »Der Strom der Mystik und des Pantheismus wirkt – mindestens bei Leibniz – in irgendeiner Weise auf *alle* Denker in Deutschland.«[380] V. Weigel hat sicher cusanisches Gedankengut verarbeitet. Die coincidentia oppositorum wird deutlich umschrieben: »Im geistlichen, vnsichtbaren Wesen ist die Grösse vnd Kleinheit ein Ding.«[381] Wollgast gibt einige Beispiele dafür, »welche engen Beziehungen Weigels Auffassungen zur Philosophie des Kusaners haben«, ohne aber auf Einzelheiten einzugehen. Greifbar wird die Kenntnis des Nikolaus bei Weigel kaum.[382] Auch bei Johann Scheffler (= Angelus Silesius) begegnet uns die coincidentia oppositorum, ohne daß eine ausdrückliche Kenntnis des Nikolaus bei ihm nachgewiesen werden kann, etwa: »Ich bin so groß/ er ist als ich so klein: Er kann nicht über mich/ ich unter ihm nicht sein.«[383] Dies ist natürlich auf Christus bezogen. Wenn der Einfluß des Nikolaus auf die Genannten auch deutlich ist, nur selten kann er nachgewiesen werden, denn sie erwähnen ihn kaum mit Namen.

Am bekanntesten in der Wirkungsgeschichte ist die begeisterte Laudatio, die Giordano Bruno 1588 in seiner berühmten Wittenberger Vorlesung gegeben hat: »Wo findet sich ein Mann vergleichbar jenem Cusaner, der je größer, um so weniger zugänglich ist? Hätte nicht das Priesterkleid sein Genie da und dort verhüllt, ich würde zugestehen, daß er dem Pythagoras nicht gleich, sondern bei weitem größer ist als dieser.«[384] Nicht nur hier, auch sonst in seinen Schriften bezieht er sich häufig auf ihn, so in De la causa, principio e uno (Von der Ursache, dem Prinzip und dem Einen), wo er ihn als »Enthüller der schönsten Geheimnisse der Geometrie« bezeichnet.[385] Mit dem cusanischen Koinzidenzprinzip konnte für ihn die göttliche Transzendenz und die Immanenz gedacht werden. Bruno hat auf Kosten der Transzendenz die Immanenz weitergedacht und ist so dem Pantheismus verfallen.[386]

Auch Comenius ist von Nikolaus, vor allem von De beryllo, inspiriert. Durch ihn ist er zur Kritik an Aristoteles und den von ihm postulierten Gegensätzen von Gott und Welt, Gott und Mensch herausgefordert. Mit ihm teilt er den Gedanken der Negation als positives Prinzip. Er entfaltet das, was Nikolaus von der Stellung des Menschen im Universum aussagt.[387]

Leibniz erwähnt wohl Nikolaus. Er kannte ihn möglicherweise von Chr. Huygens her, der nachweislich die Basler Ausgabe der cusanischen Werke besaß. Von einem Eindringen in die Gedankenwelt des Nikolaus kann jedoch kaum gesprochen werden. Freilich bleibt damit nicht bestritten, daß offensichtlich manche Gedankengänge von ihm inspiriert worden sind. Nikolaus war Leibniz vor allem als Mathematiker bekannt geworden, er hat aber seine mathematischen Schriften offensichtlich selbst nicht gelesen. Später hat ihn Nikolaus vor allem als Kirchenpolitiker interessiert. Einen der Hussitenbriefe druckt Leibniz ab. Auch der Theologe findet sein Interesse.[388]

Descartes nennt Nikolaus als Kronzeugen für die Lehre von der Unendlichkeit der Welt.[389] Es bleibt zu fragen, ob der Gedanke des Nikolaus vom Unterschied zwischen absoluter und eingeschränkter Unendlichkeit in seinen Weltbegriff eingeflossen ist. Es fällt auf, daß Descartes Gott stets als infinitus, die Welt als indefinitus bezeichnet sehen will.

Stärker ist der Einfluß auf J. Kepler. Wollgast vermutet, daß er bereits in seiner Tübinger Studentenzeit mit De docta ignorantia bekannt geworden ist.[390] Keplers Entdeckung der Gesetze der Planetenbewegung geht auf Nikolaus zurück. Kepler kennt Nikolaus besser als Kopernikus. Kepler könnte man als den »eigentlichen Vollender der kosmologischen Thesen des Cusaners« bezeichnen.[391] Gerade seine Erkenntnis, daß die Planetenbahnen nicht, wie er zunächst annahm, vollkommene Kreise, sondern elliptische Kurven sind, diese »entscheidende historische Tat Keplers« kam zustande auf dem »Hintergrund des cusanischen Homogenitätsgedankens verbunden mit dem Ungenauigkeitspostulat«.[392]

Vielfach ist Nikolaus späteren Mathematikern und Naturwissenschaftlern bekannt. Es fällt aber auf, daß seine Gedanken dann rein naturwissenschaftlich-mathematisch betrachtet werden, während Nikolaus sie niedergeschrieben hatte, »um so die Stärke der Koinzidenzen durch einen Versuch mit bisher Unbekanntem auch für theologische Untersuchungen zu empfehlen«.[393] Er wollte an sich eine »Vollendung der Mathematik«.[394] Die Entwicklung der Infinitesimalrechnung ist ohne Nikolaus ebensowenig denkbar wie die Erkenntnis von einer doppelten Erdbewegung.[395]

Kehren wir zum Einfluß, zur Wirkungsgeschichte des Nikolaus auf Theologie und Philosophie zurück. Wollgasts These, seit »N. Cusanus (rückt) Gott in die Ferne und der Mensch immer mehr ins Zentrum«, wird ihm, vor allem seiner »mystischen Theologie« in De visione dei oder in Idiota de sapientia, nicht gerecht, auch wenn Wollgast einschränkend fortfährt: »Dabei wird aber in diesem neuen Verständnis Gott stets mitgedacht.«[396] Sicher, Nikolaus geht über mittelalterliches Denken, wie es sich in den großen scholastischen Systemen niedergeschlagen hat, weit hinaus. Gott ist kein welthaft Seiendes und von diesem her gesehen ein Nichts. Aber »Gott wird als intelligere und damit als Subjekt im modernen Sinne bestimmt«.[397] Gott deckt sich durchaus nicht mit dem eigenen Denken, er geht in ihm nicht auf, sondern er bestimmt es, er fordert unser Denken als ein Nach-Denken und Zu-ihm-hin-Denken heraus.[398]

Nikolaus war den Denkern gerade auch des Deutschen Idealismus kaum bekannt. Schelling, Hegel sind dafür Beispiele. Hegel beruft sich auf ihn nicht selbst, sondern auf Bruno, ähnlich Schelling. Nikolaus war dem Vergessen anheimgefallen, seine Restitution metaphysischen Denkens war lange nicht gefragt. In der Theologie war im 17./18. Jahrhundert die aristotelische Schulphilosophie ebenso im lutherischen, im reformierten als auch im gegenreformatorisch-römischen Bereich wieder eingekehrt und hat das Wissen um ihn verdrängt.

Es ist wenig gewonnen, Nikolaus irgendwo zwischen Plato und Hegel anzusiedeln.[399] Man muß sich hüten, ihn von Hegel her zu verstehen. Erstens findet, wie gesagt, Nikolaus bei Hegel kaum eine Erwähnung. Zweitens kann man die cusanische Concidentia oppositorum nicht im »Lichte der Hegelschen Dialektik« ausdeuten und ihn als Hegels Vorläufer angeben.[400] Ähnliches gilt für Schelling. Fr. Schlegel rühmte zwar das Werk des Nikolaus und nannte ihn einen großen Deutschen, aber vor der Schwierigkeit, ihn zu übersetzen, schrak er zurück.

Ein Vergleich zwischen dem Christusbild der Philosophen des 19. und 20. Jahrhunderts mit dem des Nikolaus wäre interessant, er ist aber noch nicht angestellt worden.[401]

Trotz aller Unkenntnis bei den großen Philosophen spielt die Lehre von der coincidentia oppositorum eine große Rolle. Das ist beispielhaft bei J.G. Hamann der Fall. Freilich geht er von Bruno aus, so unbekannt ist Nikolaus geworden! Er schreibt: »Jordani Bruno principium coincidentiae oppositorum ist in meinen Augen mehr wert als alle Kantische Kritik.«[402] An J.G. Steudel schreibt er: »... nach dem Principio coincidentiae extremorum oppositorum, das ich ohne Ruhm zu melden dem philosophischen Märtyrer Jordano Bruno, der auf dem Scheiterhaufen starb, gestohlen habe.«[403] »Dies Prinzip hat ihm jahrelang im Sinn gelegen.«[404] Aber es galt eben als das Prinzip Brunos – und als solches kannten es Hegel, Schelling, Goethe. Lessing hat, worauf Klibansky hinweist,[405] Nikolaus gekannt und wollte De pace fidei in Übersetzung herausbringen. Aber sein Toleranzprogramm, im »Nathan der Weise« so deutlich greifbar, ist ein ganz anderes als das des Nikolaus. Bei Lessing hat keine Religion die Wahrheit, das symbolisieren die drei Ringe. Bei Nikolaus ist das Christentum die Wahrheit, an ihm müssen sich die anderen Religionen messen; sie haben Wahrheit, soweit sie mit der christlichen Offenbarung übereinstimmen.

Wirkungen auf die heutige Philosophie und Theologie

In der modernen Philosophie und Theologie stehen wir etwa vor dem gleichen Phänomen. Nikolaus ist zwar bekannt, aber sein Einfluß ist verhältnismäßig gering.

E. Vansteenberghe brachte sein großes Cusanus-Buch 1920 heraus und leitete damit seine wirkliche Wiederentdeckung ein.[406] Seit 1928 werden durch die Heidelberger Akademie der Wissenschaften in mustergültigen kritischen Ausgaben seine Opera omnia – einschließlich der Predigten – herausgegeben; mehrere Auswahlausgaben unterschiedlichen Wertes kamen auf den Büchermarkt. Der Verlag Meiner bringt seit langem in seiner Philosophischen Bücherei zuerst nur in deutscher Übersetzung, jetzt zweisprachig die Einzelschriften in guter Kommentierung heraus. Auch in der ehemaligen DDR erscheinen einige Schriften des Nikolaus und Untersuchungen über sein Werk. Die marxistische Philosophie interessierte sich zunehmend für ihn, vor allem fragte sie nach seiner Bedeutung für die Dialektik. Eine Reihe von Dissertationen (Hedtke, Winkler) und Aufsätzen sind erschienen. In der ehemaligen Sowjetunion wurde eine zweibändige Werkausgabe in einer Auflage von 150 000 Exemplaren (!) herausgebracht. Die Voraussetzungen für eine intensive Beschäftigung mit seinem Werk ist gegeben. Seit 1961 existiert die Cusanus-Gesellschaft mit ihrem wissenschaftlichen Beirat, dazu das Institut für Cusanus-Forschung in Trier. Aller vier, fünf Jahre wird ein Cusanus-Symposion veranstaltet. In Japan, Norwegen und den USA gibt es Zentren der Cusanusforschung. Und doch kann von einer Rezeption seines Werkes in dem Sinne, daß es Philosophen oder Theologen in ihrem Denken geprägt hat, kaum gesprochen werden. Sicher, in jeder Philosophiegeschichte wird Nikolaus mehr oder weniger ausgiebig gewürdigt; in Darstellungen der Theologie- und Dogmengeschichte ist dagegen Nikolaus noch immer eine Randerscheinung. Als »Klassiker der Philosophie« ist er anerkannt, kaum aber als »Klassiker der Theologie«.

Karl Jaspers hat in seinem Buch »Nikolaus Cusanus« ein umfassendes, jedoch sehr kritisches Bild gezeichnet. Er läßt sich weithin bewußt nicht von ihm prägen. Er sieht seine Größe nur in seiner Metaphysik, sie will er sich »zueignen«. Er anerkennt bei Nikolaus sein Menschenbild (»Das Selbstbewußtsein des Menschen vor der Transzendenz«), seinen Willen zur Einheit in der Mannigfaltigkeit, sein Hingerissensein im Erkennen (bei dem er sich selbst aufschwingt vom Endlichen zum Unendlichen) und in der Aufgabe des Menschen, der »in seinem endlichen Dasein (soll) als Abbild und Gleichnis des Göttlichen dieses Abbildsein in unendlicher Annäherung zur Verwirklichung bringen« soll.[407] Aber das ist gewiß nicht der ganze Nikolaus! Nikolaus würde dies wohl als eine Fehldeutung seines Werkes ansehen. Eklektisch sucht sich Jaspers aus dem cusanischen Schrifttum heraus, was in seiner von Nikolaus nicht geprägten Philosophie einen Platz hat.

Außer bei den Philosophiehistorikern und Philosophen wie W. Beierwaltes und G. von Bredow, H.-G. Gadamer und M. de Gandillac sind es vor allem zwei Theologen, für die Nikolaus bewußt oder unbewußt wirklich prägende Bedeutung gehabt hat: Teilhard de Chardin und Paul Tillich. Aber auch hier gilt, daß es mehr um Gemeinsamkeiten als um wirkliche Abhängigkeiten geht.

Während bei Nikolaus sein mathematisches Denken und seine Anregung zu naturwissenschaftlichen Experimenten Folge seines theologischen Denkens war bzw. dessen Veranschaulichung dienen sollte, ist es bei Teilhard de Chardin gerade umgekehrt: »Sein Weltbild ist (zwar) nach seinem eigenen Geständnis ›durch die experimentelle Forschung aufgedrängt‹, aber es weist über sie hinaus.«[408] Teilhard ist von Nikolaus nicht abhängig; ob er ihn überhaupt gelesen hat, ist nicht nachweisbar. Aber Ähnlichkeiten des Denkens beider ist über den Abstand der fünf

Jahrhunderte hinweg doch auffallend. Bei Nikolaus ist Gott Einfaltung, die Welt Ausfaltung: »... daß Gott die Einfaltung und Ausfaltung aller Dinge ist, und daß, insofern er Einfaltung ist, alles in ihm selbst ist und, insofern er Ausfaltung ist, er in allem das ist, was er ist.«[409] »Gott ist die absolute Größe und Einheit.« »Die Welt (ist) ... ein eingeschränkt Größtes.«[410] »Gott ist nämlich das absolute Wesen der Welt, d.h. des Alls. Das All aber ist eingeschränktes Wesen. Einschränkung aber bedeutet Einschränkung zu etwas, d.h. um das oder jenes zu sein. Gott also, der Einer ist, ist im einen All. Das All jedoch ist in allen Dingen in eingeschränkter Weise.«[411] Die Welt ist ausgefaltet in der Vielheit das, was im Unendlichen eingefaltet das Eine, Gott, ist. Gott ist die Einfaltung aller Dinge, und in ihm sind die Dinge nicht mehr verschieden, sondern fallen, weil er unendlich ist, in ihm zusammen.

Dem cusanischen Prinzip der complicatio – explicatio (Einfaltung – Ausfaltung) entspricht das teilhardsche Prinzip der Transzendenz – Immanenz: In allem ist Gott alles. In Christus fallen Alpha und Omega zusammen (Offb 1, 8)[412] – ein Kerngedanke Teilhards, den auch Nikolaus kennt (Gott »als Ursprung, Mitte und Ziel des Universums und der einzelnen Dinge, auf daß alles zu Gott gelangt«; »Die Mauer aber ist jener Ineinsfall, wo das Spätere mit dem Früheren ineinsfällt, wo das Ende mit dem Anfang ineinsfällt, wo Alpha und Omega dasselbe sind.«)[413] Es gibt also frappierende Ähnlichkeiten und Berührungspunkte beider großer Denker, worauf Schneider zurecht hinweist. Sein Lehrer R. Haubst spricht von der »Komplementarität zwischen dem christlichen Evolutionismus Teilhards und der dynamischen Seinsauffassung von Cusanus«.[414] Man kann eine »erstaunliche Fülle von Konvergenzen und gedanklichen Übereinstimmungen« konstatieren,[415] aber in die eigentliche Wirkungsgeschichte des Nikolaus gehört Teilhard nicht, er ist weder von ihm abhängig noch direkt geprägt. Sie berühren sich nur – aber das in weiten Teilen ihres Werkes, vor allem aber in der Christologie. Was man dem einen Denker vorwerfen kann, kann man dem anderen fast ebenso vorwerfen, was man bei dem einen schätzt, wird man bei dem anderen auch schätzen. Ich nenne nur die Bedeutung der »kosmischen Größe Christi«, die Menschwerdung Christi ist kosmisch motiviert; die starke Betonung einer theologia gloriae unter Zurücktreten der theologia crucis (»gloriosa fruitio veritatis«[416]); die Berührung der teilhardschen »Christogenese« des Menschen mit dem cusanischen Gedanken des »Christiformis«-Werden, die Abseitsstellung der Sünden- und Sakramentenlehre, gipfelnd wohl im Verständnis, das »Dogma der Inkarnation von dem Verständnis der Welt als der Schöpfung Gottes« anzugehen. Beiden eignet eine zutiefst optimistische Schau der Welt und des Menschen.

Im Unterschied zu Teilhard de Chardin hat sich nun aber Paul Tillich zeit seines Lebens mit Nikolaus beschäftigt und sich auf ihn berufen – von der theologischen Lizentiatenarbeit bis zu seiner »Geschichte des christlichen Denkens«.[417] Er hat sich zu seinem »ontologischen Weg bekannt« und seine Gedanken aufgenommen, ohne aber auch nur an einer Stelle ausdrückliche Zitate aus seinen Schriften zu bringen. Er betont vor allem, daß seine Methode der coincidentia oppositorum dem metaphysischen Verhalten wesensgemäß sei, der Gedanke einer Gegenwart des Unendlichen an jedem Punkt der Endlichkeit seit Nikolaus die gesamte Moderne durchziehe und seine Lehre von der coincidentia oppositorum in Analogie zur Rechtfertigungslehre bei Luther gesetzt werden könne. Das Göttliche sei kein Bereich oberhalb des Lebens, sondern eine Dimension des Lebens selbst. In Tillichs Aufsatz »Gläubiger Realismus« ist der Einfluß des Cusaners besonders spürbar (offensichtlich besonders durch dessen Spätschriften): »Die letzte Seinsmächtigkeit, der Grund der Wirklichkeit bricht in einem besonderen Augenblick, in einer konkreten Situation herein und offenbart die unendliche Tiefe und den ewigen Sinn der Gegenwart. Das ist aber nur paradox zu fassen, d.h. durch Glauben, denn in sich ist die Gegenwart weder bedingt noch ewig. Je mehr sie im Lichte des Unbedingten gesehen wird, desto mehr erscheint sie fragwürdig und leer an ewiger Bedeutung. So wird die Mächtigkeit eines Dinges zugleich bejaht und verneint, wenn es für den Grund seiner Mächtigkeit, das letzte Wirkliche, transparent wird.«[418] »Wir werden in der Glaubenserfahrung durch das Unzugänglich-Heilige ergriffen, das der Grund unseres Seins ist und in unsere Existenz einbricht und uns richtet und heilt.« Ich sehe hier Berührungspunkte etwa zu De apice theoriae: »Das Sehen-Können des Geistes überragt sein Begreifen-Können. Daher ist die einfache Schau des Geistes keine begreifende Schau, sondern von der begreifenden erhebt sie sich, das Unbegreifliche zu schauen ...«[419] In »Der philosophische Hintergrund meiner Theologie« (1960)[420] bekennt sich Tillich am eindeutigsten zu Nikolaus als seinem Lehrmeister, »der mich besonders beeinflußt hat«: »Die Einheit von Unendlichem und Endlichem wurde zum grundlegenden Prinzip meiner Lehre von der religiösen Erfahrung.« Tillich sieht wohl die Gefahr (der auch die klassische deutsche Philosophie erlegen ist), daß sich beim Menschen das Gefühl entwickeln könne, »im Zentrum des Unendlichen selbst« zu sitzen. In seiner »Systematischen Theologie« hebt Tillich hervor, daß Nikolaus den »Charakter der endlichen Vernunft« beschrieben hat. Die »docta ignorantia« anerkenne nicht nur die Endlichkeit der Vernunft, sondern auch ihre »Unfähigkeit, ihren unendlichen Grund zu ergreifen«. Wer diese Situation erkennt, wird zugleich des Unendlichen gewahr, »das in jedem Endlichen gegenwärtig ist, obwohl es dieses unendlich transzendiert«. »Die Art, wie der unerschöpfliche Grund in allem Seienden gegenwärtig ist«, ist die coincidentia oppositorum. So wird die Vernunft in ihrer Endlichkeit »ihrer unendlichen Tiefe« gewahr, die sich nicht ausdrücken kann (ignorantia). Aber daß sie das erkennt, ist wirkliche Erkenntnis (docta). Ohne Nikolaus ausdrücklich zu erwähnen, dürfte auch Tillichs Christologie (»Das Neue Sein in Jesus als dem Christus«) nicht ohne cusanischen Einfluß denkbar sein.

In seinen »Vorlesungen über die Geschichte des christlichen Denkens« (gehalten 1963) kommt Tillich auf Nikolaus zu sprechen. Er sieht, noch einmal, Analogien zwischen Nikolaus und Luther: Beider Ideen seien »grundverschieden von der gewöhnlichen Vorstellung, daß Gott im Himmel ist und nur durch sein Handeln in der Welt wirkt«, beide »sahen die Beziehung zwischen Gott und Welt als ein Ineinander«, das Göttliche ist »in allem Natürlichen und Menschlichen gegenwärtig«.[421]

Seit G. Bruno hat wohl kein Denker sich so entschieden zu Nikolaus bekannt, keiner zugegeben, so von ihm beeinflußt zu sein. Dabei ist der Einfluß fast durchweg nur unterschwellig zu spüren. Tillich hat cusanische Gedanken gut erfaßt und selbständig verarbeitet. Das Prinzip der Einheit von Unendlichem und Endlichem hat beide Denker geprägt. Tillichs Theologie der Korrelation ist ohne den Einfluß des Nikolaus nicht denkbar. Tillich stellt den Höhepunkt der Wirkungsgeschichte des Nikolaus bis heute dar.

Auch in der marxistischen Philosophie spielt, wie schon erwähnt, Nikolaus eine verhältnismäßig große Rolle.[422] Er gilt als einer der »originellsten Philosophen des Mittelalters« (Stern/Voigt). Pal Sandor hat eine Monographie vorgelegt. Es ist vor allem der Dialektiker, der ihn Marxisten interessant macht.[423] Fast durchweg wird er als Pantheist (und das heißt dann als Vorläufer eines Materialismus) gedeutet. Sein Gegensatz zur Scholastik wird betont, seine Erkenntnis, die Welt sei unendlich, die Erde nicht der Mittelpunkt der Welt und anderen Planeten gleich, wird ebenso hervorgehoben wie sein Aufruf zum Experimentieren. Eingehende marxistische Untersuchungen zu seiner Gedankenwelt sind aber selten: U. Hedtke untersucht »Coincidentia oppositorum oder die verweltlichte Unendlichkeit«, N. Winkler »Die Entwicklung der Grundidee von der coincidentia oppositorum in der Philosophie des Nikolaus von

Kues«.[424] In beiden Arbeiten kann man ein eindringliches Bemühen um die cusanische Philosophie (und auch Theologie!) feststellen.

Mit Recht stellt Sandor fest, daß bei Nikolaus immer der Akzent auf der Erkenntnislehre liege, mit Recht deshalb, weil er fortfährt: »Gott kann man ... nicht erkennen, sondern nur ›kennen‹, d.h. erleben.« Er meint, seine Gedanken von der coincidentia oppositorum sind »nicht nur die Grundkategorie seiner theoretischen Anschauungen, sondern auch das Leitprinzip, die höchste Zielsetzung seiner gesellschaftlichen, politischen, kirchlichen und wissenschaftlichen Bestrebungen.«[425] Hermann Ley möchte ebenso wie Sandor die materialistischen, atheistischen Züge seiner Lehre betonen. Als Beispiel sei zitiert: »Der Glaubensartikel der *Trinität* wird als Paradoxon zum *Symbol* einer *pantheistisch-materialistischen Konzeption.*« Oder: »Da neben der Natur kein Gott mehr Platz hat, findet er im materiellen Universum Aufnahme.«[426] Über solche Klischeevorstellungen dürfte man aber heute in der marxistischen Philosophie hinausgelangt sein.

Anstöße für die heutige Theologie

Nikolaus kann der heutigen Theologie wichtige Anstöße geben. Auf folgende Probleme sei hingewiesen:

1. In der Trinitätslehre ist – nicht als (neu)platonisches Erbe, sondern vom Alten Testament her – an der Einheit Gottes festzuhalten. Gott ist der Eine in drei Personen. Er offenbart sich trinitarisch in allen Bereichen, gerade auch in der Schöpfung. Mit Hilfe des Symboldenkens (Tillich!) wird einmal der unendliche Abstand zwischen Schöpfer und Geschöpf betont, dann aber zugleich überwunden. Und vermag nicht die »Negative Theologie« deutlicher von Gott, vom verborgenen Gott angesichts der »Mauer der Koinzidenz« zu reden?

2. Uns interessiert heute Nikolaus nicht nur historisch als »Pförtner einer neuen Zeit«, sondern mehr in seiner positiven Sicht der Schöpfung, des Kosmos, die in den Lobpreis des Schöpfers mündet. Schöpfung ist Entfaltung Gottes. Wir haben sie auf konjekturalem und auf experimentellem Weg zu erforschen.

3. Seine Anthropologie erscheint uns sicher als zu optimistisch. Festzuhalten aber bleibt, daß der Mensch Teil der Schöpfung ist, vom Schöpfer gewollt und abgeleitet. Insofern kann die Redeweise vom »zweiten Gott« oder vom »geschaffenen Gott« dem Menschen seine hohe Verant-

wortung der Schöpfung und ihrem Schöpfer gegenüber neu ins Gewissen reden. Der Unterschied zwischen Schöpfer und Geschöpf bleibt unaufhebbar. Der Mensch bleibt auf Gott hingeordnet und soll Gott erkennen, um ihn zu loben. Wo er aber nicht Gott, sondern sich selbst das Lob gibt, ist er Sünder. Die Sünde ist, Gott, d.h. erster und nicht »zweiter Gott«, sein zu wollen.

4. Jesus Christus ist Gottes »Selbstporträt«. Gott gibt sich dem Menschen in seinem Wort, mittels menschlicher Begriffe zu erkennen. In Jesus Christus offenbart sich Gott nicht nur in seiner Unterschiedenheit zum Menschen, sondern als er selbst; der Absolute ist konkret geworden, der verborgene Gott wird in Jesus Christus sichtbar. In ihm fallen Gott und Welt, absolut und eingeschränkt Größtes zusammen. Wie verhalten sich die beiden Naturen, die göttliche und die menschliche, zueinander angesichts der Frage des Verhältnisses von Gott und Welt, Gott und Schöpfung heute, angesichts der neugestellten Frage nach einer Schöpfungstheologie und -verantwortung des Menschen?

5. Die Rechtfertigungslehre ist neu im Gespräch zwischen den Konfessionen und muß es bleiben. Bilaterale lutherisch-römisch-katholische Gespräche setzen – endlich! – bei ihr ein. Es ist erstaunlich, wie Nikolaus schon vor der Reformation auf sie zu sprechen kommt. Kann seine Betonung des Glaubens (fides formata) auch so verstanden werden, daß die Liebe, die nach römisch-katholischem wie scholastisch-tridentinischem Verständnis den Glauben formt, nicht die Liebe des Menschen, seine guten Werke, sind, sondern die Liebe Christi und die Liebe zu Christus, die sich dann in der Liebe zum Mitmenschen äußert? Ist von hier aus eine Überwindung des fundamentalen Dissensus möglich?

In der Sakramentenlehre dürfte ebenfalls für den Dialog der Kirche wichtig sein, nicht auf das Wie, sondern auf das Daß der »Wandlung« zu blicken.

6. Angesichts der heutigen Betonung der Spiritualität könnte es eine Entkrampfung bedeuten, wenn nicht in mystischen Erfahrungen Kennzeichen wahren Christseins gesehen werden, sondern eher in der Leere und im Schweigen, »wo die uns gewährte Schau des unsichtbaren Gottes ist«, wo die »Mauer der Koinzidenz« beachtet wird, bis zu der wir geführt werden. »Unio mystica« also nicht unmittelbar, sondern mittelbar in den Gnadenmitteln Wort und Sakramente, im Gebet. Alle Erkenntnislehre kann nur Bitte um Erkennen Gottes sein. Glaubendes Erkennen ist nicht an professionelle Theologie gebunden. Auch der »Laie«, der Einfältige kann den Weisen, den Akademiker lehren.

7. Die Kirche ist von den »Glaubensmysterien« her zu verstehen, von

der zweifachen Natur Christi; sie ist der Ort, wo sich Gott »in varietate rituum« seiner Kinder sammelt. Das Konsensdenken des Nikolaus kann über die Jahrhunderte hinweg uns an unsere ökumenische Verpflichtung erinnern – ohne Preisgabe des als Wahrheit Erkannten den Konsens zu erbitten und über die Konfessionsgrenzen hinweg zu suchen. Wichtig bleibt, das Einende und das Trennende im Wesentlichen zu suchen und nicht im Unterschied der Riten (vgl. CA VII und VIII).

Vieles Gedankengut des Nikolaus gehört der Geschichte an. Er war Kind seiner Zeit. Aber er hat weit über seine Zeit hinaus angeregt. Seine Anregungen heute aufzunehmen und zu bedenken, dürfte für Theologie und Kirche heute nur nützlich sein.

Anhang

Anmerkungen

1 AC, I, 2, Nr. 849; übers. von *Senger*: Nikolaus von Kues, in: Gestalten, 286.

2 AC, I, 1, Nr. 11; I, 2, Nr. 427a, 455.

3 Dazu AC, I, 1, Nr. 1.; 2–10; 13.

4 *Meuthen*, 7f., 10; dazu AC, I, 1, Nr. 24.

5 So *Meuthen*, 11. In den AC wird ein solcher Schulbesuch nicht nachgewiesen, worauf auch *M. Watanabe* in seiner Rezension in: MFCG, 12, 157, ausdrücklich hinweist. Erst für 1433 sind erste Beziehungen von Nikolaus zur Windesheimer Kongregation nachweisbar. Dazu AC, I, 1, Nr. 196; vgl. aber auch Nr. 38f.

6 Dazu *M.A. Schmidt*, 703; ausführlicher: Antiqui und Moderni. Traditionsbewußtsein und Fortschrittsbewußtsein im späten Mittelalter, hg. von *P. Wilpert* und *A. Zimmermann*, Berlin 1974.

7 AC, I, 1, Nr. 18.

8 AC, I, 1, Nr. 17–19; *Meuthen*, 16f.

9 AC, I, Nr. 21, 30f., 36, 38–47. 49–56, 68, 236.

10 AC, I, 1, Nr. 18, 60, 236; vgl. *Meuthen*, 24.

10a Man muß also bedenken, daß eine Pfründe die wirtschaftliche Voraussetzung für die Tätigkeit ihres Inhabers war und ihm eine relative Unabhängigkeit gewährte.

11 AC, I, 1, Nr. 27, 34f., 48, 59, 61f., 65–67, 70, 73, 146, 157 u.a.; *Haubst*, Die Thomas- und Proklos-Exzerpte; *Meuthen*, Nikolaus von Kues und die Geschichte.

12 AC, I, 1, Nr. 32f.

13 Gegen *Senger*: Art. Nikolaus von Kues, in: Gestalten, 297.

14 *Meuthen*, 25f.: Colomer: Die Vorgeschichte.

15 AC, I, 1, Nr. 25f.; 200a; *Meuthen*, 27f.; *Haubst*: Albert, 168f.

16 AC, I, 1, Nr. 59, 64f., 232.

17 AC, I, 2, Nr. 398; *Meuthen*, 30; *Berschin*, 315f.; *Senger*: Cusanus-Texte, 133ff.

18 AC, I, 1, Nr. 82–93; 102–144 (bes. Nr. 102, Schluß), 210 u.a.

19 AC, I, 1, Nr. 117.

20 AC, I, 1, Nr. 151f., 159, 228ff., 234, 237, 247 u.a.

21 AC, I, 1, Nr. 164–166, 169–171, 174, 202f.; *Meuthen*, 44ff.; vgl. *Hallauer*: Das Glaubensgespräch, 53–75.

22 AC, I, 1, Nr. 204; 253–256; 227.

23 AC, I, 1, Nr. 197f.

24 AC, I, 1, Nr. 258.

25 AC, I, 1, Nr. 293–296; I, 2, Nr. 295a, 297; vgl. *Berschin*, 316.

27 AC, I, 2, Nr. 299, 307, 313, 317, 319.

28 AC, I, 1, Nr. 293; I, 2, Nr. 297, 329, 332.
29 Vgl. *Kandler*: Humbert, 150–164.
30 AC, I, 2, Nr. 333, 344.
31 AC, I, 2, Nr. 331, 338, 349; vgl. *Kremer*: Der Beitrag, 34ff.
32 De docta, III, n. 263: vgl. AC, I, 2, Nr. 334.
33 *Senger* in den Anmerkungen zur Ausgabe in PhB 264 c, 158f.
34 Ebd., 157f.; Apologia, 12.
35 De li non aliud = Vom Nichtanderen, cap. 14, PhB 232, 44–55.
36 De docta, II, n. 91, III, 264.
37 *F. Hoffmann*, 12. Mit dem Begriff »Mystik« sollte man sehr zurückhaltend umgehen. Er wird oft recht undifferenziert verwendet.
38 Z.B. Predigt 56 (noch ungedruckt), vgl. AC, I, 2, Nr. 631.
39 *Meuthen*, 62–65; *Wriedt*, 125–129; *Vansteenberghe*: Le »De ignota ...«; *Haubst*, Studien.
40 AC, I, 2, Nr. 427a. Dies greift, wohl als Ehrenname gemeint, Kymeus auf, vgl. *Menzel*.
41 U.a. AC, I, 2, Nr. 449, 453, 468f., 473, 475–482, 496, 518ff., 594, 598, 605.
42 AC, I, 2, Nr. 572; vgl. *Meuthen*, 19ff.
43 AC, I, 2, Nr. 598f.
44 AC, I, 2, Nr. 520; vgl. *Vagedes*, bes. 152, 189, 193, 206, 227, 277.
45 AC, I, 2, Nr. 679f.; 654–658, 675f.; 758.
46 AC, I, 2, Nr. 414, 559, 577ff., 588ff., 614ff., 621ff.
47 AC, I, 2, Nr. 539.
48 AC, I, 2, Nr. 542, 545.
49 AC, I, 2, Nr. 701, 705f.
50 AC, I, 2, Nr. 637, 669, 673, 720, 725f. u.a.
51 AC, I, 2, Nr. 721; vgl. auch Nr. 884, 952.
52 AC, I, 2, Nr. 727.
53 AC, I, 2, Nr. 740.
54 AC, I, 2, Nr. 776–781, 784, 787f.
55 AC I, 2, Nr. 872–878.
56 AC, I, 2, Nr. 835.
57 AC, I, 2, Nr. 957.
58 AC, I, 2, Nr. 837.
59 *Meuthen*, 79.
60 AC, I, 2, Nr. 873; 902–904; 906–908; vgl. *Meuthen*, 101.
61 AC, 1, 2, Nr. 879f.
62 AC, I, 2, Nr. 865, 888ff. u.a.; vgl. *Meuthen*, 101.
63 AC, I, 2, Nr. 952f., vgl. Nr. 962; vgl. aber auch *Hallauer*: Das Glaubensgespräch, 53ff., *ders.*: Zur Mainzer Provinzialsynode, 253ff.
64 Vgl. *W. Andreas*, Deutschland vor der Reformation, Stuttgart/Berlin 1942, 180.
65 Kymeus bei *Menzel*, 33, 74; vgl. *Kandler*: Nikolaus von Kues als testis, 229f.
66 Übers. aus: Nikolaus von Kues 1401–1464. Leben und Werk, hg. von *H. Gestrich*, Mainz 1990, 65; Abb. Nr. 72.
67 Den Text hat *Hallauer* ediert: *Hallauer*: Ebd., 260–263.

68 *Meuthen*, 90.
69 Vgl. MFCG 16, 265 *(L. Klein, R. Panikkar)*.
70 Vgl. Anm. 42; auch *Breidert* und *Kuntz; Senger*: Art.: Nikolaus von Kues, in: Verfasserlexikon.
71 Siehe dazu *Ehses;* auch *Meuthen*, 115–117.
72 Ebd., 117–119.
73 *Hallauer*: Eine Denkschrift des Nikolaus von Kues zum Kauf der Ämter Taufers und Uttenheim in Südtirol, MFCG 1, 2. Aufl., Mainz 1968, 77.
74 Diese sind noch nicht ediert; vgl. *Meuthen*, 104–108.
75 *J. Huizinga*: Der Herbst des Mittelalters, 11. Aufl., Stuttgart 1975.
76 Dazu *Meuthen*: Der Fall, 42–60.
77 AC, I, 2, Nr. 954; vgl. *Meuthen*, 115–121.
78 AC I, 2, Nr. 960f.
79 In Zusammenarbeit mit dem Institut für Cusanus-Forschung Trier gab *H. Goldschmidt*, Marburg, 1983 das Spiel neu heraus.
80 Vgl. *Meuthen*, 128–134.
81 Vgl. *Haubst*: Nikolaus von Kues – »Pförtner einer neuen Zeit«.
82 AC vermerkt alle Daten. In den Opera omnia werden auch sie ediert. Die Edition ist bisher bis zu den Predigten von 1445 gelangt. Vgl. auch *Bodewig*: Die kritische Edition; *Schnarr*: Nikolaus von Kues.
83 *F. Hoffmann*, 23.
84 Kapr, 57–60.
85 *Senger*: Art. Nikolaus von Kues, in: Verfasserlexikon, 1111f.
86 *W. Goerdt* Rez. in MFCG 15, 155.
87 MFCG, 1, 2. Aufl., 1968; MFCG 3, 1963; MFCG 6, 1968; MFCG 10, 1973; MFCG 15, 1982.
88 Weitere Informationen bei *Senger*: Art. Nikolaus von Kues, in: Verfasserlexikon; Lexikon der philosophischen Werke.
89 In: h XIV; De maioritate ..., in: CT II, 2; De auctoritate ... in: CT II, 1.
90 Der Ekklesiologie und dem Konkordanzdenken bei Nikolaus war das Symposion 1993 gewidmet (MFCG 21, 1994).
91 *Angermeier*: Die Reichsreform; *Rill*: Kaiser Friedrich III.
92 *Bodewig*: Die kritische Edition; *Schnarr*: Nikolaus von Kues.
93 *Meuthen*, 19.
94 In: h XVI–XIX; bisher erschienen: h XVI, 1–4; XXVII, 1. Frühe Predigten gaben *J. Sikora* und *E. Bohnenstaedt* heraus (Heidelberg 1952).
95 In: h XVI/3 (sermo 24); neuhochdeutsche Übersetzung von *W. Jungandreas* in: T 2.
96 *M. Feigl* in: Einführung zu Nikolaus von Kues: Über den Ursprung, PhB 346, Heidelberg 1967, 10.
97 AC, I, 1, Nr. 24.
98 AC, I, 1, Nr. 289–291; Die Kalenderverbesserung (›De correctione kalendarii‹) hg. von *V. Stegemann* und *E. Bischoff*.
99 Die Edition ist in h X geplant.
100 In: h I; lat.-deutsche Ausgabe hg. von *P. Wilpert* und *H.G. Senger*, in: PhB 264 a–c.

101 *Winkler*: Die Entwicklung, I, 23.
102 Ebd., 25.
103 Zur coincidentia oppositorum vgl. bes. *Stallmach*: Zusammenfall; *ders.*: Ineinsfall der Gegensätze.
104 Ed. von *Vansteenberghe*.
105 In: h II.
106 Vgl. auch den Hinweis von *P. Wilpert* in seinem Vorwort zu: Docta ignorantia, I; weiterhin: *Wackerzapp*: Der Einfluß; *Dietrich von Freiberg*, Opera omnia II, Einleitung von *K. Flasch*, XVII, XXVII, XXIX.
107 *Haubst*: Die Thomas- und Proklos-Exzerpte; *Senger*: Cusanus-Texte; *Bormann*: Cusanus-Texte; *Flasch*: ebd.
108 De docta, I, n. 4, n. 10, n. 11; vgl. *Luthers* Aussagen dazu in: WA 26, 339, 32–340, 2; *Stallmach*: Zusammenfall, 52ff.
109 De li non aliud, c. 4.
110 De docta, I, n. 30ff.; *Nagel*: Nikolaus Cusanus und die Entstehung, bes. 35–61.
111 *Meuthen*, 57f.; De docta, I, n. 22f.
112 Ebd., n. 12; 54, 89.
113 So *Ley*, 409–439, bes. 412, 422f.; vgl. *Weier*, Das Thema.
114 De docta, II, n. 97, 112, 125, 157; *Albert von Sachsen*: Quaestiones, II, q. 10; q. 26; vgl. auch *Nagel*: ebd., 16.
115 De docta, II, n. 163, 175.
116 De beryllo, n. 6.
117 *Meuthen*, 59.
118 De visione, n. 47, 52, 54.
119 *Senger*, Einleitung zu De docta, Bd. III, PhB 164 c., VII–XIII; *Kandler*, Nikolaus von Kues als Theologe, 484.
120 In: h III; lateinisch-deutsch: Mutmaßungen, PhB 268; *Koch*: Die ars coniecturalis; MFCG 11; Zitat: h III, n. 4; *W. Happ*: Einführung, PhB 268, XI.
121 In: h IV: Opuscula I; deutsch: Drei Schriften vom verborgenen Gott, PhB 218; Teilweise übersetzt bei: *F. Hoffmann*.
122 In: h V; lateinisch-deutsch: Der Laie über die Weisheit (Idiota de sapientia), PhB 411; Der Laie und die Eperimente mit der Waage übersetzt bei: *F. Hoffmann*.
123 *Winkler*: Die Entwicklung, I, 87.
124 In: h VII; deutsch: Über den Frieden im Glauben, PhB 223; De pace fidei. Der Friede im Glauben, T 1.
125 In: h VIII; deutsch: Sichtung des Alkorans I, PhB 420a; II, PhB 420b und III, PhB 420c.
126 *Colomer*: Die Vorgeschichte.
127 In: h VI (bisher nicht erschienen); Reprint der Straßburger Ausgabe, hg. von P. Wilpert, 1967; deutsch: Von Gottes Sehen, PhB 219; De visione Dei. Das Sehen Gottes, T 3; MFCG 18.
128 In: h XX (bisher noch nicht erschienen); deutsch: Die mathematischen Schriften, PhB 231.
129 In: h XI/1; lateinisch-deutsch: Über den Beryll, PhB 295.

130 In: h X (Opuscula II), teilweise ediert: De principio, h X, Fasc. 2b; deutsch: Über den Ursprung, PhB 346.
131 *Ehses*: Der Reformentwurf.
132 *Winkler*: Ebd., 29.
133 In: h XI/2; deutsch: Dreiergespräch über das Können-Ist (Trialogus de possest), PhB 285.
134 In: h XIII; deutsch: Vom Nichtanderen (De non aliud), PhB 232.
135 In: h IX (bisher noch nicht erschienen); deutsch: Vom Globusspiel, PhB 233; dazu *Heinz-Mohr*: Das Globusspiel.
136 In: h XI/3; lateinisch-deutsch: Kompendium, PhB 267.
137 In: h XII; deutsch: Von der Jagd nach Weisheit, PhB 263.
138 In: h XII, lateinisch-deutsch: Die höchste Stufe der Betrachtung (De apice theoriae), PhB 383; Zitat: *Senger*: Art. Nikolaus von Kues, in: Verfasserlexikon, 1107.
139 In: CT IV. Briefwechsel des *Nikolaus von Kues*, 3. Sammlung.
140 *Senger*: Ebd., 1108.
141 Ebd., 1107; Deutsche Staatsbibliothek Berlin, cod. Magdeb. 166.
142 Weiterführende Literatur: *Haubst*: Das Bild; *ders.*: Die Bedeutung; *Uebinger*: Die Gotteslehre; *Flasch*: Die Metaphysik; *Weier*: Das Thema.
143 Predigt II (bzw. alte Zählung 8), h XVI/1, n. 27.
144 Das kann auch *Thomas von Aquin* sagen: Summa contra gentiles, III, 19.
145 De docta, I, n. 14: »unitas absoluta« oder »unitas infinita«.
146 *Winkler*: Die Entwicklung, I, 75; de possest, n. 74.
147 *Bohnenstaedt*: Nikolaus von Kues: Von Gottes Sehen, Anm. 7, 221 zu De visione, n. 118.
148 Das führt Nikolaus vor allem in De coniecturis mit der darin entwickelten »ars coniecturalis« aus. Dazu *Koch*: Die Ars coniecturalis; *ders.*: Über die Lichtsymbolik, bes. 668; *v. Velthoven*: Gottesschau, 82.
149 De docta, I, n. 5; n. 13.
150 Ebd., n. 18.
151 Ebd., n. 5.
152 Ebd., n. 24–26.
153 *Augustinus*: De doctrina christiana, I, 5: »In patre unitas, in filio aequalitas, in spiritu sancto unitatis aequalitatisque concordia. Et tria haec unum omnia propter patrem, aequalia omnia propter filium, conexa omnia propter spiritum sanctum.« = »Im Vater Einigkeit, im Sohn Gleichheit, im Heiligen Geist Übereinstimmung von Einigkeit und Gleichheit. Und diese drei sind ganz eins wegen des Vaters, ganz gleich wegen des Sohnes, ganz verbunden wegen des Heiligen Geistes.«
154 *Haubst*: Das Bild, 20.
155 De docta, I, n. 28f.; 35.
156 Ebd., I, n. 48.
157 Ebd., n. 51.
158 *Ley*, 142; 417; vgl. 420; dazu: *Kandler*: Nikolaus von Kues in der marxistischen Philosophie, 209–211.
159 De docta, I, n. 55f.

160 Ebd., n. 57f.
161 Ebd., n. 68f.
162 Ebd., n. 71ff.
163 Ebd., n. 75; 79–82. Unter hermetischem Schrifttum versteht man religiöse nichtchristliche Schriften des 2.–3. Jahrhunderts, die als Offenbarungen des Hermes Trismegistos angesehen wurden und eine religiöse Umsetzung platonischer Gedanken darstellen.
164 De docta, I, n. 78.
165 De fide adv. arianos = De trinitate; Nikolaus hat das möglicherweise (Ps.–) *Beda*, Commentarius in librum Boethii De trinitate entnommen: Pl 95, 397B, 399 A.
166 De docta, I, n. 86; 89.
167 Predigt IV (bzw. 1), h XVI/1, n. 1.
168 Ebd., n. 27.
169 *Haubst*: Das Bild, 52–59, bes. 59.
170 De venatione, n. 22.
171 De coniecturis, I, n. 4ff.
172 De visione, n. 50, 47.
173 Ebd., n. 50.
174 De possest, n. 4; n. 8; n. 27.
175 De coniecturis, I, n. 3 in Anlehnung an Spr 17, 4 (vulg.); vgl. *Haubst*: Ebd., 195; Predigt 19, h XVI/3, n. 15; Predigt 20, h XVI/3, n. 5.
176 Predigt IV (bzw. 1), h XVI/1, n. 35.
177 De possest, n. 58; n. 38f.
178 De apice, n. 17.
179 De possest, n. 27.
180 De non aliud, besonders cap. 9.
181 De possest, n. 74.
182 Cribratio, II, n. 88.
183 *Bohnenstaedt*: Einleitung zu Drei Schriften, VI.
184 De deo, n. 1; 6; 9; 11; 15.
185 *Weier*: Das Thema, 176.
186 *Bohnenstaedt*: Ebd., XXf.
187 De quarendo, n. 19.
188 De filiatione, n. 52.
189 Compendium, n. 29f.; 32; 33; 45.
190 *Flasch*: Die Metaphysik, 218; vgl. *Stallmach*: Zusammenfall, 69; *ders.*: Der Zusammenfall, 56–73, bes. 59.
191 *Flasch*, ebd., 321.
192 De pace, n. 16; *Kremer*: Die Hinführung, 133.
193 De pace, n. 26.
194 Ebd., n. 22f.; 25; vgl. *Kremer*: Ebd., 157.
195 Vgl. *L.* und *R. Steiger*: Die Gotteslehre, 70.
196 *Brüntrup*, 71f.; 77.
197 Ebd., 14; 106.
198 De docta, I, n. 3.

199 *Wollgast*: in: *Veränderung*, 56; *Sandor*, 60.
200 De visione, n. 101; vgl. *E. Hoffmann*: Das Universum.
201 *Haubst*: Nikolaus von Kues – »Pförtner«; Jaspers, 138; 130.
202 De docta, II, n. 90; 97.
203 Ebd., II, n. 98; 104 (die Übersetzung von *Wilpert* habe ich verändert, da sie mir sehr mißverständlich erscheint); n. 110.
204 De docta, II, n. 112f.; 116; 119.
205 Ebd., n. 125; 127f. Vgl. auch *Wilpert* in seiner Ausgabe von De docta, II, 122f., Anm. 63. Die das Denken des Mittelalters bestimmende Frage war die, ob die Allgemeinbegriffe im Verhältnis zum konkreten Einzelnen existieren oder nicht. Die Nominalisten hielten die Universalien nur für Namen, die Realisten sahen sie als real existierend, als Gedanken Gottes, an. Es ist nicht richtig zu sagen, der Universalienstreit habe mit dem Sieg der Nominalisten geendet. Der Streit verebbte durch neue Fragestellungen.
206 De docta, II, n. 130f.; vgl. *L.* und *R. Steiger*: Ebd., 72.
207 Ebd., II, 143f.; 150.
208 Ebd., II, n. 151; 153f.; 155–157; dazu *Wilpert*: Ebd., 135, Anm. 150.
209 De docta, II, n. 157; 159.
210 Ebd., II, 162; 164; 167; *Jaspers*, 138f.
211 De docta, II, n. 175f.; 178.
212 *Flasch*: Das philosophische Denken, 542.
213 *Senger*: Die Sprache, 100; zum Ganzen vgl. vor allem *Nagel*: Nicolaus Cusanus und die Entstehung (Zitat: 2).
214 De docta, II, n. 179.
215 *Nagel*: Ebd., 83; De staticis, n. 179.
216 Ebd., n. 178; *Nagel*: Ebd., 33; 57.
217 De mathematica, p II, fol. 101^{r}; *Breidert*, 119; vgl. *Nagel*: Ebd., 62f.; 66; *Zimmermann*, 121–137.
218 De docta, I, n. 11.
219 *Jaspers*, 130f.; *Goldammer*, 25–41; *Nagel*: Nicolaus Cusanus zwischen Ptolemäus und Kepler, 242; 245, 250.
219a *Flasch*: Das philosophische Denken, 542.
220 Dazu: Das Menschenbild ..., MFCG 13.
221 De docta, II, n. 98–100; 100f.; 103f.
222 WA 17 II, 74, 26ff. Bei Nikolaus kommt der Begriff häufiger vor, so in Predigt IV (bzw. 1), h XVI/1, n. 11 (aber auf Christus bezogen!); De beryllo, n. 7; dazu Adn. 9 in: h XI/1, 106.
223 De coniecturis, II, n. 143ff.; *de Gandillac*, 34; vgl. *Herold*, 160.
224 De docta, III, n. 215ff.; *F. Hoffmann*: Diskussionsbeitrag, in: MFCG 14, 50f.
225 Diskussionsbeiträge von *W. Dupré*; *W. Beierwaltes*; *J. Stallmach* und *S. Peetz*, in: MFCG 14, 55–62; vgl. *Haubst*: Christologie, 41–89.
226 De coniecturis, I, n. 5; Predigt CLXXXVII (bzw. 181), zitiert (sonst nicht ediert) bei *Haubst*: Ebd., 43; De venatione, n. 54; n. 58; De ludo, II, n. 101f.
227 *Schnarr*: Das Wort, 192.
228 Idiota de mente, n. 74ff.; vgl. auch Idiota de sapientia, I, n. 18; *Haubst*: Ebd., 45f.

229 *Ehses*, 284; vgl. *Augustinus*: De trinitate, XIV, 8 (Pl 42, 1044c); *Thomas von Aquin*: Summa theologiae, I/II, q. 113, a.10b, c: »Die Seele ist von Natur aus der Gnade fähig«; »die rechtfertigende Gnade hingegen zu erwerben, ist der Mensch nicht befähigt auf Grund eigener Tätigkeit, sondern durch das Wirken Gottes.«
230 De docta, III, n. 258; De quaerendo, n. 43; De venatione, n. 31.
231 Predigt CLXVIII (bzw. 161) und Predigt CCLX (bzw. 257), zit. bei *Haubst*: Ebd., 61f.
232 *Haubst* und *St. Schneider*: Diskussionsbeiträge, in: MFCG 14, 34.
233 Cribratio, II, n. 134.
234 *Reinhardt*: Christus, 206; 222f.
235 *Haubst*: Christologie, 63; Predigt IV (bzw. 1), h XVI/1, n. 1.
236 De beryllo, n. 15; *Flasch*: Das philosophische Denken, 543; *Kremer*: Gottes Vorsehung, 242.
237 *v. Bredow*: Das Vermächtnis, n. 25f.
238 *F. Hoffmann*: Diskussionsbeitrag, in: MFCG 14, 50.
239 De docta, III, n. 218; Predigt 30, h XVII/1, n. 9.
240 Haben das beide, *Nikolaus* und *Luther*, etwa von *Bernhard von Clairvaux* (In cantica canticorum, sermo 24, n. 6f., PL 183, 897 A-C; sermo 80, n. 3f., ebd., 1167 CD; *Bernhard von Clairvaux*: Die Schriften, Bd. 5, 197–199; Bd. 6, 272–274)?
241 Predigt I (bzw. 19), h XVI/1, n. 16f.; vgl. *Haubst*: Christologie, 71.
242 Predigt XVII (bzw. 6, pars 2a), h XVI/3, n. 14; Predigt I (bzw. 19), h XVI/1, n. 23.
243 Dazu grundsätzlich *Haubst*: ebd., vor allem 138–304.
244 *Schönborn*, 138–156.
245 De docta, III, 194.
246 De visione, n. 101.
247 De docta, III, n. 202.
248 De docta, III, n. 206; 208f. Das ist zuletzt wieder ein augustinischer Gedanke.
249 De visione, n. 86.
250 De docta, III, n. 212.
251 Cribratio, III, n. 222.
252 De docta, III, n. 213; 220.
253 Ebd., III, n. 231; Predigt XVII (bzw. 6, pars 2a), h XVI/3, n. 4–11; De visione, n. 101; *Haubst*: Christologie, 132–138.
254 De docta, III, n. 218f.; 220; an letzterer Stelle weiche ich von Sengers Übersetzung ab und übersetze wörtlich.
255 Ebd., III, n. 224; 227.
256 Ebd., III, n. 230f.
257 Ebd., III, 239; *Senger*: De docta, III, Anm. S. 138f; *Bodewig*: Die kritische Edition, 139.
258 De docta, III, n. 242.
259 *Jaspers*, 120f.; *Senger*: Einleitung, VIIIf.
260 *Ley*, 425.
261 *Metzke*, 232.

262 De visione, n. 37; 47; 50; 75; 82; 92; *Yamaki*, 290.
263 *Wilpert*: Das Problem, 55.
264 *Jacobi*: Die Methode, 159.
265 De docta, III, n. 220. Hier weiche ich wieder von Sengers Übersetzung ab, der »per fidem formatam« mit »durch einen vollendeten, lebendigen Glauben« übersetzt. Der Ausdruck ist aber theologisch so geprägt und von der Reformation so hinterfragt worden, daß die Übersetzung wie eine Deutung erscheint, der ich nicht zu folgen vermag. Dasselbe gilt für »non aliter quam ipsa fide iustificari«.
266 De docta, III, n. 217; 250; 252.
267 De venatione, n. 96.
268 Predigt XVIII (bzw. 7), h XVI/3, n. 9; Predigt III (bzw. 3), h XVI/1, n. 3; vgl. auch De possest, n. 15; 33.
269 Cribratio, II, n. 123; Cribratio, III, n. 204; vgl. auch n. 206 und 216.
270 De pace, cap. 16.
271 *v. Bredow*: Das Vermächtnis, n. 33.
272 *Menzel*: Johannes Kymeus, c. 4, S. 16, 33, 66, 74.
273 *Klibansky*: Die Wirkungsgeschichte, 117f.; *ders.*: Gesprächsbeitrag auf dem Podiumsgespräch, in: MFCG 16, 268. Zum Ganzen vgl. *Kandler*: Nikolaus von Kues als testis.
274 *Peters*: Zum christlichen Menschenbild, 234.
275 *Ehses*, 282–284.
276 *Iserloh*: Reform, 69–73; *ders.*: in: *Jedin*: Handbuch, 707.
277 Predigt 109, zit. nach *Schnarr*: Nikolaus von Kues, 129; lat. Text ediert von ihm ebd., 97, Anm. 132.
278 *Pfeiffer*: Maria, 145.
279 *Haubst*: Christologie, 241; *Pfeiffer*: ebd., 146.
280 Ebd., 145; 149f.; *Weier*: Aus Gnaden, 120; vgl. Predigt XXII (bzw. 16), h XVI/4, n. 37.
281 De pace, cap. 17.
282 Zur Sakramentenlehre vgl. *Haubst*: Das Wort, 21–39; Predigt XXIV (bzw. 18), h XVI/4, n. 25. Die genannte Auslegung wird künftig in h X (Opuscula II) erscheinen, ebenso De usu communionis. Auch Predigt XI (bzw. 2), h XVI/3 ist einzusehen. Zur Sakramentenlehre Humberts vgl. *Kandler*: Die Abendmahlslehre.
283 De pace, cap. 18.
284 Predigt CLII (bzw. 145). Sie ist noch nicht ediert. Ich folge in der Übersetzung *Haubst*: Das Wort, 32.
285 *v. Bredow*: Das Vermächtnis, n. 48.
286 Dazu besonders: Das Sehen Gottes, MFCG 18.
287 Apologia, 7.
288 *Schmidt*: Nikolaus von Kues, 31. *Flasch* dagegen möchte möglichst das sicher mißverständliche Wort »Mystik« vermeiden (*Flasch*: Einführung, 192).
289 De visione, n. 50; De docta, III, n. 265.
290 *Reinhardt*, 208.
291 De docta, IIII, 230; 251; 259; 262.

292 Dietrich kann bei Nikolaus nicht nachgewiesen werden, doch hatte dieser großen Einfluß auf Eckhart, dessen Schriften Nikolaus in seiner Bibliothek besaß; vgl. *Beierwaltes*, 95, Anm. 18.
293 De visione, n. 1; dazu *Flasch*: Die Metaphysik, 194–197; *Haug*, 218–230.
294 Clm 19114, 115v-159r (einst eine Tegernseer Handschrift, jetzt in München, Staatsbibliothek).
295 *Schmidt*: Ebd., 28f.
296 *Bohnenstaedt*: Einleitung zu Von Gottes Sehen, 49f.
297 De deo, n. 14 leitet Nikolaus »theos« von »theoreo« (= video, schauen) ab.
298 De visione, n. 10; 62.
299 Ebd., n. 13f.
300 Ebd., n. 27f.
301 Ebd., n. 36f.
302 *Haug*, 220f.; De visione, n. 1.
303 *Haug*, 221–224; De visione, n. 37.
304 *Flasch*: Die Metaphysik, 193.
305 De venatione, n. 53; *Haug*, 228f.
306 De visione, n. 42. Hier wird die Ähnlichkeit des cusanischen Denkens mit dem Denken Teilhard de Chardins ganz deutlich, vgl. *Schneider*: Die »kosmische« Größe, S. XXX.
307 De visione, n. 46.
308 Ebd., n. 47.
309 Ebd., n. 81–83; 92.
310 Ebd., n. 92f.
311 Ebd., n. 101. Zur »communicatio idiomatum s. oben, S. XXX.
312 *Schüssler*, bes. 273, Anm. 45; DS 1501; 3006; 3011 = NR 88; 194; 97.
313 De visione, n. 113f.; vgl. *Haug*, 229.
314 De visione, n. 118; *Bohnenstaedt*: ebd., 221.
315 De visione, n. 120; *Augustinus*: Confessiones, I, 1; Nikolaus aus seiner Bibliothek (cod. 33 und 34) geläufig.
316 *Haas*: Nachwort, 151f.
317 *Bohnenstaedt*: Einleitung zu: Der Laie, 28.
318 *Haas*: ebd., 154.
319 Idiota de sapientia, I, n. 12f.
320 Ebd., I, n. 4; II, n. 33; I, n. 10; II, 47.
321 *Steiger*: Einleitung, XXXII.
322 De docta, III, n. 254.
323 Ebd., III, n. 217; 229; 235; 253.
324 Ebd., III, n. 261.
325 Ebd., III, n. 220; 225; De coniecturis, n. 143f.
326 De docta, III, n. 256.
327 Ebd., III, n. 260–262.
328 Vgl. vor allem *Meuthen*: Art. Nikolaus von Kues; *Winkler*: Die Entwicklung, I, 89–104; *Congar*, 26f.
329 *Vagedes*, 122.
330 Ebd., 277; 335.

331 AC, I, 2, Nr. 743; 752.
332 Vgl. *Meuthen*: Nikolaus von Kues in der Entscheidung; *Senger*: Nikolaus von Kues, in: Gestalten, 290–292; *Gestrich*, 60–69.
333 So schon in De maioritate, n. 27.
334 Wichtig für seinen Kirchenbegriff ist auch sein Brief an Rodrigo Sanchez de Arévalo; vgl. AC, I, 2, Nr. 516.
335 *Senger*: ebd., 297.
336 De pace, n. 68; vgl. auch n. 1 und n. 6.
337 *Stallmach*: Einheit, 64.
338 *Colomer*: Die Vorgeschichte.
339 *Kremer*: Die Hinführung; *Haubst*: Die Wege.
340 *Winkler*: Die Entwicklung, I, 5.
341 *Altmann*, 1.
342 *Töpfer*, 618.
343 *Angermeier*, 90.
344 De concordantia, III, n. 507f.; 357.
345 Ebd., III, n. 497f. Dabei denkt Nikolaus nicht daran, daß das, was er kritisiert, seine Ursache in der Reichspolitik Kaiser Ottos I. hatte.
346 Ebd., III, 500–506.
347 Ebd., III, n. 507.
348 Ebd., III, n. 519.
349 Ebd., III, n. 532–541.
350 *Heinz-Mohr*: Unitas, 216ff.; vgl. De concordantia, II, c. 14.
351 Gegen *Töpfer*, 636; *Angermeier*, 99 und *Hühns*, 25.
352 *Angermeier*, 99; *Hühns*, 17–23.
353 Zur Bedeutung des Nikolaus für das Wiener Konkordat vgl. *Angermeier*, 108–111; *Rill*: Kaiser Friedrich III., 85 übergeht seinen Anteil daran völlig.
354 *Jaspers*, 226f.
355 *Vansteenberghe*: Le »De ignota ...«.
356 Apologia, 1.
357 Ebd., 45; 49.
358 *Klibansky*: Zur Überlieferung, 219ff.
359 *Rossmann*, 330–352, bes. 341.
360 *Klibansky*: Ebd., 220.
361 *Colomer*: Das Menschenbild; *Flasch*: Nikolaus von Kues und Pico, 113–120, bes. 115, 118.
362 *Senger*: Art. Nikolaus von Kues, in: Verfasserlexikon, 1111f.; die neueren Bände der Opera omnia weisen auf die vielfältigen Zitate aus dem cusanischen Schrifttum hin.
363 *Weier*: Das Thema, 53f.
364 Ebd., 5; WA 4, 464 (466–526).
366 *Weier*: ebd., 10f.
367 WA 26, 339, 32–340, 2; dazu *Weier*: ebd., 173f.; *Metzke*, 212f.
368 WA 4, 366, 11–13; *Weier*: ebd., 149.
369 De visione, n. 13.
370 WA 50, 273, 34f.; *Weier*: ebd., 178–180.

371 De docta, III, n. 220; Predigt 275; *Weier*: ebd., 192f.
372 *Weier*: ebd., 201.
373 WA 30 II, 205, 7; WA 59, 488, 1726; 499, 2059–2061; 500, 2066.
374 WA TR 5, 6478; WA 31 II, 516, 37f.
375 Nachweise bei *Kandler*: Nikolaus von Kues als testis; *Menzel*.
376 BSLK, 85f.
377 Text abgedruckt bei *Kandler*: ebd., 234.
378 *Gerhard*: Loci, V, 43.
379 *Wollgast*: Philosophie, 94; 237; 241; 515; 542; 544; 878; 891; *Pagel*, 169–211.
380 *Wollgast*: ebd., 216.
381 *V. Weigel*: Vom Ort der Welt, 44 bzw. 296.
382 *Wollgast*: ebd., 544.
383 *A. Silesius*, 12 (I, 10); vgl. 68 (II, 40).
284 *Bruno*: Gesammelte Werke, VI, 86.
385 *Bruno*: Von der Ursache, 119.
386 *Winkler*: Die Entwicklung, I, 255; *ders.*: Die Entwicklung, II, 109.
387 *Floss*, 172–190, bes. 174: *Patocka*, 322–325.
388 *Nagel*: Nikolaus Cusanus und die Entstehung, 116; Nachweise für die Nikolaus-Kenntnisse bei *Leibniz*: Ebd., 135–139; 159ff.
389 Nachweise bei *Nagel*: ebd., 116.
390 *Wollgast*: Philosophie, 232; 237.
391 *Nagel*: Nikolaus Cusanus zwischen Ptolemäus, 235–250, bes. 245.
392 Ebd., 249.
393 *Nagel*: Nikolaus Cusanus und die Entstehung, 101.
394 De docta, II, n. 157–164; Cod. Cus. 211; ed. *Klibansky*, CSt I, Heidelberg 1930, 41–44.
396 *Wollgast*: Ebd., 891.
397 *Schulz*, 14; von *Wollgast*: Ebd., 891 auch zitiert.
398 Gegen *Wollgast*: Ebd., 892.
399 *de Gandillac*: Nikolaus von Kues; *Gadamer*: Epilog, 275.
400 *E. Hoffmann*: Nikolaus von Cues.
401 Dies fordert *Haubst*: Christologie, 228, Anm. 4.
402 *Hamann*: Schriften, VI, 301.
403 *Ders.*: Briefwechsel, VII, 457f.; vgl. VI, 183.
404 *Klibansky*: Die Wirkungsgeschichte, 121.
405 Ebd., 123d.
406 *Vansteenberghe*: Le cardinal.
407 *Jaspers*, 262–265.
408 *Schneider*: Die »kosmische« Größe, 39; vgl. meine Rezension in: ThLZ, 106. Jg., 1981, 517–520.
409 De docta, II, n. 111.
410 Ebd., II, n. 113.
411 Ebd., II, n. 116.
412 *Schneider*: ebd., 44; 236.
413 De docta, III, 185; De visione, n. 42.
414 *Haubst*: Geleitwort zu *Schneider*: ebd., VII.

415 Ebd., IX.
416 Idiota de sapientia, II, n. 47.
417 *Kandler*: Die Einheit (dort Nachweise der Zitate).
418 *Tillich*: Gläubiger Realismus II, in: GW IV, 92; 101f.
419 De apice, n. 10f. (in der Übersetzung von *Brüntrup*, 129).
420 In: GW XIII, 477–488, bes. 480f.
421 In: GW Erg II, 61f.
422 *Kandler*: Nikolaus von Kues in der marxistischen Philosophie.
423 *Sandor; Sokolov.*
424 *Hedtke; Winkler.*
425 *Sandor*, 110; 114; 138.
426 *Ley*, 409–439; bes. 422f.; 425.

Literaturverzeichnis

Quellen

De concordantia catholica, I–III, h XIV, 1–3; ed. G. Kallen, Hamburg ^{2}1964/^{2}1965/1959; h XIV, 4 (Indices), Hamburg 1968.

De maioritate auctoris sacrorum conciliorum supra auctoritatem papae, hg. v. E. Meuthen, CT II, 2, SAHW.PH 1977.

De auctoritate praesidendi in concilio generali, hg. v. G. Kallen, CT II, 1, SAHW.PH 1935/36.

De usu communionis, Epist. II et III, p II, fol. 5^{r}–13^{r}.

Die Kalenderverbesserung. De correctione kalendarii, hg. v. V. Stegemann und B. Bischoff, Heidelberg 1955.

Predigten. Sermones, h XVI–XIX, bisher erschienen: h XVI, 1–4; h XVII, 1–3; h XVIII/1; h XIX, 1, ed. R. Haubst, W. Krämer, M. Bodewig, H. Pauli, H. Schnarr, K. Reinhard und K. Euler, Hamburg 1970ff. (Predigten 1430–1441, deutsch von J. Sikora und E. Bohnenstaedt, Heidelberg 1952; Die Vaterunser-Erklärung in der Volkssprache, übertragen v. W. Jungandreas, T 2, Trier 1982).

De docta ignorantia, I–III, h I, ed. E. Hoffmann et R. Klibansky, Leipzig 1932. (Die belehrte Unwissenheit, I–III, hg. v. P. Wilpert und H.G. Senger, Hamburg ^{3}1979/^{2}1977/1977, PhB 264a–c – in der DDR: PhSt, Berlin: I ^{2}1970, II 1967)

Apologia doctae ignorantiae, h II, ed. R. Klibansky, Leipzig 1932.

De coniecturis I/II, h III, ed. I. Koch et C. Bormann, I.G. Senger, Hamburg 1972 (Mutmaßungen, lat.-deutsch, hg. v. J. Koch und W. Happ, PhB 268, Hamburg 1971).

Opuscula I: De deo abscondito, De quaerendo deum, De filiatione dei, De dato patris luminum, Coniectura de ultimis diebus, De genesi, h IV, ed. P. Wilpert, Hamburg 1959. (Drei Schriften vom verborgenen Gott, hg. v. E. Bohnenstaedt, PhB 218, Hamburg ^{3}1967).

Idiota de sapientia, Idiota de mente, Idiota de staticis experimentis, h V, ed. R. Steiger et L. Baur, Hamburg 1982. (Idiota de sapientia. Der Laie über die Weisheit, lat.-deutsch, hg. v. R. Steiger, PhB 411, Hamburg 1988; Idiota de mente. Der Laie über den Geist, hg. v. R. Steiger, PhB 432, Hamburg 1995; Der Laie über die Experimente mit der Waage, hg. von F. Hoffmann, in: *F. Hoffmann*: In menschlicher Weise zum Göttlichen führen. Hinführung zu Nikolaus von Kues, Leipzig 1985).

De visione dei, h VI (noch nicht ediert), p II, fol. 99^{r}–114^{r}. (Von Gottes Sehen, hg. v. E. Bohnenstaedt, PhB 219, Leipzig ^{2}1944; De visione Dei. Das Sehen Gottes, übers. v. H. Pfeiffer, T 3, Trier 1985).

De pace fidei, h VIII, ed. R. Klibansky et H. Bascour OSB, Hamburg ²1970. (Über den Frieden im Glauben, hg. v. L. Mohler, PhB 223, Leipzig 1943; De pace fidei. Der Friede im Glauben, übers. v. R. Haubst, T 1, Trier 1982).

Cribratio Alkorani, I–III, h VIII, ed. L. Hagemann, Hamburg 1986. (Sichtung des Alkorans, I, II, III, hg. v. L. Hagemann und R. Glei, PhB 420a, b, c, Hamburg 1989, 1990 und 1993).

De ludo globi, I–II, h XI (noch nicht ediert), p I, fol. 152ᵛ–168ᵛ. (Vom Globusspiel, hg. v. G. v. Bredow, PhB 233, Hamburg ²1978).

Opuscula II, h X; bisher ediert: Fasc. II: *De deo unitrino principio, a: Tu qui es (De principio)*, ed. C. Bormann et A.D. Riemann, h X, Fasc. 2b, Hamburg 1988. (Über den Ursprung, hg. v. J. Koch, PhB 346, Hamburg 1967); b: *De theologicis complementis*, ed. A.D. Riemann et C. Bormann, h X, Fasc. 2a, Hamburg 1994.

De beryllo, Trialogus de possest, Compendium, h XI; De beryllo, ed. I.G. Senger et C. Bormann, h XI, 1, Hamburg 1988. (De beryllo. Über den Beryll, hg. v. K. Bormann und N. Kuhnekath, PhB 295, Hamburg ²1977; Trialogus de possest. Dreiergespräch über das Können-Ist, lat.-deutsch, hg. v. R. Steiger, PhB 285, Hamburg 1973; Compendium (Kurze Darstellung der philosophisch-theologischen Lehren), lat.-deutsch, hg. v. B. Decker und K. Bormann, PhB 267, Hamburg ³1996).

De venatione sapientiae, De apice theoriae, h XII, ed. R. Klibansky et I.G. Senger, Hamburg 1982. [Die Jagd nach Weisheit (De venatione sapientiae), hg. v. P. Wilpert, PhB 263, Hamburg 1964; De apice theoriae. Die höchste Stufe der Betrachtung, hg. von H.G. Senger, PhB 383, Hamburg 1986].

Directio speculantis seu de li non aliud, h XIII, ed. L. Baur et P. Wilpert, 1944 [Vom Nichtanderen (De li non aliud), hg. v. P. Wilpert, PhB 232, Hamburg ²1976].

Scripta mathematica, h XX, noch nicht ediert, b III, 939–1154. (Die Mathematischen Schriften, hg. v. J. und J.E. Hoffmann, PhB 231, Hamburg ²1980).

Brief an Rodrigo Sanchez de Arévalo, hg. v. G. Kallen, CT II, 1, SAHW.Ph 1935/36, 106–112.

G. v. Bredow: Das Vermächtnis des Nikolaus von Kues. Der Brief an Nikolaus Albergati nebst der Predigt in Monteliveto, CT IV, 3, SAHW.Ph 1955, 2.

Acta Cusana. Quellen zur Lebensgeschichte des Nikolaus von Kues. Im Auftrag der Heidelberger Akademie der Wissenschaften hg. v. E. Meuthen und E. Hallauer; bisher erschienen Band I, 1–3, Hamburg 1977/83/96.

Cusanus-Texte. III. Marginalien. 2. Proclus Latinus. Die Exzerpte und Randnoten des Nikolaus von Kues zu den lateinischen Übersetzungen der Proclus-Schriften, 2.1. Theologia Platonis. Elementatio theologica, hg. v. H.G. Senger, AHAW.PH 1986; 2. 2. Expositio in Parmenidem Platonis, hg. v. K. Bormann, AHAW.PH. 1986.

St. Ehses: Der Reformentwurf des Kardinals Nicolaus Cusanus. In: HJ 32, 1911. 274–297.

Sekundärliteratur

Albert v. Sachsen: Quaestiones in libros de caelo et mundo, Venedig 1520.

U. Altmann: Nachwort zu: Reformatio Sigismundi, Reprint des Druckes in Augsburg 1497, Leipzig 1984.

H. Angermeier: Die Reichsreform 1410–1555. München 1984.

Augustinus: Confessiones/Bekenntnisse, lat.-deutsch, hg. und übers. von J. Bernhart, München [4]1980.

Augustinus: De doctrina christiana, in: CSEL, Vol. LXXX, sect. VI, pars IV, hg. v. G.M. Green, Wien 1963.

Augustinus: De Trinitate, CChr.SL 50, (3–) 25–380; 50A, 381–535 (= BKV 2/XIV, München 1936).

(Ps.–) Beda: Commentarius in librum Boethii De trinitate, in: PL 95.

W. Beierwaltes: »Visio facialis« – Sehen ins Angesicht. Zur Coincidenz des endlichen und unendlichen Blicks bei Cusanus, in: MFCG 18, 1989, 91–118.

Die Bekenntnisschriften der evangelisch-lutherischen Kirche, hg. im Gedenkjahr der Augsburgischen Konfession 1930 vom Deutschen Ev. Kirchenausschuß, Göttingen [2]1955 (und spätere Ausgaben).

H. Bergmann/U. Hedtke/U. Ruben/C. Warncke: Dialektik und Systemdenken. Historische Aspekte, Berlin 1977.

Bernhard v. Clairvaux: In Cantica Canticorum. In: PL 183.

Bernhard v. Clairvaux: Die Schriften des Honigfließenden Lehrers, 5b. Das Hohelied, hg. v. A. Wolters/E. Friedrich S.O. Cist., Wittlich 1937/38.

W. Berschin: Griechisch-lateinisches Mittelalter. Von Hieronymus zu Nikolaus von Kues, Bern/München 1980.

M. Bodewig: Die kritische Edition der Predigten des Nikolaus von Kues, in: Zugänge, 1986, 133–143.

E. Bohnenstaedt: Einleitung zu: Nikolaus von Cues: Der Laie über die Weisheit, PhB 216, Leipzig [2]1944.

E. Bohnenstaedt: Einleitung zu: Nikolaus von Kues: Drei Schriften vom verborgenen Gott, PhB 218, Hamburg [3]1967.

E. Bohnenstaedt: Einleitung zu: Nikolaus von Cues: Von Gottes Sehen, PhB 219, Leipzig [2]1944.

P. Bolberitz: Philosophischer Gottesbegriff bei Nikolaus Cusanus in seinem Werk »De non aliud«, Erfurter Theologische Schriften, hg. von *W. Ernst* und *K. Feiereis*, 17, Leipzig 1989.

C. Bormann. Cusanus-Texte (s. Quellen).

G. v. Bredow: Das Vermächtnis (s. Quellen).

W. Breidert: Mathematik und symbolische Erkenntnis bei Nikolaus von Kues, in: MFCG 12, 1977, 116–126.

W. Brugger: Philosophisches Wörterbuch, Freiburg/Basel/Wien [16]1981.

G. Bruno: De la causa, principio ed uno, übers. v. P. Seliger und L. Kuhlenbeck, hg. v. J. Feller, deutsch: Von der Ursache, dem Prinzip und dem Einen, Leipzig 1984.

G. Bruno: Gesammelte Werke, VI, übers. v. L. Kuhlenbeck, 1909.

A. Brüntrup: Können und Sein. Der Zusammenhang der Spätschriften des Niko-

laus von Kues. Epimeleia, Beiträge zur Philosophie 23, München/Salzburg 1973.
E. Colomer: Das Menschenbild des Nikolaus von Kues in der Geschichte des christlichen Humanismus, in: MFCG 13, 1978, 117–143.
E. Colomer: Die Vorgeschichte des Motivs vom Frieden im Glauben bei Raimund Lull, in: MFCG 16, 1984, 82–107.
Y. Congar: Die Lehre von der Kirche. Vom Abendländischen Schisma bis zur Gegenwart, in: HDG III/3d, Freiburg/Basel/Wien 1971.
Dietrich von Freiberg: De visione beatifica, in: Opera omnia I, Schriften zur Intelektttheorie, Einleitung v. K. Flasch, hg. v. B. Mojsisch, Hamburg 1977.
St. Ehses: Der Reformentwurf (s. Quellen).
W.A. Euler: Unitas et Pax. Religionsvergleich bei Raimundus Lullus und Nikolaus von Kues, Würzburger Forschungen zur Missions- und Religionswissenschaft, Religionswissenschaftliche Studien, 15, Würzburg/Altenberge 1990.
K. Flasch: Einführung in die Philosophie des Mittelalters, Darmstadt 1987.
K. Flasch: Einleitung zu: Dietrich von Freiberg (s. dort).
K. Flasch: Die Metaphysik des Einen bei Nikolaus von Kues. Studien zur Problemgeschichte der antiken und mittelalterlichen Philosophie 7, Leiden 1973.
K. Flasch: Nikolaus von Kues und Pico della Mirandola, in: MFCG 14, 1980, 113–120.
K. Flasch: Das philosophische Denken im Mittelalter, Stuttgart 1987.
P. Floss: Cusanus und Comenius, in: MFCG 10, 1973, 172–190.
Der Friede unter den Religionen nach Nikolaus von Kues, in: MFCG 16, 1983.
H.G. Gadamer: Epilog, in: MFCG 11, 1975, 275–280.
M. de Gandillac: Nikolaus von Kues zwischen Plato und Hegel, in: MFCG 11, 1975, 21–38.
M. de Gandillac: »Una religio in rituum varietate«, in: MFCG 9, 1971, 92–105.
J. Gerhard: Loci theologici, ed. Preuss, Bd. V, Berlin 1867.
H. Gestrich: Nikolaus von Kues in der deutschen Rechtsgeschichte, in: Zugänge, 1986, 60–69.
K. Goldammer: Nicolaus von Cues und die Überwindung des geozentrischen Weltbildes, in: Alte Probleme – Neue Ansätze, Wiesbaden 1965, 25–41.
M. Haas: Nachwort zu: Nikolaus von Kues: Vom Sehen Gottes, in: Unbekanntes Christentum, Zürich/München 1987.
H. Hallauer: Das Glaubensgespräch mit den Hussiten, in: MFCG 9, 1971, 53–75.
H. Hallauer: Zur Mainzer Provinzialsynode von 1451, in: MFCG 13, 1978, 253–263.
J.G. Hamann: Briefwechsel, hg. v. A. Henckel, VI und VII, Frankfurt a.M. 1975, 1979.
J.G. Hamann: Schriften, hg. v. F. Roth, VI, Berlin 1824.
Handbuch der Kirchengeschichte III. Die mittelalterliche Kirche, 2. Vom kirchlichen Hochmittelalter bis zum Vorabend der Reformation, hg. v. H. Jedin, Freiburg/Basel/Wien 1968.
W. Happ: Einführung zu: Nikolaus von Kues: Mutmaßungen (s. Quellen).

R. Haubst: Albert, wie Cusanus ihn sah, in: Albertus Magnus. Doctor universalis 1280–1980, hg. v. G. Meyer OP und A. Zimmermann, Mainz 1980, 167–194.

R. Haubst: Das Wort als Brot, in: Martyria, leiturgia, diakonia. FS H. Volk, Mainz 1968, 21–39.

R. Haubst: Die Bedeutung des Trinitätsgedankens bei Nikolaus von Kues, TThZ 61, 1952, 21–29.

R. Haubst: Das Bild des Einen und Dreieinen Gottes in der Welt nach Nikolaus von Kues, TThSt 4, Trier 1952.

R. Haubst: Die Christologie des Nikolaus von Kues, Freiburg 1956.

R. Haubst: Die erkenntnistheoretische und mystische Bedeutung der »Mauer der Koinzidenz«, in: MFCG 18, 1989, 167–191.

R. Haubst: Der junge Cusanus war im Jahre 1428 zu Handschriftenstudien in Paris, in: MFCG 14, 1980, 198–205.

R. Haubst: Nikolaus von Kues – »Pförtner der neuen Zeit«. Kleine Schriften der Cusanus-Gesellschaft 12, Trier 1988.

R. Haubst: Studien zu Nikolaus von Kues und Johannes Wenck aus Handschriften der Vatikanischen Bibliothek. BGPhThM 38/1, Münster 1955.

R. Haubst: Die Thomas- und Proklos-Exzerpte des »Nicolaus Treverensis« in Codicillus 84, in: MFCG 1, ²1968, 17–51.

R. Haubst: Theologie in der Philosophie – Philosophie in der Theologie des Nikolaus von Kues, in: MFCG 11, 1975, 233–260.

R. Haubst: Streifzüge in die cusanische Theologie, BCG, Sonderband, Münster/W. 1991.

W. Haug: Die Mauer des Paradieses. Zur mystica theologia des Nicolaus Cusanus in »De visione Dei«, in: ThZ 45, 1989, 216–230.

U. Hedtke: Coincidentia oppositorum oder die verweltlichte Unendlichkeit. Dialektik und Systemdenken bei Nikolaus von Kues, in: H. Bergmann (s. dort), 19–54.

W. Heinemann: Einheit in Verschiedenheit. Das Konzept eines intellektuellen Religionsfriedens in der Schrift »De pace fidei« des Nikolaus von Kues, Studien, hg. von *A.Th. Khoury* und *L. Hagemann*, 10, Altenberge 1987.

G. Heinz-Mohr: Das Globusspiel des Nikolaus von Kues, 1965.

G. Heinz-Mohr: Unitas Christiana. Studien zur Gesellschaftsidee des Nikolaus von Kues, Trier 1958.

G. Heinz-Mohr/W.P. Eckert: Das Werk des Nicolaus Cusanus. Eine bibliographische Einführung, Köln ³1981.

J. Helmrath: Das Basler Konzil 1431–1449. Forschungsstand und Probleme, Kölner Historische Abhandlungen, 32, Köln/Wien 1987.

N. Herold: »Subjektivität« als Problem der Cusanus-Interpretation, in: MFCG 14, 1980, 146–166.

E. Hoffmann: Nikolaus von Cues und die deutsche Philosophie, Heidelberg 1940.

E. Hoffmann: Das Universum des Nikolaus von Kues, in: SAHW 29/30, 4–40.

F. Hoffmann: In menschlicher Weise zu Gott führen. Hinführung zu Nikolaus von Kues, Leipzig 1985.

E. Hühns: Theorie und Praxis in der Reichsreformbewegung des 15. Jahrhun-

derts. Nikolaus von Cues, die Reformatio Sigismundi und Berthold von Henneberg, in: WZ Berlin 1951/52 [WZ(B).GS], 17–34.
K. *Jakobi*: Die Methode der Cusanischen Philosophie. Symposion 31, Freiburg/München 1969.
K. *Jacobi*: Nikolaus von Kues. Einführung in sein philosophisches Denken, hg. von K. Jacobi, Freiburg/München 1979.
K. *Jacobi*: Ontologie aus dem Geist »belehrten Nichtwissens«, in: Nikolaus von Kues, Einführung, 27–55.
K. *Jaspers*: Nikolaus Cusanus, München 1964; Neuausgabe ²1987.
H. *Jedin*: Handbuch der Kirchengeschichte (s. dort).
E. *Iserloh*: Reform der Kirche bei Nikolaus von Kues, in: MFCG 4, Mainz 1964.
K.-H. *Kandler*: Die Abendmahlslehre des Kardinals Humbert und ihre Bedeutung für das gegenwärtige Abendmahlsgespräch, AGTL 24, Berlin/Hamburg 1971.
K.-H. *Kandler*: Die Einheit von Endlichem und Unendlichem. Zum Verhältnis von Paul Tillich zu Nikolaus von Kues, in: KuD 25, 1979, 106–122.
K.-H. *Kandler*: Humbert a Silva Candida, in: Klassiker der Theologie, hg. v. H. Fries u. G. Kretschmar, I, München 1981, 150–164.
K.-H. *Kandler*: Nikolaus von Kues als testis veritatis, in: MFCG 17, Mainz 1986, 223–234.
K.-H. *Kandler*: Nikolaus von Kues als Theologe, ThLZ, 115. Jg., Nr. 7, Sp 481–490.
K.-H. *Kandler*: Nikolaus von Kues in der marxistischen Philosophie heute – Literaturbericht –, in: MFCG 14, Mainz 1980, 206–218.
A. *Kapr*: Johannes Gutenberg. Persönlichkeit und Leistung. München und Leipzig/Jena/Berlin 1987/1986.
R. *Klibansky*: Die Wirkungsgeschichte des Dialogs »De pace fidei«, in: MFCG 16, Mainz 1984, 113–125.
R. *Klibansky*: Zur Überlieferung der Docta ignorantia, in: Nikolaus von Kues: De docta ignorantia. Die belehrte Unwissenheit, III, hg. von H.G. Senger, PhB 264c, Hamburg 1977, 218–236.
J. *Koch*: Die ars coniecturalis des Nikolaus von Kues, in: Arbeitsgemeinschaft für Forschung des Landes Nordrhein-Westfalen, 16, Köln/Obladen 1956.
J. *Koch*: Über die Lichtsymbolik im Bereich der Philosophie und Mystik des Mittelalters, in: Studium generale, 13, 1960, 653–670.
W. *Krämer*: Konsensus und Rezeption. Verfassungsprinzipien der Kirche im Basler Konziliarismus, BGPhMA. NF 19, Münster 1980.
W. *Krämer*: Der Beitrag des Nikolaus von Kues zum Unionskonzil mit der Ostkirche, in: MFCG 9, Mainz 1971, 34–52.
K. *Kremer*: Gottes Vorsehung und die menschliche Freiheit, in: MFCG 18, Trier 1989, 227–252.
K. *Kremer*: Die Hinführung (manuductio) von Polytheisten zum Einen, von Juden und Mohammedanern zum Dreieinen Gott, in: MFCG 16, Mainz 1984, 126–159.
P.O. *Kristeller*: Humanismus und Renaissance, I, München 1974.
F. *Kuntz*: Medizinisches bei Nikolaus von Kues, in: MFCG 13, Mainz 1977, 127–136.

J. Kymeus: Des Babsts Hercules wider die Deudschen (s. O. Menzel).

W. Lentzen-Deis: Den Glauben Christi teilen. Theologie und Verkündigung bei Nikolaus von Kues, Praktische Theologie heute, hg. von G. Bitter u.a., 2, Stuttgart/Köln/Berlin 1991.

H. Ley: Geschichte der Aufklärung und des Atheismus, II/2, Berlin 1971.

Lexikon der philosophischen Werke, hg. von F. Volpi und J. Nida-Rümelin, Stuttgart 1988 (Artikel von K.H. Wiederkehr).

M. Luther: Disputatio inter Ioannem Eccium et Martinum Lutherum, WA 59, (427–) 433–605.

M. Luther: Vom Abendmahl Christi. Bekenntnis, WA 26, 261–509 = StA 4, 13–258.

M. Luther: Disputatio Johannis Ecci et Martini Lutheri Lipsiae habita, WA 2, (250–253). 254–383.

M. Luther: Dictata super psalterium, WA 3; 4; 9; 31 I = StA I, 29–96 (Auszug).

M. Luther: Die drei Symbola oder Bekenntnis des Glaubens Christi, WA 50, 262–283.

M. Luther: Tischreden, WA TR 5, Nr. 6478.

M. Luther: Vorwort zu dem Libellus de ritu et moribus Turcorum, WA 30 II, (198–204). 205–208.

St. Meier-Oeser: Die Präsenz des Vergessenen. Zur Rezeption der Philosophie des Nicolaus Cusanus vom 15. bis zum 18. Jahrhundert, BCG X, Münster/W. 1989.

H. Meinhardt: Exaktheit und Mutmaßungscharakter der Erkenntnis, in: Nikolaus von Kues. Einführung, 101–120.

O. Menzel: Johannes Kymeus, Des Babsts Hercules wider die Deudschen, CSt VI/6, Heidelberg 1941.

E. Meuthen: Der Fall von Konstantinopel und der lateinische Westen, in: MFCG 16, Mainz 1984, 35–60.

E. Meuthen: Leben in der Zeit, in: Nikolaus von Kues. Einführung, 7–26.

E. Meuthen: Nikolaus von Kues 1401–1464. Skizze einer Biographie, Münster ^{8}1992.

E. Meuthen: Art. Nikolaus von Kues, in: StL IV, ^{7}1988, 35–37.

E. Meuthen: Nikolaus von Kues in der Entscheidung zwischen Konzil und Papst, in: MFCG 9, Mainz 1971, 19–33.

E. Meuthen: Nikolaus von Kues und die Geschichte, in: MFCG 13, Mainz 1978, 234–252.

E. Meuthen: Das Trierer Schisma von 1430 auf dem Basler Konzil, BCG 1, Münster 1964.

E. Metzke: Coincidentia oppositorum. Gesammelte Studien zur Philosophiegeschichte, Witten 1961.

B. Mojsisch/O. Pluta (Hg.): Historia Philosophiae Medii Aevi. Studien zur Geschichte der Philosophie des Mittelalters, FS K. Flasch, 2 Bände, Amsterdam/Philadelphia 1991; darin: *K.-H. Kandler*: Theologia mystica – theologia facilis – theologia sermocinalis, I, 467–476; *B. Mojsisch*: Nichts und Negation. Meister Eckhart und Nikolaus von Kues, II, 675–693; *R. Sturlese*: Niccolo Cusano e gli inizi della speculazione del Bruno, II, 953–966; *N. Winkler*: Am-

phibolien des cusanischen Einheitsdenkens – Zwischen Restitution der Metaphysik und Aufbruch in die Dialektik, II, 1065–1082.
F. Nagel: Nicolaus Cusanus und die Entstehung der exakten Naturwissenschaften, BCG 9, Münster 1984.
F. Nagel: Nicolaus Cusanus zwischen Ptolemäus und Kepler, in: MFCG 17, Mainz 1986, 235–250.
Nikolaus von Kues. Einführung in sein philosophisches Denken, hg. v. K. Jacobi, Freiburg/München 1979.
M.M. Oberrauch: Aspekte der Operationalität. Untersuchungen zur Struktur des Cusanischen Denkens, Frankfurt (Main) 1993.
U. Offermann: Christus – Wahrheit des Denkens. Eine Untersuchung zur Schrift »De docta ignorantia« des Nikolaus von Kues, BGPhThMA-NF 33, Münster/W. 1991.
W. Pagel: J.B. van Helmont als Naturmystiker, in: A. Fairre/R.C. Zimmermann: Epochen der Naturmystik, Berlin 1979, 169–211.
J. Patocka: Cusánus a Komensky, in: Vasmír 1953, 322–325.
A. Peters: Zum christlichen Menschenbild. Freiheit, Erlösung und Rechtfertigung, Glaube und Werke, in: MFCG 16, Mainz 1984, 214–242.
H. Pfeiffer: Maria, die Dienerin und Magd des Herrn, in: Zugänge, 144–151.
K. Reinhardt: Christus, die »absolute Mitte« als der Mittler zur Gotteskindschaft, in: MFCG 18, 1989, 196–220.
B. Rill: Friedrich III. Habsburgs europäischer Durchbruch. Graz/Wien/Köln 1987.
A. Rossmann: Der Tegernseer Benediktiner Johannes Keck über die mystische Theologie, MFCG 13, 330–352.
P. Sandor: Nicolaus Cusanus, Berlin/Budapest 1971.
A. Schall: Die Sichtung des Christlichen im Koran, in: MFCG 9, Mainz 1971, 76–85.
H. Schnarr: Nikolaus von Kues als Prediger in Trier, in: Zugänge, 120–132.
H. Schnarr: Das Wort Idea bei Nikolaus von Kues, in: MFCG 13, Mainz 1978, 182–197.
St. Schneider: Die »kosmische« Größe Christi als Ermöglichung seiner universalen Heilswirksamkeit an Hand des kosmogenetischen Entwurfes Teilhard de Chardins und der Christologie des Nikolaus von Kues, BCG 8, Münster 1979.
M. Schmidt: Nikolaus von Kues im Gespräch mit dem Tegernseer Mönchen über Weg und Sinn der Mystik, in: MFCG 18, Trier 1989, 25–49.
M.A. Schmidt: Dogma und Lehre im Abendland, II. Die Zeit der Scholastik, in: Handbuch der Dogmen- und Theologiegeschichte, I, Göttingen 1982, 567–754.
Chr. Schönborn OP: »De docta ignorantia« als christozentrischer Entwurf, in: Nikolaus von Kues. Einführung, 138–156.
H. Schüssler: Der Primat der Heiligen Schrift als theologisches und kanonistisches Problem im Spätmittelalter, VIEG 86, Wiesbaden 1977.
H.G. Senger: Cusanus-Texte (s. unter Quellen).

H.G. Senger: Die Sprache der Metaphysik, in: Nikolaus von Kues. Einführung, 74–100.

H.G. Senger: Einleitung zu Nikolaus von Kues: De docta ignorantia. Die belehrte Unwissenheit, III, PhB 264c, Hamburg 1977.

H.G. Senger: Art. Nikolaus von Kues, in: Die deutsche Literatur des Mittelalters. Verfasserlexikon, 6, Berlin/New York 1987, 1093–1113.

H.G. Senger: Nikolaus von Kues, in: Gestalten der Kirchengeschichte, Mittelalter, II, hg. v. M. Greschat, Stuttgart 1983, 286–307.

H.G. Senger: Thomas Hirschhorn, ein Magdeburger Gelehrter des 15. Jahrhunderts, HJ 100, 1980, 217–239; HJ 101, 1981, 474–476.

A. Silesius: Sämtliche poetische Werke, I, hg. v. G. Ellinger, Berlin 1923.

V.V. Sokolov: Nikolaus Cusanus, in: Geschichte der Dialektik. 14.-18. Jahrhundert, Berlin 1979, 31–46.

R. Stadelmann: Vom Geist des ausgehenden Mittelalters, in: DVfLG. Buchreihe 15, Halle/S. 1929 (Reprint Stuttgart 1987).

J. Stallmach: Einheit der Religion – Friede unter den Religionen, in: MFCG 16, Mainz 1984, 61–75.

J. Stallmach: Zusammenfall der Gegensätze. Das Prinzip der Dialektik bei Nikolaus von Kues, in: MFCG 1, [2]1968, 52–75.

J. Stallmach: Der »Zusammenfall der Gegensätze« und der unendliche Gott, in: Nikolaus von Kues. Einführung, 56–73.

J. Stallmach: Ineinsfall der Gegensätze und Weisheit des Nichtwissens. Grundzüge der Philosophie des Nikolaus von Kues, BCG, Sonderband, Münster/W. 1989.

L. u. R. Steiger: Die Gotteslehre des Nicolaus Cusanus, in: PhR 19, 1–2, 1972, 54–73.

R. Steiger: Einleitung zu Nikolaus von Kues: Idiota de sapientia. Der Laie über die Weisheit, PhB 411, Hamburg 1988.

Thomas von Aquin: Summa theologica, I/II. Die Deutsche Thomasausgabe, 14, Heidelberg/Graz/Wien/Köln 1955.

P. Tillich: Gläubiger Realismus II, Stuttgart 1961 (GW IV, 88–106).

P. Tillich: Der philosophische Hintergrund meiner Philosophie, Stuttgart 1972 (GW XIII, 477–488).

P. Tillich: Systematische Theologie, I-III, Stuttgart [3]1956, [2]1958, 1966.

P. Tillich: Vorlesungen über die Geschichte des christlichen Denkens, Stuttgart 1972 (GW Erg II).

J. Uebinger: Die Gotteslehre des Nikolaus Cusanus, Münster/Paderborn 1888.

A. Vagedes: Das Konzil über dem Papst? Die Stellungnahme des Nikolaus von Kues und des Panormitanus zum Streit zwischen dem Konzil von Basel und Eugen IV. Paderborner Theologische Studien 11, Paderborn/München/Wien/Zürich 1981, 2 Bände.

E. Vansteenberghe: Le cardinal Nicolas de Cues. L'Action – La Pensée, Paris 1920 (Nachdruck Frankfurt a.M. 1963).

E. Vansteenberghe: Le »De ignota litteratura« de Jean Wenck de Herrenberg contre Nicolas de Cues, BGPhMA VIII, 6, Münster 1910.

Th. van Velthoven: Gottesschau und menschliche Kreativität. Studien zur Erkenntnislehre des Nikolaus von Kues, Leiden 1977.
Veränderung und Entwicklung. Studien zur vormarxistischen Dialektik, hg. v. G. Stiehler, Berlin 1974.
R. Weier: Aus Gnaden gerechtfertigt, in: MFCG 9, Mainz 1971, 118–124.
R. Weier: Das Thema vom verborgenen Gott von Nikolaus von Kues zu Martin Luther, BCG 2, Münster 1967.
V. Weigel: Vom Ort der Welt, in: Sämtliche Schriften, hg. von W.E. Peuckert u. W. Zeller, Stuttgart 1962 = Ausgewählte Schriften, hg. v. S. Wollgast, Berlin 1977.
J. Wenck von Herrenberg: De ignota litteratura, hg. v. J. Hopkins, Nicholas of Cusa's Debate with John Wenck, Minneapolis 1981, 95–118.
P. Wilpert: Einleitung zu Nikolaus von Kues: Die belehrte Unwissenheit, II, PhB 264b = PhSt, Berlin 1967.
P. Wilpert: Das Problem der coincidentia oppositorum, in: Humanismus, Mystik und Kunst in der Welt des Mittelalters, STGMA 3, Leiden/Köln 1953, 39–55.
N. Winkler: Die Entwicklung der Grundidee von der coincidentia oppositorum. Zur Entstehung und Genesis der Cusanischen Philosophie. Manuskript 1985 (zit. I).
N. Winkler: Die Entwicklung der Grundidee von der coincidentia oppositorum in der Philosophie des Nikolaus von Kues, Diss. masch. Berlin, Akademie der Wissenschaft der DDR, 1988 (zit. II).
Die wissenschaftlichen Referate beim Cusanus-Jubiläum 1964, MFCG 4, Mainz 1964.
Wissenschaftliche Konferenz der Deutschen Akademie der Wissenschaften zu Berlin anläßlich der 500. *Wiederkehr des Todesjahres von Nikolaus von Kues*. Deutsche Akademie der Wissenschaften zu Berlin, Vorträge und Schriften, 97, Berlin 1965.
S. Wollgast: Philosophie in Deutschland zwischen Reformation und Aufklärung, Berlin 1988.
K. Wriedt: Die epistula in causa schismaticis des Johannes Wenck, in: MFCG 10, Mainz 1973, 125–129.
K. Yamaki: Die »manuductio« von der »ratio« zur Intuition in »De visione Dei«, in: MFCG 18, Trier 1989, 276–295.
A. Zimmermann: »Belehrte Unwissenheit« als Ziel der Naturforschung, in: Nikolaus von Kues. Einführung, 121–137.
Zugänge zu Nikolaus von Kues. FS der Cusanus-Gesellschaft, hg. v. H. Gestrich, Bernkastel-Kues 1986.

Zeittafel

	Zeit- und Kirchengeschichte	Biographie	Schriften
1400–1405		1401 Nikolaus in Kues geboren	
1405–1410	1409 Konzil zu Pisa		
1410–1415	1414–1418 Konzil zu Konstanz		
1415–1420	1410–1437 Sigismund dt. König	1416 Studium in Heidelberg 1417 ff. (?) Studium in Padua	
1420–1425		1423 Doktor des kanonischen Rechts 1424 Aufenthalt in Rom 1425 ff. Studien in Köln, Rektor der Pfarrkirche St. Andreas in Altrich	1425 Astrologisch gedeutete Weltgeschichte
1425–1430		1427 Übertragung der Pfarrkirche St. Gangolf in Trier, Reservierung der Dekanei von Liebfrauen in Oberwesel, Provision mit der Dekanei St. Florin in Koblenz 1428 Lehrstuhlangebot in Löwen abgeschlagen, Einsichtnahme in Handschriften in Laon	
1430–1435	1431 Eröffnung des Konzils zu Basel 1431 Papst Eugen IV. 1435 zeichnet sich der Bruch zwischen Konzil und Papst ab	1430 Provision mit Kanonikat an St. Simeon Trier 1430 (oder früher) Nikolaus beginnt zu predigen 1431/32 Eintritt in den	1433 De usu communionis 1433 De maioritate ... 1433 De auctoritate ... 1433 De

	Zeit- und Kirchengeschichte	Biographie	Schriften
		Dienst des Grafen Ulrich von Manderscheid, der von einer Minderheit zum Trierer Erzbischof gewählt worden war; vertritt seine Sache als Orator auf dem Konzil 1432 Inkorporation in den Ausschuß für Glaubensfragen; legt dem Konzil einen Kompromißplan mit den Böhmen vor	concordantia catholica I–III
1435–1440	1436 Spaltung des Konzils 1437 verlegt Eugen IV. das Konzil nach Ferrara (1438 Florenz) – eine Minderheit folgt; der griech. Delegierte erkennt die Konzilsminderheit als Vertretung der abendländischen Christenheit an Delegation nach Konstantinopel und Rückkehr mit griech. Kaiser und Patriarchen 1438 Albrecht II. deutscher König; Union mit den Griechen 1439–1493 Friedrich III. deutscher König (ab 1452 Kaiser)	1435 Erneute Ablehnung eines Lehrstuhlangebots (Löwen), Propst zu Münstermaifeld zw. 1436 und 1440 Priesterweihe 1436/37 Übergang auf die Seite der Konzilsminderheit 1437 Teilnahme an der Delegation nach Konstantinopel 1439 Eintreten für Eugen IV., soll vom Basler Konzil verhaftet werden zwischen 1438 und 1448 versucht Nikolaus neben anderen, die Neutralität des Reiches zu Konzil bzw. Papst zu brechen	1436 Reparatio kalendarii
1440–1445	1442 schreibt Joh. Wenck von Herrenberg: De ignota litteratura	1444 Nürnberger Reichstag, Begegnung mit Friedrich III.: und Enea Silvio Piccolomini	1440 De docta ignorantia I–III 1441/44 De

	Zeit- und Kirchengeschichte	Biographie	Schriften
		1445 Archidiakonat von Brabant	coniecturis
1445–1450	1447 Konkordat von Aschaffenburg 1448 Wiener Konkordat 1449 Basler Konzil löst sich auf 1448 Papst Nikolaus V.	1446 Apost. Legat, Propst zu Oldenzaal, Pfarrkirche St. Wendel übertragen 1446 Kardinal »in petto« 1447 Im Konklave erhält Nikolaus einige Stimmen 1448 Erhebung zum Kardinal 1450 Bischof von Brixen, Legation für Deutschland und Böhmen	1445 Opuscula: De deo abscondito De quarendo deum; De filiatione dei 1445/46 De dato patris luminum; erste math. Schriften 1446 Coniectura de ultimis diebus 1447 De genesi 1449 Apologia doctae ignorantiae
1450–1455	1453 Eroberung Konstantinopels durch die Türken, Ende des oströmischen Reiches	1451 Beginn der Legationsreise, Friedensvermittler zwischen England und Frankreich 1453 Beginn der Auseinandersetzungen in Tirol 1454 Legation nach Preußen	1450 Idiota de sapientia I/II, de mente, de staticis experimentis; De circuli quadratura 1453 De pace fidei; De visione dei; Complementum theologicum; De mathematicis complementis
1455–1460	1455 Papst Calixt III. 1458 Papst Pius II. (Enea Silvio Piccolomini) 1459 Kongreß zu Mantua: Vorberei-	1455 Visitationsordnung; Exkommunikation der Äbtissin Verena v. Stuben 1456 Simon v. Wehlen Brixener Domherr 1457 Wiltener Affäre,	1458 De mathematica perfectione; De beryllo 1459 Reformatio generalis; Aurea

	Zeit- und Kirchengeschichte	Biographie	Schriften
	tung eines Türkenkreuzzuges 1460 Exkommunikation Herzog Sigismunds von Tirol	Flucht nach Buchenstein 1458 »Schlacht von Enneburg« 1459 Generalvikar in temporalibus	propositio in mathematicis; De aequalitate; De principio
1460–1465	1464 Pius II. ruft zum Türkenkreuzzug auf 1464 stirbt Pius II.	1460 Rückkehr nach Brixen, Gefangennahme in Bruneck 1461 Erkrankung an Gicht, Erholung in Orvieto 1464 Kompromiß in Brixen: Nikolaus soll sich als Bischof von Brixen vertreten lassen 11. August 1464 Tod in Todi	1460 Trialogus de possest 1460/61 Cribratio Alkorani 1462 Directio speculantis seu de li non aliud; De venatione sapientiae 1463 (?); De ludo globi I/II 1463 Compendium 1464 De apice theoriae

Personenregister

Es sind nur die im Text genannten Namen aufgeführt, nicht aber die in den Anmerkungen oder im Literaturverzeichnis angegebenen.

Sachregister

Bildnachweis

Abb. 1, Seite 10
Geburtshaus in Kues,
Landesmedienzentrum Rheinland-Pfalz.

Abb. 2, Seite 17
Urkunde von 1428,
Cod. Cus. 83, fol. 51^{r}.

Abb. 3, Seite 28
Holzschnitt zu der Schrift von Johannes Kymeus von 1538,
Titelbild der Originalausgabe (Privatbesitz).

Abb. 4, Seite 32
Kreuzgang im Dom zu Brixen,
Foto des Verfassers.

Abb. 5, Seite 48
Stiftsurkunde für das St.-Nikolaus-Hospital in Kues,
Original in der Bibliothek des St.-Nikolaus-Hospitals.

Abb. 6, Seite 51
St.-Nikolaus-Hospital in Kues,
Foto des Verfassers.

Abb. 7, Seite 52
Bibliothek des St.-Nikolaus-Hospitals in Kues,
Landesmedienzentrum Rheinland-Pfalz.

Abb. 8, Seite 53
Ausschnitt aus dem Altarbild in der Kapelle des
St.-Nikolaus-Hospitals in Kues,
Landesmedienzentrum Rheinland-Pfalz.